KB140046

조선시대

農本主義思想과 經濟改革論

조선시대

農本主義思想과 經濟改革論

吳浩成

景仁文化社

목 차

제10장 요약과 결론

x

머리말

이 책은 본인이 성균관대학교를 정년퇴임한 후 『조선시대의 米穀流通 시스템』에 이어 두 번째 쓰는 책이다. 이 책을 쓰게 된 동기는 비교적 간단한 의문에서 시작되었다. 전국 방방곡곡의 농촌마을에 있는 농악대 의 농기에는 왜 한결같이 "農者天下之大本"이란 문구가 적혀 있을까. 이 말의 유래는 어디에서 비롯된 것일까. 아마도 農本主義란 말은 여기에서 온 것으로 보이는데 그렇다면 이 주장의 구체적인 내용은 무엇일까. 농본 주의는 중농주의와 같은 의미일까 아니면 서로 다른 뜻을 나타낼까. 서양 경제학사에 나오는 重農主義(Physiocracy)와 重商主義(Mercantilism)는 동 양에서 말하는, 더 정확하게 말하면 우리나라의 사학자들이 조선 후기 실 학자들의 실학사상을 구분할 때 흔히 사용하는 중농주의나 중상주의와 다른 뜻으로 사용하는 것이 분명한데 왜 이런 개념상의 혼란이 생겼을까.

참고문헌을 찾고 옛날 전적을 뒤지는 사이에 농본주의 사상은 평면적 인 중농주의 사상과 달리 다면적 입체적 구조를 갖고 있는 儒學의 經濟 思想이라는 것이 뚜렷해졌다. 이와 동시에 조선시대의 경제·사회정책의 뿌리는 농본사상에 기반을 두고 있으며 농본주의 사상은 조선조 말까지 변함없이 내려온 국정운영의 기본 틀이었다는 것이 확실해졌다. 그러나 임진·병자의 양란 이후 유생들이 농본사상을 인식하는 관점은 조선의 전 기의 그것에 비해 작지만 그러나 중요한 차이가 있었다는 사실을 느끼게 되었다. 이 때문에 이 연구는 조선 후기의 대표적 개혁 사상가인 柳馨遠· 李瀷·朴趾源·丁若鏞 등의 경제 및 국정개혁론에 대한 검토가 불가피하 게 되었고 그 결과 실학자로 불리는 이들의 개혁사상은 기존의 통설과는 달리 전통적 농본주의 관점에서 조선사회의 개혁을 주장하였다는 결론에 이르게 되었다.

이 책을 집필하는 데 약 2년의 세월이 소요되었다. 그 동안 생각을 가다듬고 전적을 해석하고 정리하는 과정에 틀림없이 많은 오류를 범하였을 것이라고 생각하였다. 학계의 의견을 들어보고자 이 책을 완성하기 전에 내용의 일부를 논문으로 만들어 韓國農業經濟學會 학술대회에서 발표하고 韓國農業史學會誌에 게재한 바 있다. 책의 초고가 완성된 다음에는 한국농업사학회 金榮鎭 명예회장님과 韓國外國語大學校 史學科 朴星來 명예교수님에게 검토를 부탁하였다. 두 분께서는 적지 않은 분량의 원고를 끝까지 읽고 여러 가지 오류와 해석상의 문제점을 지적하여 주서 이책의 완성도를 높이는 데 큰 도움이 되었다. 이 기회를 빌어 두 분께 감사 드린다. 그러나 아직도 여러 가지 잘못이 남아있음이 분명하다고 생각하며 이 부분은 오로지 본인의 책임이라는 것을 밝혀둔다.

아울러 지난 2년 동안 이 연구를 진행하는데 연구시설을 사용하도록 편의를 제공하여준 韓國高等教育財團과 李鐘昇 부장님께 감사의 뜻을 표한다.

2009년 9월 15일
吳 浩 成

제1장

서 론

서 론

우리나라는 예로부터 農농은 천하지대본天下之大本[1]이란 말로 농업의 중요성을 강조해왔다. 농민의 사회적 지위는 사농공상士農工商의 사민四民 가운데 선비를 제외한 으뜸의 자리에 두었다. 농업을 가장 중요한 산업으로 여기는 농본주의 전통은 현대 산업사회에 들어와 많이 약화되었지만 아직도 농업과 농민은 국민경제의 기반으로 국가의 보호를 받아야 한다는 정서가 국민들 사이에 광범하게 남아있다.

농본주의農本主義란 농업을 산업 가운데 가장 중요한 기본으로 여기고 농민과 농촌을 사회·경제조직의 바탕으로 삼아 국가를 경영해야 한다는 것으로 농업의 발전을 통해 정치적 목적을 달성해야 한다는 사상이다. 농본주의 사상의 기원은 유학儒學에 그 뿌리를 두고 있다. 유학은 조선의 건국과 더불어 채택된 국학으로 조선왕조의 통치이념이었다.

조선시대 유학자들이 추구해온 농본주의 사상은 단순한 중농주의 철학이 아니라 일련의 정치적 강령을 갖고 있는 이데올로기 시스템이었다. 조선의 선비와 관리들은 인의仁義가 구현되는 왕도주의를 실천하는 것을 정치적 목표로 삼았다. 이들은 농업을 왕도주의로 가기 위한 유일한 경제적 수단으로 여겼다. 유생들은 백성들을 유교적 이상사회로 인도하기 위해서는 도덕과 예절을 가르쳐야 하는데 이를 위해서는 백성들의 생활안

---

[1] 漢나라의 文帝는 유학자인 賈誼의 진언에 따라 백성들에게 몸소 농사의 모범을 보이기 위해 文帝 2년(BC.178) 처음으로 籍田을 설치하고 쟁기로 밭을 갈므로써 농사의 중요성을 가르쳤다. 文帝는 이 권농행사에서 農天下之大本이라고 말하였는데 이것이 지금까지 널리 사용되는 農者天下之大本이라는 말의 시작이 되었다. 적전행사가 사서에 처음 기록된 것은 『史記』孝文本記, 前元 2年 正月, "上曰 農天下之大本 其開籍田 朕親率耕 以給宗室廟粢盛."

정이 선결조건이고 농업만이 이를 충족시킬 수 있는 산업이라고 보았다.

유학에서의 농본주의는 다면적인 얼굴을 갖고 있다. 농업이 의衣·식食의 근본이며 부富의 원천이라는 생각뿐만 아니라 토지국유화, 경자유전, 병농일치, 중농억상, 10분의 1세, 부역균등, 상부상조, 사회보장 등의 정책을 포함하고 있는 복합적인 사상구조를 가지고 있다. 민본과 애민사상을 기반으로 하고 있는 유학은 사회적 약자와 빈민의 구호를 정부의 책임으로 여겼으며 정부는 농촌 사회공동체를 전쟁과 기근 등의 재난에 대비한 사회 안전망의 일환으로 보아 특별한 의미를 부여하였다.

농본주의 사상은 조선조 500년 동안 변함없이 추구해온 기본가치였고 경제·사회정책의 근원이었다. 조선의 관리와 유학자들은 농본주의 사상에 입각하여 농업의 진흥을 원했고 상업과 수공업 및 광업은 공동체 질서를 파괴하는 탐욕과 사치를 조장하는 말업末業으로 취급하여 억제의 대상으로 삼았다.

그러나 조선의 현실정치에 적용된 농본사상은 조선시대의 전기와 후기 사이에 미묘한 차이를 발견할 수 있다. 조선 전기에는 국가정책의 초점이 백성들의 생활안정을 위해 식량과 옷감을 증산하기 위한 권농행정과 이를 지원하기 위한 각종 제도를 정립하여 신생국가의 기반을 강화하는 데 두었다면 조선 후기에는 혼란에 빠진 국정을 개혁하기 위한 수단으로서 농본주의가 갖고 있는 제도적 기반으로의 회귀를 강조하는 경향이 뚜렷이 나타났다. 이것은 농본주의 사상 자체의 변화라기 보다는 조선의 국정을 이끌어 가는 관리와 유학자들이 농본사상을 통해 실현시키고자 하는 정책의 우선순위에 변화가 있었다는 것을 의미한다.

조선 후기에는 임진왜란과 병자호란의 후유증으로 난국에 빠진 조선의 정치·경제적 현실을 타개하기 위한 논의가 유생과 관리들 사이에 봇물처럼 터져 나왔다. 이 논의의 중심은 농본사상에 기반을 둔 경제정책 및 국정개혁론이었다.

그럼에도 불구하고 지금까지 조선에 있어서 농본주의 사상의 개념과 정책구조를 독립된 과제로 깊이 있게 다룬 연구는 거의 없었다. 대다수의 전문가들도 농본주의와 중농주의를 같은 개념으로 보고 이것을 구분하여 보려는 노력도 없었다. 17세기 이후에 유행한 유학자들의 경제개혁론 내지는 전제개혁론에 대한 기존 연구는 실학자들의 개혁 및 정치사상이라는 측면에서 연구된 것이 대부분이다.

조선 후기의 농업과 전제개혁론을 다루는 학자들의 연구시각은 대체로 봉건주의 혁파론이 주류를 이루고 있다고 볼 수 있다. 이 가운데 전제개혁을 주장한 유자들의 의도를 봉건적 토지소유제를 철폐하기 위한 목적의 토지개혁론으로 보는 한편 평화 시에는 사유지의 몰수를 통해 정전제井田制를 실시하기 어렵다는 견해를 가진 유생들에 대해서는 이들이 봉건지배층의 기득권을 유지하기 위한 방편으로 지주제를 옹호하고 토지개혁을 반대하는 것으로 간주하는 이분법적 해석이 큰 흐름을 형성하고 있다.[2]

이와 같은 견해를 가진 사학자들은 조선 후기의 대표적 개혁사상가인 유형원·이익·정약용 등의 경제개혁론을 실학의 주요 내용으로 규정하고 이들의 개혁론을 근대적 국민경제사상의 출발로 보는 것이 통설처럼 되어 있다. 이런 평가는 조선 건국 시 유생들의 개혁사상과 조선 후기 실학파의 개혁사상은 서로 다르며 조선 전기의 개혁사상은 봉건적 왕권의 강화를, 실학파의 개혁사상은 근대화를 지향하고 있다는 견해에 근거를 두고 있다.

일제시대 조선의 근대성과 자주성을 역사 속에서 찾기 위해 시작된 실학운동은 해방 이후 1960~70년 대에 많은 물량의 연구업적을 쏟아내었

---

2) 이와 같은 견해의 선구적이고 대표적 논문은 金容燮,「朝鮮後期의 農業問題와 實學」『東方學志』17, 1976 ; 金容燮,「朝鮮後期 土地改革論의 推移」『東方學志』62, 1982 ; 金容燮,「朝鮮後期 社會變動과 實學」『연세실학강좌 I』(연세대국학연구원 편), 혜안, 2003 등이다.

다. 실학은 최근에 이르러서는 근대지향적인 국민경제사상 또는 근대적
민족주의사상의 효시로까지 해석되고 있다. 다른 한편으로는 실학이 몇
사람의 저작물에 대한 해석에 치우치고 있어 새로운 학풍으로서의 내용
과 방법론에 있어서 독자성이 없다는 비판도 무성한 것이 사실이다.

이 연구의 목적은 조선시대 경제정책의 모태母胎 역할을 하였던 농본
주의란 무엇이며 중농주의와 어떻게 다른가, 농본주의 사상의 근원은 어
디이며 어떤 과정을 거쳐 전통사회의 통치이념으로 발전해 왔는가, 조선
은 왜 農本主義를 경제정책의 근본으로 삼았는가, 조선의 현실 정치에서
농본주의 사상을 실천하기 위한 수단과 방법은 어떤 것들이 있었는가, 농
본주의 사상과 정책이 조선의 경제발전에 어떤 영향을 미쳤는지에 대한
의문에 답하고자 하는 데 있다. 그리고 조선 후기에 각종 경제개혁론이
우후죽순처럼 쏟아져 나온 이유와 시대적 배경을 알아보고 이들 개혁론
의 공통점과 한계는 무엇인지 검토하는 데에도 연구의 중점을 두고자 한
다.

특히 이 연구의 중요한 목적은 조선 후기 개혁사상가들의 정책구상이
목적과 내용 및 방법론적 측면에서 과연 근대화를 지향하는 국민경제사
상의 효시로 볼 수 있는지 아니면 전통사회였던 유학적 이상세계로의 회
귀를 목적으로 하는 것인지 검증하고자 하는 데 있다.

제2장

朝鮮의 건국과 統治이데올로기

1. 朝鮮의 개국과 儒學

신유학으로 불리는 주자성리학朱子性理學은 고려 말기 충렬왕을 호종하여 원나라에 갔던 안향安珦(1243-1306)에 의해 처음으로 국내에 소개되었다. 고려 말 공민왕은 원나라로부터의 독립과 내정개혁을 적극 추진하였으나 기득권에 안주하는 호족과 무신세력의 반대에 부딪혔다. 공민왕은 수구세력을 견제하고 개혁정책을 관철하기 위해 성균관을 중흥하고 젊은 유학자들을 중용하기 시작하였다. 이제현李齊賢·이색李穡·정몽주鄭夢周·권근權近·정도전鄭道傳·조준趙浚·이숭인李崇仁 등 성리학을 공부한 신진 사대부들은 공민왕을 도와 대외적으로는 반원·친명정책을 천명하고 내부적으로는 전제개혁과 신분개혁 등 혁신정책을 추진하였다.

노국공주가 사망한 뒤 실의에 빠져 실정을 거듭하던 공민왕이 시해되자 정국은 극도의 혼미상태에 빠져들었다. 이성계와 정도전이 공모하여 위화도에서 회군한 다음 우왕을 폐하고 8세에 불과한 창왕을 추대하였다. 이어 1년여 만에 창왕마저 폐하고 공양왕을 추대하였다. 이 정변을 계기로 실권을 잡은 유가출신의 사대부들이 들고 나온 것은 친명외교와 전제개혁이었다.

전제개혁을 추진하던 유자들은 국체를 보존하며 점진적 개혁을 해야 한다는 온건파와 적극적인 개혁을 위해 나라를 새로 세워야 한다는 급진파로 분열되었다. 정도전·조준·남은·이방원·배극렴 등 급진 혁명파는 정몽주·이색 등 온건파를 제거하여 정국의 주도권을 잡고 1392년 7월 17일 이성계를 옹립하여 조선朝鮮을 건국하였다.

조선 건국의 사실상 설계자이며 총감독이었던 삼봉三峯 정도전鄭道傳 (1337~1398)은 개국 일등공신이 되어 정권의 핵심요직을 모두 거머쥐었다.[1] 정도전은 태조의 명을 받아 신생국 조선의 정치·경제·교육·군사 등 국가운영에 필요한 전반적인 제도개혁에 착수하였다. 뛰어난 성리학자였던 그는 조선의 건국을 인의仁義의 구현을 목적으로 하는 왕도정치를 실현하는 것에 두고 유교적 정치이념을 달성하는데 알맞도록 통치제도 전반을 정립하는 데 주도적인 역할을 담당하였다.[2]

정도전은 신생국의 국호를 조선朝鮮으로 정하고[3] 조선은 기자조선箕子朝鮮을 계승한다는 점, 왕은 인仁으로서 백성을 다스리고 인으로서 보위를 지키고 이어가야 한다[4]고 천명하여 인정仁政을 통치의 기본 방향으로 삼는다는 점을 명백히 밝혔다. 동시에 그는 불교가 인륜의 가치를 부정하고 있다고 비판하고 유학을 국정 교학으로 삼고 불교를 배척해야 하는 근거와 논리를 제시하였다.[5]

정도전이 구상한 정치제도는, 임금을 보좌하고 육전六典을 관장하는 재상宰相제도, 행정의 중앙집권제도인 군郡·현縣제와 수령守令제, 사대교

---

1) 鄭道傳은 숭록대부가 되어 최고 정책결정기구의 수장인 同判都議使司事가 되는 한편 인사행정을 총괄하는 判尙書司事, 국가경제를 총괄하는 判戶曹司事, 이성계의 친위군인 義興親軍衛의 부사령관인 절제사를 겸임하였다.

2) 鄭道傳은 개국 직후 『朝鮮經國典』, 『經濟文鑑』, 『經濟文鑑別集』 등을 지어 태조에게 바치고 이들 저서를 통해 새 정부의 정치 및 각종 제도개혁의 방향과 내용 그리고 그 이유 등을 상세하게 설명하였다. 『朝鮮經國典』은 태조 3년(1394)에 찬진되었는데 정도전의 대표적인 정치이론서이다. 그는 이 책을 통해 조선의 모든 관제를 六典체제에 따라 편제하였는데 후일 『經國大典』의 모체가 되었다. 『朝鮮經國典』은 『周禮』를 모델로 하고 여기에 漢·唐·宋과 고려의 제도를 가미하고 조선의 실정에 맞도록 조정하였다.

3) 朝鮮이란 국호는 태조 원년(1392) 11월 29일 백관회의에서 朝鮮과 和寧의 두 가지 명칭을 선정하여 명나라 황제에게 보내 택일하도록 하였는데 명 황제가 조선을 선택함으로서 1393년 2월 15일 국호를 조선으로 결정하였다. 국호를 조선으로 하자는 의견은 정도전이 낸 것으로 보인다. 정도전은 국호를 조선으로 하는 이유에 대해서 그의 『朝鮮經國典』에서 자세한 설명을 하고 있다.

4) 『朝鮮經國典』 國號 ; 定寶位 ; 定國本.

5) 三峯은 『佛氏雜辨』, 『心氣理篇』, 『心問天答』 등의 저술을 통해 배불숭유의 논리를 제시하였다.

린의 외교제도, 임금이나 재상의 독재를 견제하기 위한 대관臺官과 간관諫官제도, 전문적인 관료의 등용을 위한 과거와 추천제도, 향교와 성균관으로 대표되는 초등 및 고등교육제도, 풍속을 다스리는 사헌부와 군주의 자질향상을 위한 경연經筵제도, 백성들을 포함하여 누구든지 왕에게 글을 올려 의견을 제시할 수 있는 구언진서求言進書제도, 관리의 계급을 나타내는 품관제도, 왕이 군·현으로 파견한 일선 수령을 감시하기 위한 감사제도, 종묘와 사직을 설치하고 문묘를 세워 공자와 맹자 등 선현들에게 제사를 지내는 제사제도 등을 만들었다.6)

재상제도는 신하들의 수장인 재상이 행정실권을 가지고 임금의 통치행위를 보좌하는 정치제도를 말한다. 경연이란 임금과 세자가 매일 신하들과 경전經典과 사서史書 등을 공부하여 끊임없이 유가적 이데올로기를 학습하는 동시에 현안정책 문제에 대한 의견교환과 자문을 구하는 것을 말한다. 대관은 정치를 감찰하고 관료의 부정과 실정을 탄핵하는 기능을 말하며 간관제도는 임금이나 신하의 잘못을 글로서 지적하고 탄핵하는 사간원司諫院 등의 활동을, 감사제도는 일선 행정책임자인 수령들의 업무를 감시하는 8도의 감사監司와 암행어사제도를 말한다.7)

정도전은 왕명에 따라 한양에 새로 지은 궁궐의 전각과 대문 및 도성 내의 행정구획인 방명도 지었다. 그는 전각의 이름을 경복궁景福宮·근정전勤政殿·사정전思政殿 등으로 지었는데 이 글자들은 유학의 고전인 『시경詩經』『서경書經』에서 좋은 글자를 따온 것이며 숭례문崇禮門·홍인문興仁門·창의문彰義門 등 사대문과 사소문의 이름은 인의예지신仁義禮智信 같은

---

6) 『朝鮮經國典』治典 ; 禮典.

7) 정도전이 구상한 정치제도의 내용은 모두 그가 독창적으로 만든 것은 아니다. 여기에 포함된 내용의 대부분은 이미 周·漢·唐·宋대에 채용된 일이 있고 전조인 고려에서도 상당부분 시행되었다. 정도전은 새 국가를 개창하면서 유교적 이상국가를 건설하기 위한 목적에 알맞도록 정치제도를 보다 짜임새 있고 합리적으로 조직하는 데 기여하였다. 鄭道傳의 경제관은 『孟子』로부터 큰 영향을 받았다.

유학의 오덕五德에서 한자씩 차용하였다. 도성 내의 행정구역인 방坊의 이름은 유교의 덕목인 덕과 선 그리고 인의예지신 같은 문구에서 한 자씩 따다가 국가의 안녕과 평화를 비는 뜻을 담도록 작명하였다. 정도전은 새 수도에 지은 궁궐과 도성의 대문, 성내의 동명에도 유학의 덕목을 기리는 작명을 하여 조선의 개국이 유교국가를 지향하고 있음을 나타내려고 하였다.[8]

2. 鄭道傳의 경제사상과 농본주의

삼봉 정도전은 조선의 정치제도를 정립하면서 경제개혁에도 깊은 관심을 기울였다. 그는 나라를 운영하고 국방을 튼튼히 하며 백성들을 먹여 살리는 데 가장 필요한 산업은 농업이라고 생각하였다.

정도전은 왕도정치의 실현은 윤리와 도덕의 실천을 통해 이루어지지만 예와 도덕의 실천은 백성들의 경제적 생활안정 없이는 불가능하다는 점을 분명히 인식하였다. 즉 의식衣食의 충족은 왕도정치에 앞서서 선결되어야 하는 필요조건이라고 생각하였다.

그는 빈부의 격차를 해소하고 농업생산성을 높이기 위해 모든 토지를 국유화하고 농사짓기를 원하는 모든 농민들에게 토지를 나누어주어 경자 유전의 원칙을 지키는 것이 신생국 출발의 첫 걸음이 되어야 한다고 확신하였다. 그는 공자의 말을 인용하여 족식足食과 족병足兵이 정치의 급선무임을 강조하면서 국가는 군대에 의해 보존되지만 군사는 식량에 의해 부지된다고 말하며 국방의 강화와 군량미의 확보도 농업에 달려있음을 지적하였다.[9]

---

8) 韓永愚, 『鄭道傳思想의 研究』(개정판), 서울대학교 출판부, 1999.
9) 『朝鮮經國典』賦典, 軍資.

정도전은 국부를 증진시키고 농업을 발전시키기 위해서는 농업인구의 증가와 경지면적의 확대를 위해 적극적인 개간이 필요하다고 생각하였다. 그는 인구가 많아지면 농민 수도 많아질 것이라는 근거에서 국가의 빈부는 인구의 다과에 의해 결정된다고 보았다.10) 그는 일선 수령의 임무 가운데 가장 중요한 것이 백성들에게 농사를 권하고 호구戶口를 증가시키는 것이며 동시에 산야山野를 개간하여 농지를 넓히는 것이라고 생각하였다.11)

삼봉은 농업생산을 장려하기 위해 각종 권농정책을 제안하였다. 그는 이를 위한 정책으로 적전籍田을 설치하여 임금이 친경을 시범함으로써 백성들에게 농업의 중요성을 가르칠 것과 백성들에게는 농사지도가 필요하다고 보고 마을마다 권농관勸農官을 둘 것을 강조하였다.12) 그는 수리시설의 중요성을 인식하고 각 지방에 수리시설의 설치를 건의하면서 이를 일선 수령들에 대한 업적평가의 중요 항목으로 규정할 것을 주장하였다.

정도전은 사·농·공·상의 사민을 제외한 다른 직업을 가진 사람들 예를 들면 승려와 재인才人, 무당과 같이 직접 생산에 종사하지 않는 사람을 간민姦民으로 보고 이들의 경제행위는 구차한 것으로 규정하였다. 그는 의리가 따르지 않고 구차하게 먹고 사는 일에 종사해서는 안 된다고 말하며 승려와 재인, 겸병지주兼併地主, 무당 같은 놀고먹는 인구의 수를 줄이는 것도 농업을 진흥시키기 위한 요체라고 보았다.

정도전은 나라를 운영하기 위해서는 백성들로부터 세금을 받아야 하는데 세금의 근원은 농상農桑에 있고 세금은 백성들의 항산恒産이 보장되어야 함으로 농업생산량의 10분의 1만 받으면 충분하다고 보았다. 10·1조租는 정전제도의 부세원칙으로 삼대三代의 선왕들이 만든 법으로 천리

---

10) 『朝鮮經國典』 賦典, 版籍.
11) 『經濟文鑑』 監司, 考課.
12) 『朝鮮經國典』, 禮典.

를 따르는 것이라고 보았다. 병역과 부역의 균등은 인구를 세밀하게 파악
하는 데 있으므로 공평한 부역을 위해서는 군·현제도와 호적제도가 완비
되어야 한다고 보았다. 그는 모든 호구를 등록시켜 국가의 공민으로 편제
해야만 인구를 정확하게 파악할 수 있고 그 위에서 부세와 병역을 공정
하게 부과할 수 있다고 주장하였다.

정도전은 상·공업에 대해서는 본질적으로 비생산적인 산업으로 보고
부정적인 생각을 가졌다. 삼봉은 수공업과 상업도 국가의 용도에 필요한
재화를 생산하고 유통시키기 때문에 필요한 직업이지만 이 산업은 어디
까지나 농업이 생산한 것을 가공하거나 유통시킬 뿐 본원적인 생산은 하
지 않는다고 보았다.

삼봉은 농업을 진흥하기 위해서는 상업과 수공업 등 농업 이외의 다른
산업이 지나치게 발전하는 것을 경계하였다. 산업의 중요성이라는 측면
에서 말하면 농업은 본업本業이고 수공업과 상업은 말업末業에 지나지 않
는다는 것이다.

삼봉은 상업과 수공업의 발전을 억제해야 하는 이유로서 상·공업이
발전하면 농업인구가 줄어들고 그 결과 본업인 농업이 쇠퇴하기 때문이
라고 보았다. 정도전은 상·공업은 농업에 비해 이윤이 많기 때문에 백성
들이 힘든 농업을 버리고 상·공을 택한다고 보고 상·공업 인구의 증대를
막기 위한 방안의 하나로 공상세工商稅를 신설하여 이들에게 과세할 것을
주문하였다.

삼봉은 광·공업이 지나치게 발전하는 것을 막기 위해 민간이 운영하
던 염장鹽場을 국유화한 후 관官에서 소금을 구어 백성들에게 판매하도록
하였다. 그는 또 금·은·주옥 등은 백성들이 생활하는데 도움을 주는 것
이 아니고 명나라에 갈 때나 궁가에서 필요한 것이므로 백성들의 금·은
등의 채취행위를 금지시키도록 하였다. 그러나 동과 철은 그릇과 농기구
를 만드는 데 요긴한 것이므로 생산이 필요하나 민간인이 생산하는 것이

아니라 정부가 철광석이 나는 곳에 철장관鐵場官을 두고 인부를 모집하여 제련·주조하는 국영 광산제를 채택하도록 하였다.[13]

정도전은 군사제도의 정비에 대해서도 혁신적인 생각을 갖고 있었다. 그는 고려의 영향을 받아 조선 건국 시까지 내려오던 사병私兵제도를 철폐하고 국군체제로 일원화한 다음 군의 통수권은 재상에게 주고 노비를 제외한 모든 백성들에게 군역의 의무를 부과하는 국민개병제를 실시하여야 한다고 주장하였다.[14] 그는 군역은 양반을 포함한 양인계층의 의무인 동시에 권리라고 보았다. 당시 양인의 대부분이 농민이었기 때문에 병역의 주 담당자는 농민이 될 수밖에 없었다.

정도전은 주周나라에서 실시되었던 병농일치兵農一致제도를 가장 이상적인 군사제도로 보았다. 그는 정전제에 입각하여 노비를 제외한 모든 사람에게 농지를 주고 농토를 받은 농민들이 평상시에는 농사를 짓고 농한기를 이용하여 군사훈련을 받기 때문에 양병비용을 최소화할 수 있고 징병의 번거로움을 덜 수 있으면서도 위급 시 빠른 시간 내에 많은 수의 군사를 동원할 수 있기 때문이었다.[15]

정도전은 사회적 통합을 위해 경제적 약자를 도와주고 자연재해로 인한 이재민을 구호하는 것을 정부의 의무로 간주하였다. 그는 홍수와 한발, 질병 등은 천도天道가 운행하는 과정에서 가끔 생기는 것이므로 이로 인한 기근은 나라에서 구제하지 않으면 안 된다고 보았다.

삼봉은 사회복지정책의 일환으로서 흉년이나 춘궁기에 양곡과 종자곡을 무이자로 대부하는 의창義倉이나 사창社倉제도를 유지하고 확충하는 데에도 큰 관심을 보였다. 그는 빈민들의 질병치료를 돕기 위해 국가가 약재를 구입하여 비축하여 놓고 싼 값으로 판매하는 혜민전약국惠民典藥局

---

13) 『朝鮮經國典』 부전, 염법.
14) 韓永愚, 『鄭道傳思想의 研究』, 서울대학교 출판부, 1999.
15) 『朝鮮經國典』 政典, 軍制.

을 개설할 것도 주장하였다.

3. 科田法 농지개혁과 井田法사상

고려 말은 혼란과 무질서의 시대였다. 고려는 토지를 국유화하고 정부 관리와 공역자公役者, 군인 등이 공직에 있는 동안 수조권收租權을 분급하는 토지제도인 전시과田柴科를 운영하였다. 고려의 전제는 당唐나라의 균전제均田制를 모방한 것이었으나 모든 농민에게 토지를 주지는 않았다. 대신 농민들이 토지를 개간하여 소유하는 것은 허락하였다. 전시과제도의 기반은 고려 중엽 무신정권이 들어서면서부터 무너지기 시작하여 몽고와의 전쟁기간과 그 후의 예속기간 동안 수습하기 어려울 정도로 파괴되었다.

몽고는 고종 18년(1231) 이후 30년 동안 6차례나 고려에 침입하여 전국을 휩쓸며 마음대로 노략질하였다. 강화도로 피난한 고려 정권은 몽고에게 굴복하여 전쟁은 가까스로 수습하였으나 수많은 사상자와 이재민을 내었다. 백성들은 전답을 방치하고 피난하느라 광대한 면적의 황폐지가 생기고 대부분의 토지문서도 불타버렸다.

무인통치가 끝나고 원나라가 물러간 후에도 정국은 안정되지 않았다. 계속되는 정변과 국왕의 교체, 홍건적의 침입, 왜구의 내습 등으로 정부의 기강과 권위는 땅에 떨어졌다. 특히 왜구들이 곡창지대인 삼남의 조창漕倉을 불태우고 조선漕船을 나포해가는 바람에 해로를 이용하여 개성으로 보내던 세곡의 수송이 중단되어 중앙경제는 파탄상태에 빠졌다. 이 기간 동안 고려의 전시과 토지제도는 더욱 문란하게 되어 권문세가와 사찰 등이 국가 수조지收租地를 사유화하고 남의 토지를 겸병하고 빼앗는 현상이 만연하였다.

권력자들의 토지겸병은 두 가지 경로를 통해 일어났다. 첫째는 국왕이 원나라에 있을 때 호종한 측근과 친원파 신하들에게 사전賜田을 내려주고 전쟁으로 황폐한 진황지를 주어 개간하도록 하는 과정에서 발생하였다. 이들 권세가들은 실제로 경작하고 있는 사전은 물론 국가의 수조지인 각종 공전公田까지 불법으로 점탈하여 사패전賜牌田으로 가장하였다. 토지가 부족한 정부도 민전에 녹과전과 사패전을 중복 설정하여 공신들에게 나누어 주었다.

두 번째 경로는 권세가와 부자들이 고리대금을 운영하여 세금과 빚에 몰린 농민들의 사전을 헐값에 매입하고 유랑하는 백성들을 고용하여 진황지를 개간하여 소유면적을 확대하는 길이었다. 당시에는 개간지는 개간한 사람이 소유할 수 있었다.

고려 말 권세가와 호족들은 대농장을 경영하는 사람이 많았다. 권세가들의 농장은 군·현과 산과 강을 경계로 할 만큼 넓었고 이 땅을 경작하는 작인들로부터 생산량의 절반을 소작료로 받는 동시에 국가에 귀속되어야 할 전조田租까지 사취는 일이 예사였다.

농민들은 고율의 세금과 부역 등을 견디다 못하여 유랑하거나 아니면 권력가와 사원에 전답을 투탁投託하고 신분은 천인으로 위장하여 세금과 부역을 피하기 일쑤였다. 정부는 국가운영의 경제적 토대인 토지의 지배권과 수조권을 모두 잃어버리는 상황에 직면하여 고려를 재정적으로 지탱해오던 전시과제도는 그 흔적도 찾기 어려울 정도가 되었다.

공민왕이 양성한 유가출신의 젊은 관리들은 누란의 위기에 처한 고려를 구하기 위해서는 과감하고 전면적인 개혁이 필요하다는 점에 대해 의견의 일치를 보았다. 그 가운데 정도전鄭道傳·조준趙浚 등을 중심으로 급진파는 국가경제의 파탄과 빈부격차 등의 사회문제를 해결하기 위하여서는 전국의 모든 토지를 국유화하여 농민들에게 다시 나누어 주는 전제개혁이 필요하다는 것을 강력하게 주장하였다.

대사헌大司憲 조준趙浚은 창왕이 즉위하자마자 전제개혁의 실시를 주장하는 상소문을 올렸다. 조준은 상소문에서 전제개혁의 필요성과 당시 전시과 토지제도의 문란한 운영상황을 다음과 같이 묘사하였다.

> "周나라가 800년 동안 계속되어 온 것은 井田法을 시행하였기 때문이며 漢나라가 400년을 이어온 것은 세금을 가볍게 하였기 때문이고 唐나라가 300년을 이어온 것은 均田制를 시행하였기 때문입니다. 그러나 秦나라가 2대만에 망한 것은 정전법을 폐지하였기 때문입니다. … 국가의 성쇠는 민생의 고락에 달려있고 민생의 고락은 전제가 균등한 지의 여부에 달려 있습니다."
> "정부의 공전이 부족하고 토지행정도 문란하게 되자 宰相이 되면 360석의 녹을 받게 되어 있는데 20석도 받지 못하고 있습니다. 登科하여 관직에 나간 사람이 토지를 받지 못하고 군대에 나가지 않은 자가 軍田을 경작하고 있습니다. 퇴직한 관리들은 토지를 반납하지 않고 마음대로 상속하고 매매하는가 하면 토지에 관한 소송이 산더미처럼 쌓여 수령과 염사가 날마다 田訟에 매달려도 판결을 다 내리지 못하는 실정입니다."16)

고려 말의 이와 같은 상황에 대해 정도전은 전제田制가 무너진 뒤로 권문세가들이 남의 땅을 겸병하여 "부자富者는 전지가 천맥阡陌을 잇댈만큼 많이 갖게 되었으나 빈자貧者는 송곳을 꽂을 땅도 없게 되어 부자의 땅을 차경借耕하지 않을 수 없으며 지주들이 소출의 절반 이상을 가져가 빈익빈貧益貧 부익부富益富의 현상이 가속되고 있다"17)며 빈곤의 원인이 권력자와 부자들의 토지겸병에 있다고 지적하고 있다.

삼봉은 이어 "한 사람이 경작하는 토지에 주인이 7~8인이 되는 경우도 있었고 지주는 생산량의 절반이 넘는 소작료 이외에도 인마人馬의 접대비, 조운비, 여비 등을 부담시키고 정해진 세금보다 2~5배를 더 받아

---

16)『高麗史』食貨志 1, 田制 祿科田, 辛禑 14년 8월, 趙浚의 上書. 판도판서 黃順常, 전법판서 趙仁沃, 간관 李行도 전제개혁을 주장하는 상서를 잇달아 올렸다. 이들의 배후에는 당시 창왕의 밀직부사였던 정도전이 있었다.
17) 三峯은 중국 漢나라의 董仲舒의 말을 인용하여 빈부격차가 발생하는 원인을 토지의 사유화에 있다고 설명하고 있다.『朝鮮經國典』상, 賦典.

갔다"[18]고 기록하여 농민들의 고초가 형언하기 어려울 정도였음을 증언하고 있다.

정도전·조준·조인옥趙仁沃·윤소종尹紹宗 등 급진 개혁파는 이성계 일파가 실권을 장악하자 농지의 국유화와 모든 농민들에 대한 농지의 재분배를 중심으로 한 농지제도의 개혁을 밀어 붙였다. 이들 급진 개혁파는 토지의 집중과 부의 편재로 인한 국가경제의 파탄과 빈부격차 등의 사회문제를 해결하기 위하여서는 전제개혁이 필수불가결한 선결조건이라고 보았다.[19]

정도전이 생각하는 이상적인 토지제도는 옛날 주나라의 토지제도를 염두에 둔 것으로 전국의 토지를 국유화한 다음 백성의 수에 따라 토지를 균등하게 분배하고(계구수전計口授田) 전국의 농민을 자작농화하여 경자유전耕者有田의 원칙을 실현시키기는 정전세井田制를 실시하는 것이었다.[20] 역성혁명을 통해 새 국가를 창건하려는 계획을 갖고 있던 정도전은 정전법을 실시할 수 있는 객관적 상황이 조성되어 가고 있다고 판단

---

18) 『朝鮮經國典』 상, 賦典.

19) 鄭道傳은 농지제도를 개혁하려는 배경을 『朝鮮經國典』에서 다음과 같이 기술하고 있다. "옛날에는 모든 농지가 관의 소유로 되어있어 관에서 토지를 백성들에게 나누어 주어 경작하게 하였다. 천하의 백성가운데 토지를 받지 않은 사람이 없고 땅이 없어 경작할 수 없는 사람이 없었다. 따라서 빈부와 강약의 차이가 없고 그 토지에서 나오는 소출의 일부는 모두 국가로 들어가 나라 또한 부유하였다. … 전제가 무너진 뒤부터 세가들이 남의 토지를 겸병하기 시작하였다. 전하께서 잠저에 계실 때 농지제도의 문란을 보시고 분개하여 私田을 혁파할 것을 결심하셨다. 그리하여 경내의 토지를 모두 몰수하여 國家에 귀속시키고 計口授田하여 백성들에게 농지를 지급함으로써 옛날 田制의 올바름을 부흥시키려 하셨다." 『朝鮮經國典』 상, 賦典, 經理.

20) 鄭道傳은 『朝鮮經國典』 經理, 賦典을 통해 三代 이후 北魏·隨·唐에서 실시한 均田制나 限田制도 고식적인 것으로 보았다. 그가 이상적으로 생각하고 있는 옛날의 올바른 전제란 정전제도를 의미한다. 한영우와 김형수 등도 정도전의 의도를 정전법의 실현으로 보고 있다. 그러나 이경식은 정도전이 의도했던 제도를 한전제로 보고 있다. 韓永愚, 『鄭道傳思想의 硏究』(개정판), 서울대학교 출판부, 1999 ; 金炯洙, 「14세기말 사전혁파론자의 전제관 - 정도전과 조준을 중심으로 - 」 『경북사학』 25, 2002 ; 이경식, 「조선전기의 토지개혁논의」 『한국사연구』 61·62.

한 것으로 보인다.

공양왕 2년(1390) 정부는 전제개혁을 단행하기 위해 모든 공사전적公
私田籍을 불살라버리고 양전量田에 들어갔으나 권문세가의 비협조로 약
120만 결로 추정되는 전국의 토지 가운데 79만8천 결의 전결을 파악하는
데 그쳤다.[21]

전제개혁은 권문세가와 기득권층의 강한 반발과 개혁파 내부에서의
이견으로 사전의 정당한 소유권적 지배권까지 완전히 폐지하고 모든 토
지를 국유화시킬 수 없었다.[22] 개혁파들은 전면적인 농지의 국유화와 재
분배가 어렵게 되자 사전私田의 분급과 개혁을 주 내용으로 하는 과전법
科田法 제정으로 후퇴할 수밖에 없었다.

과전법은 토지국유의 원칙을 선언적으로 확인하면서 불법적인 사전을
정리하여 국유화하고 모든 토지에서의 수조권을 회복하여 국가 세입을
확보하는 한편 왕실과 정부기관 및 공신과 관리들에게는 수조권을 갖는
과전을 분급하고 생산량의 25~50%나 되는 농민들의 담세율을 대폭 낮
추는 것을 주요 목표로 삼았다. 과전법은 이성계가 고려의 모든 실권을
장악한 직후인 공양왕 3년(1391) 5월에 공포되었다.

공양왕 4년(1392) 7월 조선왕조를 창업한 태조 이성계는 즉위 선언에
서 토지제도는 고려의 것을 그대로 이어 받는다고 선언하였다.[23] 이에
따라 과전법에 의한 농지의 분배와 관련 농지제도의 후속 조치는 조선
개국 초까지 계속되었다.

---

21) 고려 공양왕 3년(1392)에 완결된 己巳量田의 결과는 陳荒田 175,030결을 포함하
여 모두 798,128結이었다. 태종 5년(1405)에 실시된 양전의 결과가 126만 결인
것으로 보아 약 40만 결이 기사양전에서 누락된 것으로 추정된다.
22) 조준·정도전 등이 추진하는 전제개혁이 지나치게 과격하다고 반대한 성균관 출신
의 관리는 이색·이림·권근·우현보 등이었다.
23) 『太祖實錄』 태조 원년, 7월 28일 丁未. 이성계가 왕이 된 다음 처음 내린 즉위교
서는 정도전이 기초한 것으로 보인다.

4. 科田法 체계

과전법과 과전법 정신을 살려 조선 국초에 도입한 토지제도의 주요 내용은 다음과 같이 요약할 수 있다.[24]

(1) 토지국유의 표방과 전 국토의 국가 收租地化

고려의 공전을 비롯하여 불법적인 사전, 사원전 등을 폐지·몰수 또는 축소하여 국유화하였다. 전국의 모든 토지는 원칙적으로 국유지라는 인식 아래 사적 수조권을 모두 회수하여 국가 수조지收租地로 편입하였다. 그러나 정당하게 취득한 조상 전래의 사적 소유관계는 인정하되 모두 정부에 세금을 내도록 하였다. 과전법은 전국의 모든 토지를 국유화하는 데는 성공하지 못하였지만 모든 토지에 대한 수조권은 국가가 보유하는 것으로 결정하여 간접적으로 토지국유의 정신을 확인한 것으로 볼 수 있다. 전국의 모든 토지는 수조권의 귀속 여하에 따라 공전과 사전으로 구분하였다.[25]

(2) 관리들에게 科田 지급

국가 수조지는 국가의 재정용도에 따라 정부의 각 기관에 분속시키고 공신과 문·무 관리들에게는 벼슬의 고하에 따라 수조권을 갖는 과전을

---

24) 『高麗史』食貨志, 田制, 科田法 ; 千寬宇, 「韓國土地制度史」 下, 『韓國文化史大系』 Ⅱ(政治·經濟史 下), 高大民族文化硏究所, 1965 ; 金泰永, 「과전법의 성립과 그 성격」 『한국사연구』 37, 1982.

25) 조선시대에 들어와 公田과 私田은 收租權을 기준으로 의미가 바뀌었다. 私田이란 토지의 수조권이 개인에게 있는 토지를, 公田이란 토지의 수조권이 국가에 있는 토지를 말한다. 과전을 지급받은 관리가 수조권에 의해 경작자로부터 국가의 전세를 대신 거두는 토지는 私田이다.

분급하였다. 벼슬은 18등급으로 나누고 벼슬이 제일 높은 제 1과에는 과전 150결을 지급하고 제일 낮은 제 18과는 10결을 주는 등 등급에 따라 차등 지급하였다. 직책이 없는 관료와 임시직 기타 공역을 담당한 자, 지방관청의 향리와 전직 문·무관, 사대부에게도 과전을 주었다. 또 지방에 거주하는 한량들에게도 일정기간 동안 군에 소집되어 수도를 방위하는 의무를 지우고 군전軍田을 5~10결씩 지급하였다.

과전의 지급은 소유권을 주는 것이 아니라 수조권을 주는 것으로 1대에 한하며 해당 공신 또는 관리가 죽거나 퇴직하면 과전을 국가에 반납하도록 하였다. 즉 개국 공신전을 제외한 공신전의 세습을 폐지하고 퇴직한 관리의 과전은 회수하여 재분배하도록 하였다.

그러나 과전을 받은 관리가 사망하고 그 미망인이 개가를 하지 않는 경우 또 부모가 모두 사망하고 어린이들만 남았을 경우 수신전守信田과 휼양전恤養田 명목으로 상속을 인정하였다. 과전은 국초에 경기도 내에 있는 토지만을 분급하는 것을 원칙으로 하였으나 경기도의 토지가 모자라게 되자 삼남지방의 토지도 지급하였다.

(3) 耕者有田의 정신

과전법은 부분적으로 토지가 없는 사람들에게 농지를 분배하였다. 전제개혁의 추진기에는 농사를 짓는 사람만 농지를 가질 수 있다는 원칙을 세우고 양인 남자가 농부가 되어 일정한 나이에 이르면 농지를 분배하고 늙어 일정한 나이가 되거나 죽으면 농지는 회수하여 다른 사람에게 준다는 원칙을 만들어 농민들 모두에게 토지를 분급하려고 계획하였으나 토지가 부족하여 모든 농민에게 농지를 분급하지는 못하였다.

다만 공·사천인, 상인과 공장인, 승려, 무당, 재인, 점쟁이 등 농사를 짓지 않는 사람들은 당대는 물론 그 자손에게도 토지의 소유를 금지하고 누구나 사찰이나 귀신을 모시는 신사神祠에 토지를 시주하는 것을 금지한다는 선에서 경자유전耕者有田의 정신을 살리려고 하였다.

정부는 과전법과는 별도로 빈농과 토지가 없는 농민에게 토지를 주어 정착시키려는 노력을 계속하였다. 대농이 경영할 수 있는 규모를 초과하여 토지를 과다하게 점유하고 남이 경작할 수 없도록 번갈아가며 고의로 황무지를 만드는 경우 수조권자收租權者(국가 또는 전주)가 이를 회수하여 토지가 없거나 적은 농민에게 분배할 수 있도록 하였다. 또 주인이 사망·이사·호절戶絶하여 경작하지 않는 토지, 정부가 새로 개간한 농지 등은 우선적으로 빈농과 토지가 없는 농가에게 분급하여주는 정책을 간헐적으로 실시하였다.

(4) 농지의 상속·매매·증여 및 반수병작의 금지

토지를 분배 받은 사람들을 계속 자영농민으로 남아있게 하기 위해 농지의 소유자 또는 수조권자(전주田主)는 경작농지를 개인적으로 매매 또는 증여나 상속할 수 없도록 금지시켰다. 고려 말 농장의 작인으로 흡수된 농민들은 전호佃戶(소작인)로서의 안정적 지위를 얻게 되었다.

과전법은 수조권자 또는 전주와 전호 사이의 조액租額을 일반 세율과 똑같이 하고 과전을 지급받은 전주는 전호의 경작권을 마음대로 빼앗아 다른 사람에게 주는 것을 금지시켰다. 반대로 전호가 토지를 이탈하여 도망하는 것도 금지하였다.

농지를 타인에게 대여하고 수확물을 반 씩 나누어 갖는 병작제도並作制度는 관과 민을 막론하고 금지하였다. 그러나 예외적으로 환鰥·과寡·고孤·독獨과 자식도 노비도 없이 3~4결 이하를 경작하는 자에게는 허락하였다.[26]

---

26) 반수병작半收並作의 금지와 환과고독에 대한 예외조치는 태종 6년부터 실시되었다. 鰥은 아내를 잃은 늙은 홀아비, 寡는 남편을 잃은 늙은 과부, 獨은 자식이 없는 노인, 孤는 어려서 부모를 잃은 고아를 말한다.『太宗實錄』태종 6년 11월 기사.

(5) 10분의 1세

면세전을 제외하고 모든 농지에 대한 세금은 토지 소출량에 대한 10분의 1로 통일하며 오직 국가만이 전세를 수취하고 지주의 중간수탈은 금지하였다.[27] 전조田租는 공전과 사전을 막론하고 수전水田 1결에 대해 조미糙米(현미) 30두, 한전旱田(밭) 1결에 대해 콩 또는 잡곡 30두씩을 과세하였다.[28] 공전公田에서의 전조는 모두 국가가 직접 받는 것을 원칙으로 하였다.

사전私田의 경우 수조권은 과전을 받은 공신·관리나 관아에 있었다. 사전의 수조권자가 개인일 경우 전주田主는 작인들로부터 1결에 대해 30두씩 수조收租하여 그 가운데 2두를 국가에 납입하고 나머지는 전주의 소유로 하였다. 고려시대 후기의 전조율田租率은 공전의 경우 수확량의 4분의 1을, 사전은 2분의 1을 받았다.

과전법에서의 10분의 1세 또는 결당 현미 30두는 최고 세액이고 실제로는 흉·풍의 정도를 10등으로 나누고 해마다 수령이 흉·풍의 정도를 실사하여 세액을 정하는 손실답험법損失踏驗法을 적용하였다. 즉 흉년이 들어 수확이 10% 감소하면 세액을 10% 감해주고, 수확이 20% 감소하면 세액을 20% 감해 주는 식으로 순차적으로 감해주다가 수확이 80% 감소하면 조租를 전액 면제하였다.

---

27) 10분의 1세는 周代 井田法의 세법 형식을 차용한 것이다. 정부는 비록 정전법을 실시하지는 못하지만 토지 생산량의 10분의 1만 세금으로 받고 다른 세금을 일체 받지 않으면 정전법을 실행하는 것과 마찬가지의 효과를 가져온다고 생각하였다. 『世宗實錄』세종 12년 8월 10일 무인 ;『增補文獻備考』田賦考, 租稅.
28) 『朝鮮經國典』상, 賦典, 賦稅.

제3장

儒家의 정치사상과 王道主義

1. 王道主義와 覇道主義

유학의 왕도주의 정치이념은 중국의 춘추·전국시대에 활동하였던 공자孔子와 맹자孟子로부터 시작하였다. 공자는 인정仁政을 가장 중요한 정치이념으로 삼았다. 인정이란 백성들을 근본으로 하고 백성들을 위하는 정치를 말하며 인정을 펴기 위해서는 덕과 예로서 백성을 다스려야 한다고 주장하였다.

맹자는 공자의 인정을 왕도주의王道政治란 표현으로 더욱 발전시켰다. 그는 왕도정치의 개념을 분명히 하기 위해 왕도王道와 패도覇道를 구별하였다. 패도란 군주의 권위를 절대적인 것으로 하며 법(형벌)과 경찰력으로 백성들을 다스리는 것으로 패도정치란 무력과 강압을 통해 나라를 부강(부국강병富國强兵)하게 하는 정치를 말한다.

왕도정치란 백성들을 중요시하는 정치로서 백성들에게 인륜의 도리와 예를 가르쳐 인의지도仁義之道가 실현되는 세상을 만드는 정치를 말한다.[1] 왕도정치는 백성을 위하는 정치를 특색으로 하는 동시에 백성들에게 경제적으로 혜택이 돌아가도록 하기 때문에 백성들이 마음속으로부터 좋아하며 따르는 정치이다.

인의지도는 사람이 살아야 할 올바른 길로 그 본질은 백성들에게 어버이에게 효도하고 연장자를 공경하도록 가르쳐 하늘의 뜻을 받들며 살도록 하는 것이다. 인의지도는 성군聖君 요堯와 순舜이 덕과 예로 나라를 다스리고 백성을 가르치던 방식을 뜻한다. 요·순시대는 태평성대였고 태평성대는 인의지도의 실행을 통해 이루어졌다. 맹자는 인의지도 만이 태평

---

1) 『孟子』梁惠王 上.

성대를 이룩할 수 있는 수단이라고 보고 임금은 인의지도의 실행을 정치의 기본노선으로 삼아야 한다고 주장하였다.[2]

2. 王道主義의 실현을 위한 孟子의 네 가지 기본정책

맹자는 왕도주의의 실현을 위해 네 가지의 기본정책이 필요하고 이 네 가지 정책이 실현되면 왕도주의가 이루어진다고 가르쳤다. 왕도주의의 실현을 위한 네 가지의 기본정책은 다음과 같다.[3]

(1) 인정을 실시하여 민심을 얻어야 한다(仁政施行)

정치에서 가장 중요한 요소는 군주가 어진 마음을 가져야 하는 것이다. 군주는 도덕적 인격을 갖춘 성군聖君이 되어 마음속에서 울어나오는 인정仁政을 실시하여야 한다.

인정은 백성을 나라의 근본으로 여기고 백성을 위하고 사랑하는 정치이다. 군주가 인정을 펴는 목적은 민심을 얻어 백성들을 교화하려는 데 있다. 민심을 얻으면 천하를 얻을 수 있고 천하를 얻으면 백성을 가르쳐 올바른 길로 인도할 수 있기 때문이다.

군주가 백성의 마음을 얻기 위해서는 백성들의 즐거움을 자신의 즐거움으로 알고 백성들의 근심을 자신의 근심으로 여기고 백성이 원하는 것을 얻게 해주고 싫어하는 것은 하지 말아야 한다.[4] 백성들과 함께 즐거움을 같이 하려는 마음은 군주의 도덕적 바탕인 어진 마음에서 나온다.

---

2)『孟子』離婁 上, 下.
3) 賀榮一,『孟子之王道主義』, 北京大出版部, 1993(박삼수 역, 울산대출판부, 1997) ;
   『孟子』(박경환 역), 홍익출판사, 2005.
4)『孟子』離婁 上.

(2) 어버이에 효도하고 연장자를 공경하도록 가르쳐야 한다(敎民孝悌)

사람은 배불리 먹고 편안하게 지내면서 가르침이 없다면 금수와 마찬가지가 되기 쉽다. 그러므로 현명한 군주는 학교를 세워 백성들에게 인륜의 교육을 실시해야 한다. 가정과 사회의 윤리질서를 바로 잡기 위한 교육의 내용은 어버이에게 효도하고 연장자를 공경하도록 하는 예절교육이 중심이 되어야 한다. 가정과 사회에 윤리가 확립되면 천하는 안정되고 백성들은 다툼이 없이 태평성대를 누릴 수 있다.

맹자는 인의仁義가 구현되는 사회를 만들기 위해서는 백성들을 교화시켜야 하는데 백성들이 가난하면 제대로 가르칠 수 없다고 보았다. 맹자는 항산恒産이 없으면 항심恒心도 없다는 말로 백성들의 민생문제의 해결이 무엇보다도 중요하다는 것을 강조하였다.[5]

맹자는 백성들의 생업을 보장하여 의衣·식食·주住 문제를 먼저 해결하는 것이 왕도주의로 가는 데 필요한 선결조건이라고 보았다. 맹자는 사람이 항심을 갖지 않으면 편벽되고 간사스럽고 방탕한 행위를 하게 되어 죄에 빠지게 되는데 어진 임금은 백성들이 죄에 빠지지 않고 항심을 가질 수 있도록 생업을 마련해주어 위로는 부모를 봉양하고 아래로는 처자를 부양할 수 있어야 한다고 강조하였다.

(3) 현명하고 유능한 관리를 임용하여 정부를 구성해야 한다(選賢任能)

왕도주의 이상을 실천하기 위해서는 군주가 어진 마음을 가져야 하고 관리들은 현명하고 유능해야 한다. 이것은 정부를 구성하는 데 필요 불가결한 조건이다.[6] 백성들의 근본은 착하지만 욕심이 있기 때문에 그냥 두면 서로 싸우고 탈선하기 쉽다. 평화롭고 살기 좋은 세상을 만들기 위해

---

5)『孟子』滕文公 上.
6)『孟子』滕文公 上.

서는 백성들을 가르쳐야 하고 이를 위해서는 유능한 관리가 필요하다. 백성을 교화시키는 관리는 재덕을 겸비한 군자君子로 청렴결백하지 않으면 안 된다.

군주가 사람을 기용할 때는 신분이나 혈연에 구애되지 말고 재주와 능력이 있는 사람을 뽑아야 한다. 덕을 지닌 현자에게 합당한 지위를 주고 능력 있는 사람에게 알맞은 직책을 부여하면 나라의 안팎에 근심이 없어진다. 군주가 현능한 사람을 존중하면 천하의 인재와 선비들이 모여들고 왕이 가르침을 받을 만한 사람을 신하로 쓰면 천하를 얻을 수 있다.[7]

(4) 국가는 재정정책을 효율적으로 운영해야 한다(財富妥理)

군주는 정부를 운영하기 위한 경비를 마련하고 각급 관리의 안정적 생계를 확보하기 위해 백성들로부터 세금을 징수하되 재정을 공정하고 합리적으로 운영하여야 한다. 관리는 백성을 다스리는 것을 본업으로 하는 만큼 농업에 종사할 겨를이 없다. 그러므로 다스림을 받는 백성은 세금을 납부함으로써 관리를 부양한다. 관리와 백성은 분업을 통해 서로 협력하지 않으면 안 된다.

세금을 너무 많이 거두면 백성들이 살기 어렵게 되고 너무 적게 징수하면 나라살림이 궁색하게 된다.[8] 관리들을 충분히 예우하여 사리사욕을 채우는 일을 방지하고 백성들로부터는 최소한의 세금을 걷어야 한다. 따라서 재정을 공정하고 합리적으로 운영할 수 있는 재정제도를 마련하는 것이 중요하다.

맹자는 왕도주의로 가기 위한 재정제도는 정전제井田制를 채택하는 것[9]이라고 말하여 유교적 이상국가를 건설하는 데 필요한 재정을 마련하는데 정전제가 가장 바람직한 제도임을 강조하였다. 공자孔子도 백성들

---

7) 『孟子』 公孫丑 上.
8) 『孟子』 盡心 下.
9) 『孟子』 滕文公 上.

을 가르치는데 선부후교先富後教가 필요하고 이를 위해 정전제가 가장 좋
은 제도라고 제자들을 가르쳤다. 공자는 만약 자신이 등용된다면 정전제
를 실시하여 3년 안에 정착시켜 보이겠다[10]고 자신감을 피력하였다.

맹자는 정부를 운용하기 위해 가장 이상적인 세제는 10분의 1세라고
보았다. 맹자는 당시 제후들이 10분의 1을 넘는 세금을 징수하여 백성들
의 안정된 생활을 불가능하게 한다고 비판하였지만 20분의 1을 받는 오
랑캐 맥貊의 제도도 잘못된 것이라고 지적하였다.

맹자는 오랑캐 나라인 맥에서는 오곡이 자라지 않고 오직 기장만이 자
라며 종묘와 제사, 성곽과 주택에 관한 예법과 제도가 없고 관직과 관리
의 수가 많지 않으며, 제후들이 서로 예물을 보내고 접대하는 풍습이 없
기 때문에 20분의 1 세금을 받아도 충분하지만 각종 의식과 예법을 지키
는 문화국에서는 요·순이 시행하던 10분의 1세가 가장 좋은 제도라고 주
장하였다.[11]

3. 왕도주의 財政政策과 井田制度

정전제井田制는 고대 중국의 하夏·은殷·주周시대에 시행하였다는 토지
제도를 말한다.[12] 정전제란 1평방리里(900무畝)의 정사각형 형태의 농지
를 井자 모양으로 구분하여 1구역(부夫)당 100畝(무, 묘)씩 모두 아홉 구
역으로 나눈 다음 한 가운데 1부夫는 공전公田으로 하고 나머지 여덟 구

---

10) 『論語』子路.
11) 『孟子』滕文公 上 ; 告子 下.
12) 정전제에 대한 내용은 『孟子』梁惠王 및 滕文公 ; 『周禮』地官, 小司徒 ; 『漢書』
   食貨志 등에 기술되어 전해지고 있으나 제도의 운영에 대한 상세한 내용은 알 수
   없다.

역은 여덟 가구의 농민에게 사전私田으로 분배하여 주고 각기 경작하도록 하는 제도를 말한다.13) 여덟 가구의 농가는 협력하여 먼저 공전을 경작하여 거기에서 나오는 소출을 정부에 세금(전부田賦)으로 바치고 각자의 사전을 경작하여 생산되는 소출은 개별 농가가 소유한다.

정전제는 남자나이 20세가 되면 국가로부터 토지를 지급받고 60세가 되면 토지를 반납하는 것으로 되어 있다.14) 이 시대의 표준 가구는 부부가 노인 부모를 모시고 자녀 4인을 부양하는 8인 가구로 보고 있다.15)

정전제도는 농가에게 토지의 소유권을 주는 것이 아니라 국가소유의 토지를 농가에게 일정 기간 동안 빌려주고 기간이 만료되면 회수하여 다른 농가에게 대여하는 국유지의 경작권 대여시스템을 기본적 골격으로 하고 있는 농지제도이다. 맹자는 한 농가가 100무의 농지를 받아 열심히 일하는 상농上農은 아홉 식구를 충분히 먹여 살릴 수 있고, 중농은 일곱 식구를, 하농은 다섯 식구를 먹여 살릴 수 있다고 보았다.

정전제는 일단 호적이 등록되고 농지가 분배되면 경작자의 이탈이 금지되고 농지의 자유로운 매매·대여·저당 등이 불가능하게 된다. 이에 따라 지주가 발생하지 않고 부자에 의한 토지의 겸병이 불가능하게 되어 농민의 몰락을 방지할 수 있다. 국가는 세금과 병역을 손쉽게 부과할 수 있어 통치가 용이해진다.

---

13) 『漢書』食貨志에 주척으로 6尺을 1步라 하고 1백보를 1畝(畝는 무 또는 묘로 읽는데 이 책에서는 무로 통일하였다)이라고 설명하고 있다. 100무는 1夫가 되고 3부를 1屋으로 하고 3옥이 1井이 된다(900무가 1정이 된다). 1井은 사방 1里인데 모두 9夫와 같다. 주척의 길이는 시대에 따라 다르나 한나라 때의 주척 1척은 19.5cm이었으므로 1보는 약 1.17m가 된다. 따라서 1무는 가로 1보 × 세로 100보(사방 10보)의 넓이이므로 136.89㎡(41.36평, 1평=3.31㎡)의 면적이 된다. 따라서 1부는 13,689㎡(4,135.65평=1.4ha), 1정은 123,201㎡(37,220.85평=12.4ha)가 된다. 1척의 길이를 얼마로 보느냐에 따라 1부의 면적이 달라진다. 이에 따라 1부를 1.7ha로 보는 견해도 있다.

14) 『漢書』食貨志.

15) 『孟子』滕文公 上.

정전제 아래서는 백성들이 마음대로 농사를 짓는 것이 아니라 일종의 표준 작부체계를 따르게 한 것으로 보인다. 『맹자孟子』에 따르면 농민들이 정전에 농사를 지을 때는 반드시 5곡(조, 기장, 콩, 보리, 벼)을 섞어 심어 한발과 수해 등 재해에 대비하도록 하였다. 논밭을 힘써 갈고 자주 김매기를 하도록 주문하고 수확할 때는 도둑이 물건을 훔칠 때처럼 재빨리 하도록 하였다. 그리고 농토 안에는 나무를 심는 것을 금지하여 5곡의 생장을 방해하지 않도록 하였다. 노사盧舍(정전에 있는 농막)가 있는 5무의 택지에는 뽕나무를 심고 채소와 나물은 밭 두둑에 심고 오이·표주박·과수는 농지의 경계에 재배한다고 기술하고 있다.[16)]

『한서漢書』 식화지食貨志에 따르면 정전을 경작하는 농가는 양잠과 축산을 곁들이는 일종의 원시적 형태의 다각경영 내지는 자급자족 경영을 한 것으로 보인다. 농가가 개·돼지·닭을 기를 때 번식기를 놓치지 않고 여자들이 양잠을 잘하면 50세 된 노인이 비단옷을 입을 수 있고, 70세 된 노인은 고기를 먹을 수 있다고 설명하여 정전제를 실시하면 1가구가 충분히 먹고 살 수 있고 늙은 부모를 잘 봉양할 수 있으며 어린 자식들은 시골의 교육기관인 상庠과 서書에서 공부시킬 수 있다는 것을 강조하고 있다.

1) 井田제도의 경제적 장점

맹자는 정전제의 실시를 통해 국가의 살림을 건실하게 운영하고 능력 있는 관리들을 등용할 수 있으며 동시에 백성들의 민생문제를 해결할 수 있는 가장 이상적인 제도라고 보았다. 뿐만 아니라 맹자는 정전제도는 정치·사회·군사적 측면에서도 여러 가지 장점이 있는 제도라는 것을 부연하여 설명하였다.

맹자는 정전제도가 국가의 행정을 용이하게 하고 백성들 간에 빈부의

---

16) 『孟子』 梁惠王 上.

차이를 없애주며 백성들로 하여금 어려울 때 서로 의지하고 도와줄 수 있는 사회보장적 기능을 할 수 있으며 전란을 맞았을 때 병력동원에 용이한 점 등을 들어 왕도를 이룩하기 위해 필요한 일석다조一石多鳥의 제도임을 강조하였다. 정전제도의 장점은 다음과 같이 요약할 수 있다.

(1) 농지의 분배와 녹봉의 제정이 용이하다.

정전제는 농지를 분배하고 녹봉을 산정하는데 그리고 정부의 재정 및 부세 수입문제를 해결하는데 가장 용이하고 효과적인 방법이다. 정전의 구획을 완료하면 바로 농가에 농지를 분배할 수 있다. 가구당 100무(약 1.4ha) 씩이므로 더 계산할 필요가 없다.

농민들은 공전을 경작하는 것으로 부세를 대신하고 다른 세금은 없다. 단 농가는 1년에 3일 씩만 부역에 동원된다. 정부는 농지세 확보를 위해 다른 수단을 강구할 필요가 없다. 1정전의 공전은 100무이므로 정부는 무 단위로 재정을 계획하고 신하들에게 주는 녹봉을 산정하는 데에도 편리하다.

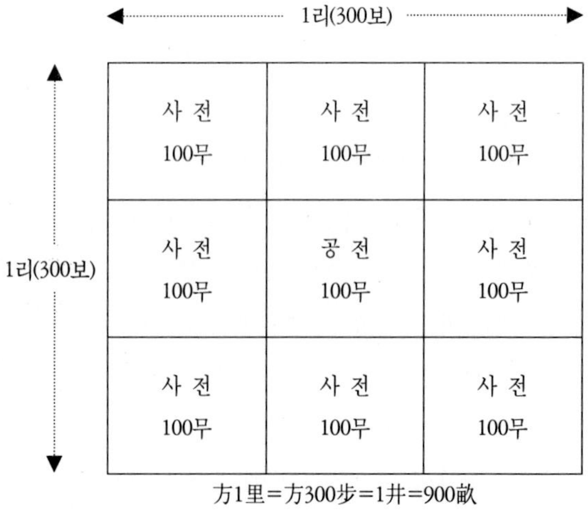

〈그림 1〉 정전도

(2) 백성들로 하여금 항산을 갖고 걱정없이 살게 할 수 있다.

농민들에게 항산恒産을 갖게 하면 생활보장이 되므로 항심恒心을 갖게
할 수 있다. 백성들의 생활이 안정되면 마음이 안정되고, 마음이 안정되
면 쉽게 가르침을 받아 향선向善하게 할 수 있다.[17]

정전제는 평균 여덟 식구로 구성된 농가에게 각각 100무의 농지를 분
배하므로 각 농가는 부모·처자 등 가족을 충분히 부양할 수 있고 풍년에
는 배불리 먹고 흉년에도 굶어 죽는 것을 면하게 할 수 있다. 뿐만 아니
라 돌아가신 부모를 후하게 장사 지내 효도를 다 할 수 있도록 보살핌으
로써 양생養生·상사喪事에 유감이 없도록 할 수 있다.[18] 만약 한 농가에
가장 이외에 한 명의 장정이 더 있으면 25무의 농지를 추가로 분배 받을
수 있다. 공경 이하의 관리들은 녹봉 이외에 제사용 목적의 규전圭田을
가구당 50무씩 제공하는데 세금은 면제한다.

(3) 국가경영을 위한 세율은 10분의 1세로 충분하다.

맹자는 『맹자孟子』 등문공 편에서 국가경영을 위한 적정 세율은 10분
의 1세라고 말하였다. 맹자는 세율이 생산량의 10분의 1보다 낮으면 나
라의 궁실, 종묘, 성곽 등을 제대로 유지할 수 없고 제사를 거행하는데
예절을 제대로 지킬 수 없고 관리들에 대한 녹봉을 제대로 줄 수 없다고
설명하였다. 만약 세율이 10분의 1을 넘으면 백성들을 괴롭히는 폭정이
된다고 부연하였다.[19]

맹자는 10분의 1 세법은 하夏·은殷·주周 삼대의 정전법 세제를 참고하
여 정한 것이라고 하였다. 맹자는 『맹자』 등문공, 상편에서 정전법에 의
한 농지배분 규모는 시대에 따라 달랐으나 세율은 모두 1/10이었다고 말

---

17) 『孟子』 滕文公 上. "民之爲道也 有恒産者 有恒心 無恒産者 無恒心."
18) 『孟子』 梁惠王 上.
19) 『孟子』 告子 下.

하고 있다.[20]

　그러나 맹자는 양혜왕梁惠王에게 왕도정치를 설명하면서 주나라의 문왕이 기岐지방을 다스릴 때 농민들에게 9분의 1세를 받았다고 설명하였다.[21] 그는 또 등滕나라의 문공文公에게 왕도주의의 실현을 위해 농촌에 대해서는 9분의 1의 조법助法을, 성내의 사람들에 대해서는 10분의 1세를 스스로 납부하는 세제를 채택할 것을 건의하였다.[22] 9분의 1의 농지세를 부과하는 것은 1정전井田을 9부夫로 나누는 정전법 농지제도에 근거한 것이다.

　맹자가 같은 책에서 정전법에 따른 적정세율을 어떤 때는 9분의 1세라고 말하고 또 다른 때는 10분의 1세라고 말하는 등 불일치를 보여 혼란을 일으켰다. 이 문제는 1부의 공전에 여덟 농가에게 각각 5무씩의 택지를 주어 농막을 지었다는 노사설盧舍設이 나타나면서 설명이 가능해졌다.[23]

---

20) 孟子는 『맹자』 등문공, 상편에서 夏代에는 가구당 50무의 땅을 주고 貢法을 시행하였고 殷대에는 가구당 70무의 땅을 주고 助法을 실시하였고 周대에는 가구당 100무의 토지를 주고 徹法을 시행하였는데 실제의 세율은 모두 1/10이었다고 설명하였다. 공법은 공전을 지정하지 않은 채 토지를 나누어주고 흉·풍에 관계없이 수 년간 평균수확량의 10분의 1로 세금을 고정 부과하는 세법을 의미한다. 공법은 흉년에는 문제가 되었다. 조법은 70무의 공전을 지정하고 8가구가 공동으로 경작하여 거기서 나오는 수확을 세금으로 바치는 제도이다. 조법의 장점은 작황 여부에 관계없이 公田의 수확량만 납부하는 것이다. 주나라는 전국의 모든 토지를 정전으로 구획하지 않고 도성 안은 도랑과 밭고랑만 만들고 농민들에게 경지를 분배한 다음 수확량의 10분의 1을 세금으로 내게 하였다. 반면 도성 밖의 교외는 정전을 구획하고 공전을 둔 다음 여덟 농가가 협력하여 공전을 경작하여 그 수확량을 세금으로 거두어가는 9분의1세인 조법을 실시한 것으로 보고 있다. 맹자는 주나라의 세법을 철법이라고 하였다.

21) 『孟子』 梁惠王 上.

22) 『孟子』 등문공 상 ; 告子 下.

23) 한나라의 鄭玄은 주나라의 세법은 대부분 9분의 1세였으나 오직 도시지역인 鄕遂에서만 10분의 1세를 받았는데 이는 도성 가까운 곳에서는 나라의 役事가 많았기 때문에 세금을 감하여 10분의 1을 받고 이를 徹法이라 한 것이라고 설명하였다.

(4) 정전법을 실시하면 빈부의 차가 발생하지 않는다.

정전법은 원칙적으로 모든 농가에게 똑같이 100무의 토지를 주고 경작하게 한다. 그러나 농지는 비옥도에 따라 생산력이 다르기 때문에 토질을 상·중·하로 나누어 상전은 농가당 100무, 중전은 200무, 하전은 300무를 지급하기도 하지만 공평성이 훼손되지 않는다는 것이다.

상전은 매년 경작할 수 있는 토지이고, 중전은 1년을 휴경하고, 하전은 2년을 휴경하는 토지이다. 상전은 매년 경작하고, 중전은 경지를 둘로 나누어 1년씩 교대로 휴경하고, 하전은 셋으로 나누어 2년씩 교대로 휴경하므로 토질에 차이가 있어도 문제가 생기지 않는다.[24] 세금은 공전을 공동으로 경작하여 그 소출을 납부하게 되므로 공전에 대한 노동의 부담은 물론 생산과 수익이 모두 공평해진다.[25]

정전법은 토지를 국유로 하기 때문에 개인적으로 분급 받은 토지를 팔거나 상속할 수 없다. 모든 남자는 20세가 되어 성인이 되면 국가로부터 100무의 토지를 받고 60세가 되면 토지를 반납해야 하므로 부자나 권력자에 의한 토지의 겸병은 불가능하다.[26] 농민들은 지역적으로나 시간적으로 토지를 균분할 수 있게 되므로 농가 간에 그리고 세대 간에 빈부의 차가 발생하지 않는다는 것이다.

朱子는 그의『孟子章句』에서 周의 제도는 公田 100무 가운데 20무를 8농가의 농사를 짓는 데 필요한 농막인 廬숨를 짓는 택지로 사용하여 실제로 경작하는 공전은 80무라고 해석하였다. 따라서 8농가가 부담하는 세율은 실질적으로 10분의 1이었다는 것이다. 노사설을 맨 처음 주장한 사람은 穀梁이었다.『漢書』王莽傳에도 "古者設廬井八家 一夫一婦田百畝 什一而稅"라 하여 노전과 정전 1백무를 주고 10·1세를 받았다고 하여 노사설을 뒷받침하고 있다.

24)『周禮』地官司徒.
25)『漢書』食貨志 上.
26) 같은 책.

2) 정전제도의 정치·사회적 장점

맹자를 비롯한 고대의 유자儒者들은 정전제가 경제적 장점 이외에도 다음과 같은 정치적·사회적·군사적 장점도 있다는 점도 인식하고 정전제의 시행을 강조하였다.

(1) 행정상의 관리가 편리하다.

주대에는 정전을 행정의 기초단위로 삼은 것으로 보인다.『한서漢書』식화지에는 정전에 있는 가옥을 여廬라 하고 성읍에 있는 마을을 리里라 한다. 5가家를 1린隣으로 삼고, 5린을 1리里로 하며, 5리를 1족族으로 삼고, 5족을 1당黨으로 삼으며, 5당을 1주州로 하고, 5주를 1향鄕으로 삼는다. 1향은 12,500호이다 라는 구절이 있다.[27]

이 시대에는 마을마다 정전을 구획할 수 있었으므로 한 마을에 사는 사람은 그 마을에 있는 정전에 소속시켰다. 주민들은 이사를 하더라도 그 마을 안에서만 할 수 있고 죽은 사람을 매장하더라도 그 마을에서만 할 수 있기 때문에 마을 하나 하나가 모두 행정단위가 될 수 있다. 정부의 입장에서 볼 때 지방행정을 관리하기가 매우 편리하다.[28]

(2) 자발적 치안망을 구축할 수 있다.

동일 정전을 경작하는 여덟 가구 농민들은 농사에 공동의 이해관계를 갖고 있으므로 함께 전답을 지키고 가택을 보위하며 도적을 방어하는 하나의 집단이 될 수 있다.[29] 부언하면 같은 정전에 소속된 사람들은 서로 힘을 합해 농작물을 지키고 외적에 대항할 수 있는 치안망을 만들 수 있다.

---

27)『漢書』食貨志 上.
28)『孟子』藤文公 上.
29) 같은 책.

(3) 병농일치로 국방에 용이하다.

농민들은 배치된 정전에 따라 한 곳에 정주定住하므로 호구戶口의 파악이 용이하고 성격이 순박하다. 따라서 전쟁이 일어나면 주민들을 병사로 동원하고 군비를 조달하기에 용이하다. 한 곳에 정주하지 않고 이동하며 생업에 종사하는 상인과 같은 부류의 사람들은 약삭빠르기 때문에 군대에 입대시키는 것은 쉬운 일이 아니다.

병농일치兵農─致는 유사시 목숨을 내놓을 수 있는 군역의 대가로 삶의 토대가 되는 농지의 경작권을 부여하는 것이므로 다른 제도보다 공정하고 농민은 한 곳에 정주하므로 피역을 막을 수 있다. 거주지 중심의 군 입대는 동향인끼리 대오를 편성하므로 사기의 진작과 전투력 제고에도 유리하다. 병농일치는 가장 효율적인 군사제도이다.

(4) 상부상조의 사회보장적 기능을 할 수 있다.

한 정전의 여덟 가구 농민들은 공전을 함께 경작하고 농로와 수로를 함께 유지·관리하고 또 인접하여 각자의 토지를 경작하므로 서로 친근한 사이가 된다. 정전을 같이 하는 농민들은 서로 내왕하며 우의를 다지게 된다. 이들은 기근이 오면 서로 식량을 나누고 누구든지 병이 나면 서로 도와주며 대신 농사일도 해줄 공동체적 사회관계를 맺게 된다. 그러므로 정전은 구성원 모두를 위한 상부상조相扶相助의 복지단위로서의 역할도 할 수 있다.

(5) 관리들의 부패를 방지할 수 있다.

백성들은 정전의 공전을 경작하여 흉·풍과 관계없이 거기에서 나오는 생산량만 납부하면 다른 세금은 없기 때문에 관리들이 다른 핑계를 대어 세금을 더 내라고 할 수 없다. 다시 말해 백성들은 노동지대만 바치면 되는 제도이므로 관리들이 부패할 여지가 없다.

(6) 백성들에 대한 교화와 기술교육에 유리하다.

정전법을 실시하던 삼대三代에는 농사철이 끝난 다음 부녀자와 아이들을 모아 기술을 가르치고 공부를 시킨 다음 예절을 가르쳐 교화시켰다. 정전제 아래서 어린 남자아이들은 마을의 학교 상庠에서 공부를 가르쳤다. 8세가 되면 소학을 배우는데 서예·계산·육갑·오방을 배우고 가족과 장유長幼에 대한 예절을 가르쳤다. 15세가 되면 대학에 입문하여 옛 성인들의 예악禮樂을 배우게 하며 군신간의 예의를 알게 하였다.

마을의 학교에서 우수한 자는 향鄕으로 보내 향의 학교(서序)에서 공부시키고 이 가운데서도 뛰어난 학생은 제후국으로 보내 소학에 입학시켰다. 소학에서 뛰어난 학생은 천자에게 천거하여 대학에서 공부시키고 이들을 선별하여 관직에 등용시키는데 품행과 능력이 엇비슷하면 활 쏘기로 선별한 후 관직을 내렸다.[30]

겨울철이 되면 정전에서 농사를 짓던 백성들이 성내의 집으로 돌아오면 부인들은 밤에 한자리에 모여 길쌈을 한다. 이 자리에서 솜씨 좋은 여자의 방적기술을 서로 배워 기술의 차이를 평준화 하였다.

3) 井田제도와 財政政策 시행의 요체

(1) 경제정책의 요체는 정전의 구획과 경계를 명확히 하는 것이다.

백성을 다스리는 방법은 토지에 안주시키는 것을 근본으로 한다. 정전제는 임금의 입장에서 볼 때 작은 노력으로 큰 효과를 거둘 수 있는 제도이다. 정전제를 시행하기 위해서는 보步와 무畝의 기준을 세워 그 경계를 바르게 해야 한다. 6척을 1보로 하고 100보를 1무로 하고 100무를 1부夫로 한다. 가구당 농지 면적이 100무씩 되도록 정확히 나누고

---

30)『漢書』食貨志 上.

그 경계가 뚜렷하도록 해야 한다. 경계經界란 토지를 측량하여 경지를 나누고 도랑과 길을 내고 나무를 심어 분배할 농지의 구분을 획정하는 것이다.

맹자는 인정仁政의 시행은 반드시 경계의 확정으로부터 시작된다. 경계가 바르지 않으면 경지가 불균하고 봉록俸祿이 공평하게 되지 않는다[31]고 말하여 정전법 시행에 있어서 경계의 획정이 대단히 중요하고 이것은 인정의 기반이 된다는 것을 강조하였다.

맹자는 경계를 바르게 하지 않으면 힘센 자들이 약자의 토지를 침범하며 부세의 부과 대상이 불분명하게 된다고 하였다. 경계가 애매하면 탐학스러운 관리들이 세금을 더 받아갈 구실을 주므로 인정을 실시하기 위해서는 경계를 분명히 하여 지워 없어지지 않도록 하는 것이 중요하다는 것이다.

(2) 농사는 때를 놓치지 않도록 해야 한다.

맹자는 국가운영에 특별히 유의해야 할 것은 농사철에 백성들을 징병이나 부역에 동원하여 농업생산을 방해하여서는 안 된다는 것이라고 강조하였다. 즉 농사는 때(時)가 중요하기 때문에 파종기와 제초기, 수확기 등의 적시를 놓치면 수확을 제대로 거둘 수 없기 때문이다.

농사철에 백성을 동원해서는 안 된다는 생각은 공자와 맹자 이전 오래전부터 있던 것으로 농가는 물론 법가인 관자管子도 같은 생각을 하였다. 이들은 바쁜 농사철에는 토목공사를 시작하지 않아야 하고 군사를 일으키지 말아야 하고 서민들은 성인成人 가관례加冠禮, 아내를 얻는 일, 딸을 시집 보내는 일, 제사 지내는 일 등의 의식을 거행해서는 안 되고 술과 단술을 내어 사람을 모으는 일도 해서는 안 된다는 것이다.[32] 이는 농사는 때를 중심으로 이루어지므로 때를 놓치면 제대로 생산을 할 수 없기

---

31) 『孟子』 藤文公 下. "夫仁政必自經界始 經界不正 井地不均 穀祿不平."
32) 『論語』 學而 ; 『呂氏春秋』 上農篇.

때문이다.

(3) 농업을 장려하고 상업과 수공업은 억제해야 한다.

맹자는 사람은 본래 착한 심성을 타고나지만 욕심을 다스리지 않으면 사도邪道로 빠져들기 쉽다며 인간의 욕망을 경계하였다. 맹자는 사람의 탐리심은 남의 것을 모두 빼앗지 않으면 채워지지 않고 물욕이 많을수록 선善을 행하려는 마음이 적어지고 인성을 타락시키므로 교화를 통해 욕심을 다스리지 않으면 안 된다고 경고하였다.[33] 유학은 인정仁政의 실시를 목표로 하고 있으므로 인의仁義를 손상할 우려가 있는 지나친 이利의 추구나 경제적 동기의 추구를 억제하여야 한다는 것이다.

유학자들은 사농공상士農工商의 사민四民 가운데 선비는 부지런히 학문을 배우고 벼슬길에 나가 백성들을 교화해야 하는 임무를 갖고 있으며, 농업은 의식衣食에 필요한 재화를 생산하고, 농사에 종사하는 농민은 성질이 순박하여 교화하기에 쉬우므로 농업을 본本으로 보았다. 반면 상업과 수공업은 사회가 존재하기 위해 필요한 직업이나 부가가치를 생산하지 않는데다가 인의를 손상하기 쉬운 사리私利를 추구하는 직업이므로 말末로 취급하였다.

(4) 농업인구를 증가시키고 개간을 장려하여야 한다.

맹자는 농업생산을 증가시키기 위해서는 토지를 넓히고 농사에 종사하는 백성들의 수를 늘려야 한다고 보고 이와 같은 정책을 추진하는 것이 군자들이 해야 할 일이라고 보았다.[34]

---

33) 『孟子』盡心 下.
34) 『孟子』진심 상, 하.

4. 法家와 農家의 중농억상주의 사상

정전법을 중심으로 한 농본주의 사상은 모두 유가의 독창적인 것이라
고 보기 어렵다. 춘추·전국시대에는 유가儒家, 농가農家, 법가法家가 공통
적으로 중농정책을 주장하였는데 이는 당시의 시대적 상황을 반영한 것
이다.

관중管仲(?~BC. 645)은 춘추시대 제齊나라의 환공桓公을 위해 패도정치를
도입하여 큰 성공을 거두었다. 환공이 관중에게 나라를 다스리는 길이 어
떤 것이냐는 질문을 하자 관중은 치국의 길은 백성들을 부유하게 하여
생활을 안정시키는 데 있는데 이를 위해서는 농업생산을 증가시키고 사
치스런 물건을 만들어 파는 것을 금하는 것이라면서 다음과 같이 대답을
하였다.

> "백성들이 부유해야만 고향을 편안하게 여기고 가정을 중시하며 죄짓는
> 것을 두려워하고 윗사람을 공경합니다. 백성들이 가난하면 고향을 싫어하고
> 가정을 경시하며 윗사람을 능멸하고 금령을 어깁니다. 나라가 부유하고 양식
> 이 많은 것은 농사에서 비롯됩니다. 백성들이 놀고먹는 사람 없이 농사를 지
> 으면 농토가 개간되고 농토가 개간되면 식량이 많아져서 나라가 부강해집니
> 다. 나라가 부유해지면 군대가 강해지고 군대가 강해지면 전쟁에서 승리합니
> 다. 그러므로 선왕은 인구를 증가시키고 군대를 강하게 하며 영토를 넓히고
> 나라를 부강하게 하는 것이 반드시 식량에서 비롯되는 것을 알았기 때문에
> 상·공업과 사치스런 물건을 만드는 것을 금하고 농사를 중시하였습니다."35)

관중은 제의 환공에게 농업발전과 식량증산이 부국강병의 지름길이라
는 것을 설파하였다. 환공은 관중의 건의를 받아들여 농업에 힘쓴 결과
제나라는 강국으로 탈바꿈할 수 있었다.

전국시대 말 상앙商鞅(?~BC. 338)도 진秦의 효공孝公을 도와 패도를 추구

---

35) 『管子』治國(김필수·고대혁·장승구·신창호 역), 소나무, 2006.

하여 진나라를 부강한 나라로 만들어 훗날 천하통일의 기반을 닦았다. 법가 출신인 상앙도 효공의 허락을 받아 일련의 개혁정책을 실시하였다. 변법變法으로 알려진 이 개혁정책은 1차와 2차로 나뉘어 실시되었는데 당시로서는 상상하기 어려울 정도로 급진적이고 대담한 것이었지만 농업발전이 부국의 지름길이라고 본 것은 관자와 마찬가지였다.[36]

상앙은 당시의 일반적 가족제도였던 씨족적 공동체를 해체하여 소가족제도를 만들고 분가를 장려하여 인구를 늘리는 정책을 취하였다. 그리고 농가를 십오제什五制로 묶어 조직화하였다. 십오제는 백성들을 5가家와 10가家로 편제하여 농사와 길쌈을 장려하고 상호간 범죄예방과 병력동원에 연대책임을 지도록 하는 조직을 말한다.

그는 전래의 토지 공유제인 정전법井田法을 폐지하고 토지의 사유화 조치를 취했다. 또 토지의 매매를 허용하고 전답의 크기에 따라 세금을 부과하였다. 교외의 황무지를 모두 개간하고 필지당 전답의 크기를 확대하고 수레와 마차가 다닐 수 있을 정도의 넓은 농로 망을 사통팔달 하도록 건설하였다.

그는 황무지를 개간하면 토지소유권을 주고 농산물의 생산량을 증가시키고 길쌈을 많이 한 농가는 세금과 부역을 면제시켰다. 반면에 농사에 힘쓰지 않거나 상·공업을 일삼아 이익만을 추구하는 자와 게으른 자들을 적발하여 전답을 몰수하거나 관가의 노복으로 삼았다.

상앙은 농업에 종사하다가 전쟁이 나면 군인이 되어 전쟁에 나가는 병농일치제를 도입하였다. 유사시 농업 생산조직은 십오제를 통하여 군사조직으로 전환시켰다. 그는 작위의 세습제를 폐지하고 나라의 관직과 상은 모두 전쟁에서의 군공軍功이나 또는 농사의 성과에 따라 정하였다. 비록 군주의 인척이나 귀족이라 할지라도 전쟁에서 공을 세우지 못하면 관작을 얻거나 승진할 수 없도록 하였다.

---

36) 『商君書』農戰편(김영식 역), 홍익출판사, 2000 ; 『史記』商君列傳.

상앙은 국가를 흥하게 하는 것은 농업과 전쟁(농전農戰)이라는 확신을 갖고 벼슬길에 나서거나 승진하기 위해서는 농사를 잘 지어 식량을 증산하거나 전쟁에서 공을 세워야 한다고 주장하였다. 그는 소가족에게 농지의 소유권을 주고 증산하면 세금과 부역을 면제시키는 경제적 인센티브 시스템을 적용하여 상당한 성공을 거둔 것으로 보인다. 그러므로 진나라의 백성들은 농사를 지을 때는 열심히 최선을 다했고 전장에 나가서는 용감하였다.

『한서漢書』는 상앙의 개혁에 대해 "비록 성현의 가르침과는 맞지 않았지만 여전히 근본에 힘쓰는 정책이었기 때문에 진나라가 이웃나라를 압도하고 제후들의 우두머리가 될 수 있었다"라고 평하였다.37)

전국시대에 진秦나라의 재상 여불위呂不韋(?~BC. 235)가 식객들로 하여금 저술하도록 하여 편찬하였다는 『여씨춘추呂氏春秋』는 동서고금의 모든 지식을 모았다는 일종의 백과사전과 같은 책이다. 이 책에는 농업과 관련되는 부분으로 상농편·임지편·변토편·심시편이 있다.38)

이 가운데 상농上農편은 고대 농본사상의 근원이라고 말할 수 있는 것으로 농업의 중요성에 대해 설명하고 있는데 농가農家의 시조라고 보는 후직后稷과 법가法家인 관자管子와 상앙의 생각이 융합되어 있는 부분이 많이 발견된다. 『여씨춘추呂氏春秋』 상농편은 농업의 정치적 중요성을 다음과 같이 설명하고 있다.

> "옛날의 성왕들이 백성을 다스리는 방편은 농업에 힘쓰는 것이었다. 백성들이 농업에 힘쓰면 농산물을 얻을 수 있을 뿐만 아니라 그 의지도 높일 수 있기 때문이다. 백성이 농업에 힘쓰면 형박하게 되고 형박하게 되면 그 힘을

---

37) 『漢書』食貨志.
38) 秦나라의 재상이 된 呂不韋에게는 식객이 3천 명이 있었다. 여불위는 이들에게 보고 들은 것을 기록하도록 하여 『呂氏春秋』라는 책을 엮었다. 이 책은 20여 만 자의 방대한 것으로 천지만물과 고금의 모든 것이 포함되었다고 하는데 그 내용은 유가, 도가, 묵가, 법가, 병가, 농가 등 諸子百家의 설이 혼재하여 있다.

전쟁에 이용하기 쉽다. 농민의 힘을 이용하기 쉬우면 국경이 평안하게 되고
군주의 지위가 안전해진다."

　"백성이 농업에 힘쓰면 둔중하게 되고 둔중하면 제멋대로의 주장이 적어
진다. 제멋대로의 주장이 적어지면 공법이 확립되고 국력도 통일된다. 또한
백성들이 농업에 힘쓰면 家産이 복잡하고 많아진다. 가산이 많아지면 이주를
꺼리게 된다. 이주를 꺼리게 되면 현재 거주지에서 일생을 끝마쳐도 다른 것
을 생각할 의욕이 없어진다."

　"백성들이 농업을 버리고 상·공업에 종사하면 上命을 따르지 않게 된다.
상명에 따르지 않게 되면 수비하는 것도 공격하는 것도 불가능해진다. 백성들
이 농업을 버리고 상업에 종사하면 그들의 가산은 단순하게 정리된다. 가산이
단순하게 되면 쉽게 이주한다. 쉽게 이주하게 되면 국가에 환란이 있을 경우
거주하고 있는 곳을 지키려 하지 않고 안전한 곳으로 도피하려는 생각만 하
게 된다. 뿐만 아니라 백성이 농업을 버리고 상업에 종사하면 약삭빠르게 되
기 쉽고 약삭빨라지면 계산이 많아진다. 계산이 많아지면 법령을 마음대로 조
종하고 옳은 것을 그르다 하고 그른 것을 옳다 한다."[39]

『여씨춘추』는 농업을 단순히 식량을 조달하는 직업으로서만 보지 않
고 농업을 부국강병을 위한 국가경영의 근본으로 삼아야 한다고 보고
있다.

상농편은 백성들이 농업에 열심히 종사하면 국가지배상 유리한 점 세
가지를 들고 있다. 이것은 첫째 백성들의 군사 동원하는 데 유리한 점
과 군주권의 강화, 둘째 법령의 준수와 국력의 통일, 셋째 주민의 정주와
안정을 이룰 수 있다는 것인데 이 견해는 다분히 법가法家적 생각이다.

상농편의 후반부는 농사짓는 시기에 부역과 병역을 징발하면 수확의
불순, 대기근, 농민의 유망이라는 결과를 초래한다고 기술하고 있다. 상
농편이 말하는 것은 단순한 농업장려와 농민보호의 언급이 아니라 백성
들이 말업末業 즉 상업과 수공업에 종사할 경우에 일어날 수 있는 부정적
측면과 국가의 인력동원이 농사의 때와 조화를 이루지 못하면 국가와 농

---

39) 『呂氏春秋』 上農편.

민 간의 모순이 발생한다는 것을 설명하고 있다.

즉 농업노동과 국가에 대한 부역 및 병역노동은 모두 사회가 존립해나가는 데 필수적인 노동이나 이 모두를 농민들이 부담해야 하므로 시기를 잘 조정하지 않으면 기근과 국가의 붕괴를 초래할 수 있다는 점을 강조하고 있다.

임지편 이하 3편은 농업은 하늘과 땅과 사람이라는 삼재三才의 작용에 의해 이루어지는 원리를 농업 생산과정과 연계하여 설명하고 있다. 즉 5곡은 하늘이 계절을 내어 기르고 땅이 생산하는데 백성들이 정성스럽게 노력하지 않으면 좋은 결과를 얻을 수 없다는 점을 강조하고 있다.

이것은 농민에게 농업기술을 설명하려고 쓰여진 것이라고 하기 보다는 위정자에게 상농편에서 나타난 전제지배의 기초로서의 중농정책의 모습을 농업 생산과정을 통해 구체적으로 설명한 것으로 평가하고 있다.[40] 『여씨춘추』 상농편을 비롯한 임지·변토·심시편은 후직後稷을 시조로 하는 농가農家의 사상을 바탕으로 법가法家의 생각이 보태지고 여기에다 순자荀子의 사상을 가미하여 편저된 것으로 추정된다.

---

40) 西嶋定生, "秦漢時代の農學"『中國經濟史研究』, 1966.

제4장
農本主義사상의 확립과 統治이데올로기

1. 文帝의 籍田친경과 농본주의

맹자의 유가적 농본주의와 그 가치관을 현실정치에 도입하려는 시도
는 한漢의 3대 황제 문제文帝(BC. 179~157) 때부터 시작되었다.

문제는 백성들의 생활안정과 튼튼한 국방을 위해 농업을 진흥시켜야
한다는 사상을 적극적으로 실행에 옮겼다. 문제가 즉위했던 시절은 유방
과 항우의 쟁패로 백성들이 오랫동안 시달려 황폐화되었던 경제가 다시
회복되어 예전 수준으로 돌아오던 때였다.

피폐했던 경제가 개선되고 평화가 계속되자 새로운 사회모순이 생겨
났다. 농업에 종사하는 사람들이 줄고 상인과 수공업자들이 증가하고 사
치를 좋아하는 사회적 분위기가 형성되기 시작한 것이다.

제철과 소금 판매 등으로 부를 축적한 상인들은 농민들의 토지를 사들
이고 백성들은 농업을 내던지고 수익이 높은 상업과 수공업으로 전직하
는 사람들이 많아져 농업의 기반이 흔들렸다.

문제 때 태부 가의賈誼는 상인들의 사치가 성행하고 농업이 쇠퇴하는
현상을 걱정하여 문제에게 상인과 수공업자의 수가 많아지면 농민의 수
가 줄어들어 식량이 부족하게 되고 나라가 가난해진다며 농업을 중시하
고 상업을 억제하는 것이 국방을 튼튼히 하고 동시에 재해에 대비하는
길이라며 무본억말務本抑末정책을 건의하였다. 유가 출신인 가의는 다음
과 같은 말로 농업의 중요성을 호소하였다.

> "부자들은 노비들에게까지 자수를 놓은 비단옷과 비단 신발을 신겨 시
> 장에 팔려고 내놓고 있습니다. 옛날에는 이런 옷은 천자나 황후만 착용하던
> 것입니다. 그런데 지금은 상인들이 황후의 장식을 걸치고 다니는 등 사치가

극에 달해 있습니다. 백 명이 만들어도 한 사람을 입히기 어려운 비단을 한 사람의 사치를 위해 쓴다면 백성들을 입혀 춥지 않게 하는 것은 불가능합니다. 겨우 한 사람이 생산한 식량을 10명이 먹는다면 천하의 백성들을 굶게 할 뿐입니다. 만약 한발이 있어 굶주림과 추위가 닥치면 도적이 일어나는 것은 시간문제이고 변경의 흉노가 침입하여 온다면 천하는 붕괴될 수밖에 없습니다."

"해에 따라 풍년과 기근이 있는 것은 하늘의 이치이니 만약 지금 사방 2~3천 리의 땅에 한발이 발생한다면 무엇으로 백성들을 구휼하겠습니까. 갑자기 변경에 위급한 병란이 발생한다면 어떻게 군량을 마련할 수 있겠습니까. … 식량을 축적하는 것이 천하를 경영하는 첫걸음입니다. 식량이 많으면 전쟁에서 공격하면 취할 수 있고 수비하면 지킬 수 있고 싸우면 이길 수 있습니다. … 떠돌아 다니는 백성들을 농업에 귀속시켜 본업에 종사하게 하고 상인들을 전업시켜 농사를 짓게 하면 식량의 축적이 증가하고 백성들은 일을 하는 것이 즐거워질 것입니다."[1]

가의는 민생안정과 농업진흥을 위한 정치를 주문하면서 그 대책으로 농사를 본本으로 삼아 장려하고 상·공업을 말末로 삼아 이를 억제해야 한다고 건의하였다.

문제 때 태자의 스승인 조조鼂錯도 상인들이 경작에 종사하지도 않고 호의호식하며 하인들을 거느리고 왕후, 호족들과 교제하여 그 세력이 관리를 능가하는 부귀를 누리고 있는데 농민들은 토지를 잃고 유리걸식하고 있다고 한탄하였다. 그는 현재의 법은 농민을 존중하고 상인들을 천한 자라고 하고 있지만 현실은 이미 상인들이 귀한 자가 되어 근본과 말이 거꾸로 되었다(본말전도本末轉倒)고 지적하고 문제에게 농민들이 가난하게 되는 원인에 대해 설명하였다.

"농민들은 봄에 밭을 갈고 여름에 제초하고 가을에 수확하고 겨울은 저장합니다. 뿐만 아니라 관청의 부역에 나가 사계절을 통해 하루도 쉴 수 없습니다. 농민들이 이처럼 고생하는데 가뭄과 홍수 같은 재해를 당합니다. 게다가

---

1) 『史記』 孝文本記.

국가는 세금을 가차없이 징수합니다. 농민들은 돈을 마련하기 위해 가진 것을 싼값으로 팔아야 하고 팔 것이 없는 자는 상인과 고리대금업자에게 두 배의 이자를 내고 돈을 빌려야 합니다. 빚을 갚지 못하면 농지나 집을 팔아야 하고 아들이나 손자를 노비로 팔기도 해서 채무를 상환하지 않으면 안 됩니다. 이것이야 말로 상인들이 농지를 兼倂하는 원인이고 농민들이 떠돌아다니게 되는 이유입니다."[2]

"백성들로 하여금 농사에 힘쓰도록 하려면 식량(당시에는 조粟가 주곡이었다)을 귀하게 하여야 하는데 조를 귀하게 하는 방법은 백성들에게 조를 가지고 상벌을 내리도록 하는 것입니다. … 이렇게 하면 부자들은 조를 구입하여 정부에 바치면 벼슬을 살 수 있고 농민들은 돈을 가질 수 있게 됩니다."

한漢대에는 상·공업이 발달하여 화폐가 널리 통용되었다. 농민들은 농지세는 곡물로 내고 인두세人頭稅의 성격을 갖고 있는 기타 세금은 화폐로 납부하였는데 화폐로 내야 할 액수가 훨씬 많았다. 농민들은 납세 기일에 맞춰 화폐를 구하기 위해 농산물을 시장에 내다 팔지 않으면 안 되었다. 농산물가격은 홍수출하로 인해 형편없이 하락하여 농민들의 생활이 대단히 어려웠다.

조조는 부자들로 하여금 시장에서 조를 구입하여 정부에 바치면 벼슬을 주는 납속수작納粟授爵정책을 실시하여 농산물 가격을 올리고 변경 수비대의 군량을 확보하는 한편 농민들에게는 증산 인센티브를 주자고 건의하였다. 조조는 또 농업은 부족한 식량문제를 해결할 뿐만 아니라 체제유지와 상부상조의 사회통합을 위해서도 필요한 산업이므로 중농을 위해서는 상업을 억제해야 한다고 주장하였다.[3]

한나라의 문제文帝는 가의와 조조의 건의를 수용하여 백성들에게 농업의 중요성을 가르치고 중농정책을 실시하였다. 문제는 재위 22년 동안 여러 차례 농업장려의 조칙을 발표하고 적전籍田을 설치하여 몸소 농사의 시

---

2) 『漢書』 食貨志 上.
3) 『漢書』 食貨志 上.

범을 보이는 한편 납속수작 정책을 채택하여 군·현에 곡물을 비축하였다.[4]

그 결과 문제의 재위 후반기에는 창고에 쌓여있는 곡식이 넘쳐 썩어 나갈 정도였고 세금을 받을 필요가 없게 되어 전조田租를 전부 면제하였다. 문제와 다음 황제인 경제景帝시대는 '문경지치文景之治'로 일컬어지며 중국 역사상 가장 안정되고 평화로운 시대의 하나로 평가되고 있다.

2. 桑弘羊의 부국강병 정책과 董仲舒의 농본주의사상

1) 상홍양의 富國强兵 정책

한漢의 무제武帝는 한나라의 전성시대를 열었다. 한무제는 중국 남부와 서강, 고조선과 남월 등을 정벌하는 데는 성공하여 국토를 크게 확장하였지만 북방의 흉노匈奴를 복속시키는 데는 성공하지 못하였다. 무제는 흉노와 13번이나 전쟁을 치렀다. 한무제는 잦은 외정外征으로 국고가 피폐하게 되자 국가재정의 재건을 도모하지 않으면 안 되었다.

한무제는 상홍양桑弘羊에게 이 과업을 맡겼다. 상홍양은 상인 출신으로 법가적 생각을 가진 재무관료였다. 상홍양은 대농승大農丞이 되자 황실과 정부의 재정을 분리하고 염鹽·철鐵·주酒 전매법專賣法과 균수법均輸法·평준법平準法을 고안하여 실시하였다.[5]

소금과 철은 당시 가장 귀한 재화로 이것을 생산하거나 판매하는 상·공인은 막대한 부를 누렸다. 생활 필수품인 소금은 동쪽의 해안이나 산서

---

4)『通鑑節要』7卷, 孝之帝 上 "九月詔曰 農者天下之大本也 民所持而生也 而民惑不務本而事末故 生不遂 今茲親率群臣 農而勸文 其賜民今年田租之半."
5) 염철의 전매는 상홍양의 전임자였던 孔僅에 의해 시작되었다.『漢書』食貨志 下 ;『史記』平準書.

성의 소금호수 또는 사천성의 염정에서만 생산되었으므로 생산자는 독점적 렌트를 누렸다.

철鐵은 전국시대 이후 철제 농기구가 보급 사용되기 시작함으로써 농업생산성에 획기적인 변화를 가져왔다. 철제 농구를 사용하는 농가는 목제 농구를 사용하는 농가에 비해 생산량이 월등히 높았다. 철제 농기구는 수요에 비해 공급이 적었고 따라서 야철과 철제 농기구 제조·판매업자는 큰 이익을 얻어 부자가 되었다.

상홍양은 소금을 생산하는 각 지방에 염관鹽官이라는 관청을 설치하고 생산되는 소금을 모두 염관에게 팔도록 한 다음 염관은 사들인 소금을 전국의 수요자들에게 독점 판매하였다. 그는 또 철광을 생산하는 각 지방에 철관鐵官을 설치하고 이 관청으로 하여금 철을 생산하고 철기를 제조하게 하고 이것을 수요자들에게 독점 판매하였다. 철기 생산에 필요한 기술과 노동력은 요역으로 충당하는 한편 관노와 죄수들도 동원하였다.[6] 또 주각을 설치하여 정부에서 술을 전매하였다.

균수법이란 정부에서 필요한 여러 가지 물자를 정부가 생산지에서 직접 구입하여 수송해 오는 것을 말한다. 과거에는 정부가 필요로 하는 물건은 상인이 구입하여 중앙 또는 필요한 곳으로 수송하여 납품하였다. 이 방법은 비용과 시간이 많이 들고 물건의 상태도 크게 훼손되는 것이 상례였다. 정부는 각지에 균수관을 설치하여 해당 지역의 특산물을 구입하여 중앙이나 기타 필요한 곳으로 자체 수송하거나 수요자에게 판매하였다.

평준법이란 각 지방에 균수관均輸官을 배치하여 특정 재화의 가격이 크게 하락하였을 때 해당 재화를 구입하여 가격의 하락을 방지하고 구입한 물자를 저장하였다가 가격이 오르면 이것을 판매하여 물가의 상승을 억제하는 제도를 말한다.

균수법과 평준법의 목적은 정부가 물자의 구매와 판매를 통해 물가

6)『史記』平準書.

를 조절함과 동시에 매매차익을 확보하여 국가재정에 전입하기 위한 것이다.

상홍양은 이에 더해 상인들에게 일종의 재산세인 산자세를 물리고 세금을 징수할 때 허위신고 한 자에게는 엄한 벌칙을 부과하였다. 상인들이 재산을 은익하고 보고하지 않으면 재산을 몰수하고 변경수비대에 1년 동안 입대시키는 벌을 내렸다. 또 범법자에 대한 고발보상제도인 고민령을 실시한 결과 중·대 상인들이 거의 파산상태에 빠졌다.[7]

상홍양의 염·철·주전매와 균수·평준정책은 비교적 짧은 기간에 정부를 재정위기에서 벗어나게 했을 뿐 아니라 국고를 다시 가득 채우게 하였다. 그 결과 도성과 하동의 창고는 곡물이 충만하고 도성의 균수관에 쌓인 비단만도 5백만 필이 넘었다.

2) 동중서의 農本主義사상

한漢의 무제武帝때 등용된 유학자 동중서董仲舒는 무제를 설득하여 처음으로 유교를 관학官學으로 삼는데 성공하였다. 무제는 동중서의 건의를 받아들여 유학을 국가의 통치이념으로 삼고 중앙집권적 통치를 더욱 강화하는 한편 유학 이외의 다른 학설의 전파를 금지시켰다.

무제는 잦은 전쟁을 통하여 광대한 영토를 획득하고 서역에 이르는 비단길을 개척하는 등 한나라의 전성시대를 건설하였다. 그러나 그의 통치 말기에는 대규모 토목공사와 무거운 병역 및 세금으로 백성들의 부담이 가중 된 데에다 흉년까지 자주 발생하여 많은 농민들이 토지를 잃고 남의 땅을 소작해서 겨우 생계를 유지하는 상황이 벌어졌다.

소작농민들은 보통 생산량의 10분의 5를 소작료로 내기 때문에 빈곤에서 벗어날 수 없어 큰 사회문제가 되었다. 동중서는 무제의 자문에 답

---

7) 『史記』 平準書.

하여 농민들의 빈곤의 원인과 해결책을 제시하는 유명한 글을 올렸다.

　　"옛날에는 井田法을 실시하였으므로 세금이 생산량의 10분의 1을 넘지
　않아 백성들이 쉽게 세금을 납부하였고 백성들에게 身役을 부과할 때 1년에
　3일을 넘지 않도록 하였기 때문에 나라는 필요한 재화와 노동력을 쉽게 얻을
　수 있었습니다. 백성들은 식량이 충분하므로 부모를 봉양하여 효를 다할 수
　있었고 어른들을 섬기고 처자를 건사하여 즐겁게 살 수 있었으므로 기쁘게
　천자를 따랐던 것입니다.
　　그러나 秦나라 때 商鞅이 옛 제왕의 정전제도를 폐지하고 토지의 私有化
　와 매매를 허락한 이후부터 부자의 농지는 농로를 따라 끝없게 확장되고 가
　난한 사람은 송곳을 꽂을 땅도 없게 되어 부자는 더욱 부자가 되고 가난한
　사람은 더욱 가난하게 되었습니다. … 그리하여 어느 누구라도 豪民의 땅을
　경작하면 생산량의 10분의 5를 내게 되었습니다. 가난한 사람들은 말이나 소
　가 입는 옷을 입고 개·돼지가 먹는 음식을 먹게 되었습니다. 더욱이 포악한
　관리들은 형벌을 제 멋대로 가하여 백성들은 바랄 것이 없게 되자 산림으로
　도망하여 도적이 되니 죄인이 길을 가는 사람의 반을 넘었습니다.
　　漢나라가 일어난 후에도 이런 상황을 답습하여 고쳐지지 않았습니다. 고
　대의 정전법은 당장에 시행할 수는 없다고 하지만 조금씩 옛날의 제도에 가
　깝게 해야 합니다. 우선 백성들이 사유하는 토지(名田)의 면적을 제한하여 겸
　병의 길을 막아야 합니다."[8]

　동중서는 진나라의 상앙이 정전법을 폐지하고 토지의 사유화 제도를
도입한 이후부터 토지의 겸병현상이 일어나고 빈부의 격차가 발생하였다
고 주장한 최초의 유학자로 보인다.

　동중서는 요·순시대의 태평성대로 되돌아가기 위해서는 가장 이상적
인 재정제도인 정전법을 다시 실시해야 한다고 생각하였다. 그는 무제에
게 정전법의 복구가 당장 어렵다면 백성들이 소유하는 토지의 상한이라
도 정하여 겸병의 길을 막아야 한다고 건의하였다. 동중서는 농촌의 빈부
격차 문제를 해결하기 위한 방안으로 한전책限田策을 제시하였으나 채택

---

　8)『漢書』食貨志 上. "用商鞅之法 改帝王之制 除井田 民得賣買 富者田連阡陌 貧者
　　亡立錐之地."

되지 않았다.

동중서의 한전제限田制 안案이 처음으로 구체화 된 것은 전한 말 애제哀帝(BC. 7) 때였다. 이때 성안된 한전의 내용은 제후 왕은 토지의 소유한도를 200경, 열후와 공주는 100경, 관내 후와 관리는 30경까지 소유할 수 있고 그 이상은 소유할 수 없도록 제한하는 것이었으나 애제가 실시의 보류를 명하여 끝내 실시되지 못하였다.

3. 法家와 儒家 관료들의 鹽鐵論 논쟁

한漢무제 때 동중서를 따르는 유가출신의 신진관리들은 법가적 통치를 행하고 있는 상홍양의 재무관료들과 국가의 통치이념을 둘러싸고 자주 충돌하였다. 무제가 죽고 소제昭帝가 등극하자 소제는 백성들의 빈곤과 질병, 기근문제 등에 대한 자문을 얻고자 어사대부 상홍양, 승상 차천추 등과 재야에서 추천 받은 60여명의 현량賢良·문학文學들과 어전에서 토론하도록 명하였다.

토론의 주제는 무제 때 장기간 계속된 팽창주의적 변방정책과 이 정책을 뒷받침하였던 鹽염·鐵철·酒주의 전매와 균수·평준법을 계속할 것인가 아니면 이 정책을 폐기하고 새 시대에 맞도록 양민養民정책을 택할 것인가에 관한 것이었다.[9]

유학을 공부한 젊은 현량과 문학들은 빈곤의 원인을 국가정책의 잘못 때문이라며 염·철·주의 전매와 균수·평준제도의 폐지를 주장하였다. 이들은 빈곤의 원인을 국가가 철제 농기구를 독점하여 크고 비싼 것만 제

---

9) 桓寬은 소제 시원 6년(BC. 81)의 염철회의의 토론을 기록하여 60편 10권의 책으로 편찬하였는데 이것이 유명한 『鹽鐵論』이다.

작하므로 대다수의 농민들이 구입하기 어려워 아직도 목기로 농사를 짓기 때문에 빈곤을 면치 못한다는 점, 염·철·주의 전매 이후 정부관리와 세력가들이 개인의 이익추구에 몰두하여 오히려 상업이 유행하고 있다는 점10), 전쟁은 많은 사람을 징발하기 때문에 직접적으로 농업생산을 저하시키고 또 군대가 이동, 주둔하는 지역의 경제를 피폐시키고 있으므로 전쟁을 뒷받침하기 위해 염·철·주 전매와 균수 및 평준을 시행하는 것은 국가를 재난으로 몰아넣고 농민들을 가난하게 만든다는 점 등을 들어 기존의 재정정책을 폐지해야 한다고 주장하였다.

문학과 현량은 황제에게 아래와 같은 주장으로 유가의 경제관을 강조하며 염철·균수법 등을 폐지하여 상업을 억제하고 농업을 발전시킬 것을 주장하였다.

> "백성을 다스리는 방법은 향락의 근원을 막고 도덕을 권장하며 末利를 억제하고 仁義를 선양하며 이익을 추구하지 못하게 해야 백성들을 교화시킬 수 있고 풍속도 바꿀 수 있습니다. 정부는 염·철·주의 전매와 균수·평준으로 백성들과 이익을 다투고 있습니다. 이 때문에 백성들의 소박한 본질은 파괴되고 탐욕스런 기풍이 형성되고 있습니다. 지금 백성들은 농업에 힘쓰는 자가 적고 상·공업에 전념하는 자가 많습니다. 상공업이 발전하면 백성들은 사치를 좋아하게 되지만 농업이 발전하면 소박하고 진실하게 됩니다. 백성들이 소박하고 진실하면 재산이 풍족해지고 백성들이 사치스러우면 기근이 발생합니다."11)

이에 대해 상홍양은 현재 정부의 급선무는 외적을 방비하는 것이고 외적을 방비하기 위해서는 막대한 국방비가 필요한데 당장 이 비용을 조달할 다른 방법이 없으므로 무제武帝 이후 실시하고 있는 염철주, 균

---

10) 염철주의 전매와 균수·평준 정책을 시행하기 위해서는 경험이 있는 상인들을 관리로 임명하지 않을 수 없었다. 이 때문에 억상을 한다면서 실제적으로는 중·소 상인들의 활동을 도와주는 결과를 가져왔다고 한다.

11) 『鹽鐵論』 本議 ; 力耕 ; 禁耕 ; 論儒.

수법 등을 계속하여 국방을 튼튼히 하지 않을 수 없다며 기존의 정책을
폐지하면 안 된다고 반박하고 있다. 상홍양은 국경의 안전과 평화를 위
해서는 기존의 정책을 계속해야 한다며 다음과 같이 유생들의 논리에
맞섰다.

> "하늘과 땅의 이익은 모자람이 없고 산과 바다의 재화는 넉넉하지 않음이
> 없지만 백성이 궁핍하고 재정이 넉넉하지 못한 것은 물자의 유통이 막혀 천
> 하의 재화가 분산되지 못하기 때문입니다. 흉노는 모반을 잘하여 지난 날 수
> 차례 변방을 침입하여 왔습니다. 흉노의 침략을 대비하려면 병사들이 고통스
> 럽고 방비를 소홀히 하면 흉노의 침략은 그치지 않을 것입니다.
> 　先帝는 변방의 백성들이 피해를 입고 약탈당하는 것을 불쌍히 여겨 변경
> 에 성벽을 축조하고 요새를 만들었으며 봉화대를 만들고 군사를 주둔시키므
> 로 적들을 막았습니다. 그러나 군사비용이 부족하여 염철을 일으키고 주각을
> 설치하였으며 균수·평준법을 시행하여 군사비를 확보하였습니다.
> 　이것을 폐지한다면 앞으로 무슨 비용으로 변방의 병사들을 먹이고 돌보겠
> 습니까. 또 내지의 백성들이 편하게 잠들 수 있는 것은 변방의 고을로 장벽을
> 삼고 있기 때문인데 변방에 기근이 발생하였을 때 무엇으로 백성들을 구제하
> 겠습니까."[12]

　현량과 문학은 유가적 논리를 바탕으로 백성들의 빈곤문제의 해결에
관심을 기울인 반면 대부들은 법가적 사상을 배경으로 국가의 빈부와 안
보문제에 더 관심을 두었다. 유가는 국가를 민생안정의 기관으로 생각하
고 법가는 외적으로부터 백성들을 보호하는 것이 국가의 임무라는 관점
에서 토론에 임하였다.

　염철회의鹽鐵會議는 여러 날 동안 계속되었는데 염철문제 이외에도 국
가의 운영과 관련된 정치·사회·사상 등 여러 가지 문제에 대하여 깊이
있는 토론을 하였다. 염철회의 결과 수도 장안을 비롯한 일부 지역에 한
해서만 철관과 술 전매가 폐지되고 상홍양의 정책은 대부분 그대로 유지

---

12) 『鹽鐵論』 本議 ; 通有 ; 刺復 ; 未通.

되었다. 그러나 이 토론을 계기로 유가의 정치와 경제사상이 국정운영의
전면에 등장하게 되었다.

4. 왕망의 유교국가 건설과 정전법 개혁

한나라 평제平帝때 외척으로 대사마大司馬였던 왕망王莽은 구테타를 일
으켜 정권을 장악한 후 신新나라(AD. 9~23)를 창업하였다. 그는 유학을 대
단히 숭상하던 사람으로『주례周禮』를 규범으로 새 왕조의 정치기구를
정비하면서 본격적으로 이상적 유교국가를 건설하려고 하였다.

왕망은 유교를 국교화하면서 정치제도와 예제, 학제를 유교의 교리에
맞도록 고치는 등 여러 가지 정치개혁을 단행하였다. 그 가운데 중요한
것은 정전법井田法의 모형을 따른 토지개혁과 상·공업의 통제였다.[13]

왕망은 모든 토지의 국유화를 선언하고 개인의 농지매매를 금지시켰
다. 왕망은 새 시대에 맞는 정전井田제도를 도입하기로 하고 농가당 소유
지 면적이 1정井(900무畝)을 넘지 못하도록 제한하였다. 1정을 초과하는
경우 그 초과분을 친족이나 이웃 사람들에게 나누어주게 하였다. 토지가
없는 농민에 대해서는 16세가 되어 성인이 되면 토지를 분배하고 60세가
되면 국가에 반납하도록 입법하였다. 지주들이 토지를 감추거나 내놓지
않으면 사형에 처하였다.

왕망은 오균五均·육관六官제도를 만들어 상·공업을 통제하였다. 왕망은
장안을 비롯하여 낙양, 성도 등 전국의 6대 도시에 오균관五均官이라는 관
직을 설치하고 곡물과 옷감 등 다섯 가지 주요 물자에 대해 표준가격을
정하였다. 만약 시중가격이 표준가격보다 하락하면 정부에서 이를 사들

---

13)『漢書』食貨志 下.

이고 표준가격보다 오르면 관에서 보유하고 있는 물자를 시중에 팔아 가
격상승을 억제하도록 하였다.[14]

육관제도六官制度란 소금·철·술 등 6가지 물품을 국가의 전매사업으로
하여 독점 판매하는 것을 말한다. 육관제도는 무제 때의 재정확보를 위한
염·철·주의 전매제도와는 목적을 달리하는 것으로 상인들의 폭리로부터
백성들을 보호하기 위한 정책이었다. 이는 유가의 억상주의 사상에 입각
한 것이었다.

왕망 정권은 또 빈한한 백성들에게 정부가 싼 이자로 돈을 빌려주는 사
대賖貸제도도 실시하였다. 이 금융제도의 목적은 대금업자의 고리 또는 폭
리로부터 농민과 가난한 백성들을 보호하기 위한 것이었다. 사대제도는 금
융의 목적이 부모에게 효도하는 제사나 장례이면 이자를 받지 않았고 영업
자금이면 이를 자본으로 해서 얻는 연간 수익의 1할을 이자로 받았다.[15]
가난한 사람을 위한 사대제도의 발상은 유가사상 특히 『주례』사상에 의
한 것으로 토지정책의 목적과 같았다.

왕망의 토지개혁법은 집권 후 심한 기근이 계속된 데다가 토지소유자
들의 심한 반발과 관리들의 부패가 겹쳐 추진력을 상실, 시행 3년 만에
폐지되고 토지매매 금지도 철폐되었다.

왕망은 유학의 정치이념과 농본주의 사상을 가장 분명하고 과감하게
현실정치에 도입한 통치자였다. 그러나 왕망이 세운 신新나라는 급격한
개혁에 대한 피로감과 가혹한 형벌에 따른 민심 이반 및 농지를 빼앗기
게 된 토호들의 반발로 15년 밖에 계속되지 못하고 후한後漢의 광무제光武
帝에게 멸망당하였다.

한대漢代의 중신이었던 가의, 조조, 상홍양, 동중서와 같은 관리들과 왕
망은 그 출신이 법가나 유가를 막론하고 상업을 억제하고 중농을 강조하

---

14) 『漢書』 食貨志 下.
15) 『漢書』 食貨志 下.

였다. 농업을 중시하고 상인의 역할에 대한 부정적인 생각은 춘추·전국
시대에도 있었으나 농본주의사상의 개념이 분명하게 확립되어 현실정치
에 도입된 것은 한대漢代인 것으로 보인다.

5. 北魏·隋·唐시대의 均田制와 限田制

서주西周 말 진나라의 상앙에 의해 정전제도가 해체되고 토지의 사유
제가 실시된 후 정전제는 다시 복원되지 않았다. 한漢나라가 망한 후 조
조, 유비, 손권의 삼국이 쟁패를 겨루다가 조조의 위魏가 통일을 이룩했
으나 곧 사마 의司馬懿의 손자 사마 염에게 나라를 빼앗겼다.

사마 염이 세운 진晉은 얼마 가지 않아 흉노匈奴와 선비鮮卑, 저氏, 갈羯,
강羌 등 북방의 강력한 5개 유목민족들에 의해 중원의 대부분을 빼앗기
게 되었다. 중국은 이후 수隋나라에 의해 다시 통일될 때까지 약 280년
간에 이르는 혼란의 오호십육국五胡十六國과 남북조南北朝 시대로 접어들게
된다.

북위北魏는 5세기 요동지역을 근거로 하던 유목민 선비족이 건설한 나
라로 5호胡 가운데 한 나라였다. 북위는 정복전쟁을 치르면서 회수淮水 이
북의 광대한 영토를 확보하자 수십 만에 이르는 정복지의 백성들과 선비
족을 신 수도 주변으로 강제 이주시키고 정착하여 농사를 짓게 하였다.

요동에서 중원으로 진출한 북위는 효문제孝文帝 때부터 한화정책漢化政
策을 채택하였고 균전제均田制는 이때 행하여진 토지제도이다. 균전제는
주나라 시대에 행하여졌다는 정전제도를 본떠 백성의 수에 따라 농토를
나누어주는 계구수전제計口授田制를 채택하였다.16)

---

16) 北魏의 균전제는 효문제 9년(서기 485년) 漢人관료 李安世·李冲의 헌책을 받아들
여 실시하였다.

균전제는 정전제처럼 구획된 농지를 농가당 100무 씩을 분배하는 것이 아니라 농지의 모양에 구애되지 않고 모든 호구를 등록시킨 뒤 남자가 15세가 되면 40무, 부인에게는 20무의 농지를 분급하고 상전桑田과 채소밭은 별도로 더 주었다. 뿐만 아니라 노비와 일소(耕牛)에게도 양민과 비슷한 면적의 토지를 주었는데 이것은 노비와 일소의 주인이 차지하는 것이므로 노비가 있는 농가는 상당히 넓은 면적의 농지를 받았을 것으로 보인다. 이 농지는 주인이 70세가 되거나 그 전에 죽으면 환수하여 다른 사람에게 다시 분배하였다.[17]

북위는 농가를 조직하여 5가家를 1린隣으로, 5린을 1리里로 하고 5리를 1당党으로 하는 행정제도를 편제한 다음 리·린·당의 장長이 모여 토지를 분배·환수하고 세금의 징수를 담당하였다.

북위의 주민 강제 이주와 계구수전제計口授田制는 전쟁에서 승리한 정복국가의 강력한 지배권을 바탕으로 국유화한 피정복자의 토지를 나누어 경작시키는 것이었다.[18] 당시 계속된 전란으로 인구가 크게 감소하여 장안성에는 나무와 풀이 자라고 중원에는 광대한 면적의 토지가 방치된 채 버려져 있었다고 한다.

북위北魏에서 실시한 균전제는 남북조시대를 통일한 수隋나라와 그 뒤를 이은 당唐나라에서도 실시하였는데 제도의 내용은 시대에 따라 변하였다. 수나라는 농민들에 대한 토지의 지급 기간을 18세부터 60세까지로 줄였고 왕공 및 문무백관과 공훈자 들에게는 신분과 품계에 따라 상속이 가능한 영업전永業田을 주었다. 수나라는 또 상인과 장인, 승려, 천민에게도 토지를 분배하였다.

당나라에서는 농민들에게 주는 토지를 구분전口分田과 영업전永業田으로 구분하여 균전제도를 실시하였다. 구분전은 18세에 받아 60세가 되면

---

17) 『魏書』 食貨志.
18) 曾我部靜雄, 『均田法とその稅法制度』, 講談社, 1953.

국가에 반납하는 토지를 말하며 영업전은 상속할 수 있는 사유지로 초기에는 뽕나무, 닥나무, 대추나무 등 나무를 심은 토지를 영업전으로 지정하였다.

균전제 토지제도 아래서는 일단 백성들의 호적이 등록되면 농민의 이동과 토지의 자유로운 매매·저당 등이 금지되고 겸병과 소작이 불가능하게 된다. 국가는 병농일치의 병제를 운영하여 농민들로부터 전세田稅를 받고 병역과 부역을 취하고 공물을 받았다.

당대唐代에는 수도 부근과 요지의 땅은 모두 공전으로 지정하고 이 땅을 공해전 또는 직분전으로 백관에게 나누어주었다. 공해전과 직분전은 인근 백성들에게 경작시킨 다음 소작료를 납부하게 하였다. 소작인은 균전 농민 가운데 희망자를 모집하게 되어 있었으나 실제로는 지방관이 강제적으로 할당하는 경우가 많았다.

당나라에서 실시한 균전제는 일부 지역에서만 실시되었고 그나마 당나라 중기에는 이마저 철폐되었다. 인구가 증가함에 따라 분배해 줄 수 있는 토지가 부족하게 되면서 경작권이 불법으로 상속·매매되고 관리들이 부패하여 토지의 환수조치가 어려워졌기 때문으로 보인다.

20세기 초 일본의 오타니 탐험대가 돈황과 트루판의 동굴에서 발견한 죽간 고문서에 당시 이 지역을 지배하던 북위가 실시한 균전제의 급전과 퇴전에 관한 기록이 다수 발견되어 역사의 기록이 사실임을 입증하고 있다.[19]

---

19) 西嶋定生,「吐魯番出土文書より見たる均田制の施行狀態」『中國經濟硏究』, 東京大出版會, 1966.

제5장

農本主義思想의 구조와 실천체계

1. 농본주의사상의 구조

1) 조선 농본주의사상의 개념

조선시대 경제와 관련된 통치이념은 농본주의로 요약할 수 있다. 조선 농본주의 사상의 요점은 농업의 진흥을 통해 백성들의 의식을 충족시키고 생활수준을 향상시켜 그 기반 위에서 백성들을 교화하고 풍속을 순화시킨 다음 인의가 구현되는 세상을 건설한다는 것이다.

농본주의 사상은 한 걸음 더 나아가 농업증산을 통해 흉년에 대비하고 가난하고 어려운 백성들을 구호하여 사회적 통합을 이루고 모든 백성들이 더불어 함께 사는 대동사회를 이룩하자는 것이다. 따라서 농업의 진흥이 국가를 운영하는 경제정책의 기본 방향이 되어야 하며 농업을 진흥시키기 위해서는 지나친 상업과 수공업의 발전을 억제해야 한다는 것 등으로 요약할 수 있다.

조선을 이끌던 유학자들은 이상사회를 건설하기 위한 농본주의 경제정책 수단은 정전법 토지제도를 채용하는 것인데 이 제도를 실시하면 백성들의 의식을 충족시키는 이외에도 경자유전, 평등분배, 병농일치, 부세균등, 재부의 증가 등 가장 바람직한 경제·사회적 상태에 쉽사리 도달할 수 있다고 확신하였다.

조선 농본주의 사상의 내용은 정도전의 『조선경국전朝鮮經國典』, 세종과 중종·영조의 『권농교문勸農敎文』, 정조와 고종의 『권농유시勸農諭示』를 비롯한 역대 왕들의 교문과 유시, 국가운영의 기본 법전인 『경국대전經國大典』과 그리고 세종 때 간행된 농서 『농사직설農事直說』의 서문 등에 잘 나타나 있다.

조선 개국의 일등공신이며 신생국가의 정치·경제제도를 만드는 데 결정적인 기여를 한 정도전鄭道傳은 태조의 명을 받아 편찬한『조선경국전』에서 조선 건국의 방향을 제시하고 있다.

정도전은『조선경국전』을 통하여 "農者衣食之本 王政之所先也"[1]라고 선언하여 농업은 의식의 기본이 되고 왕정의 맨 앞자리에 있는 것이므로 국정을 운영하는 데는 무엇보다도 농본주의를 통치의 근간으로 삼아야 한다고 천명하였다. 그는 또 "전하는 여러 차례의 윤음을 통하여 농업과 양잠의 장려를 으뜸으로 삼을 것을 지시하여 국정의 근본을 돈독히 하도록 하셨다"고 강조하고 "장차 의식衣食이 넉넉해져 창고가 가득 채워진다면 백성들이 염치를 알게 되고 예의가 진흥될 것이다. 따라서 태평의 성업은 농업에 바탕을 두어야 한다"고 말하여 의식이 넉넉해지면 유교국가의 최고 경지인 덕치의 기반이 마련된다고 믿었다.

태조가 조선을 건국한 직후 국정 최고의사결정기관인 도평의사사都評議使司의 배극렴裵克廉, 조준 등이 태조에게 올린 국정운영 지침 22조목의 진언 가운데 첫째 항목에서 "학교는 풍화의 근원이고 농상은 의식의 근본이니 학교를 일으켜 인재를 양성하고 농상을 권하여 백성들을 잘 살게 해야 한다"[2]고 말하였다.

이는 유학을 일으키기 위해서는 학교의 진흥이 필요한데 이것은 백성들의 삶을 풍족하게 하는 데 그 기반이 있다고 보아 농업의 진흥이 신생국가의 경영에 있어서 가장 중요한 과제임을 강조하는 말이다.

세종도 그의 권농교서의 서두를 "國以民爲本 民以食爲天"이란 유명한 문구로 시작하며 "국가는 백성을 근본으로 삼고 백성들은 먹는 것을 하늘로 삼는다. 국가의 책무는 백성들을 먹여 살리는 것이고 이것은 농업

---

1) 鄭道傳,『朝鮮經國典』農桑.
2)『太祖實錄』태조 원년 9월 24일 임인. "學校風化之源 農桑衣食之本 興學校養人才 課農桑以厚民生."

의 진흥을 통해 이루어진다"[3]고 선언하였다.

세종 때 펴낸 최초의 풍토농서인 『농사직설農事直說』도 서문에서 "농업은 천하에 있는 모든 나라의 대본으로 자고로 위대한 왕 가운데 농업을 진흥하는데 힘쓰지 않은 사람은 아무도 없었다."[4]고 기술하여 농업이 국가의 근본이고 왕은 농업의 진흥에 힘써야 한다는 것을 강조하고 있다.

농업제일주의 사상은 유학을 받아들인 고려에서도 마찬가지였으나 유교국가를 지향하기 위해 건국한 조선에서는 더욱 철저히 추구해야 하는 통치이념이 될 수밖에 없었다. 농본주의가 국정의 기본방향이 되어야 한다는 생각은 조선왕조의 개국 때부터 조선왕조가 끝날 때까지 변함없이 지켜졌다.

2) 농본주의사상의 근원

농본주의 사상의 기원은 중국 고대의 유학사상에서 비롯된 것으로 그 중심적 내용의 대부분은 한나라 이후 유학자들에 의해 국가를 다스리는 통치이념으로 체계화되고 발전되었다. 유학을 국정 교학으로 삼은 조선에서의 농본주의 사상은 유교적 이상국가를 건설하기 위한 경제·사회 정책의 초석이 되었다.

조선의 정치인들과 유학자들은 임금이 나라를 다스리고 농정을 수행하는 데 있어서 그들이 본받을 수 있는 행위의 전범典範을 유교의 경전과 중국의 사서에서 찾았다.

국왕이 본받아야 할 모범으로서는 신농神農 이래 농사의 발전에 힘쓴 요堯·순舜·우禹를 비롯한 성군聖君의 농정을 들고 있다. 유자들은 그 가운데서도 특히 주나라가 농사로서 나라를 일으켜 8백년 간의 태평성대의 업을 달성한 것에 대해서 큰 교훈을 얻으려 하였다.

---

3) 『世宗實錄』 세종 26년 윤 7월 25일 임인, 敎. 부록 참조.
4) 『農事直說』 序. "農者天下國家之大本也 自古聖王莫不以是爲務農."

주나라는 농사의 신으로 추앙 받고 있는 후직后稷5)을 선조로 하고 있
는데 공자를 비롯한 유학자들은 주나라 때 덕치를 통해 태평성대를 이룩
하였으므로 주의 정치와 문물제도를 가장 이상적인 것으로 보아 후세에
도 본받을 만한 것으로 평가하였다.

이에 따라 조선의 역대 왕들은 농정에 임하는 자세를 주나라의 주공周
公이나 성왕成王의 고사에 비유하기를 즐겨 하였다. 조선의 왕들은 주나라
의 주공이 나이 어린 성왕에게 빈풍가豳風歌와 무일가無逸歌를 지어 바쳐
농사의 중요성과 어려움을 체득하게 하였다는 사실을 교훈으로 삼아 농
업의 중요성을 깨우치는 것을 인정仁政을 시작하는 첫걸음으로 삼았다.

빈풍이란『시경詩經』의 빈풍 7월 편에 나오는 시詩로 주나라의 국풍國
風을 의미한다. 주나라의 무왕이 죽고 성왕이 즉위했으나 나이가 어리므
로 무왕의 동생인 주공이 섭정을 하게 되었는데 어린 조카인 성왕에게
나라를 다스리는 기본자세에 대한 가르침을 주기 위해 이 시를 지었다.
빈풍은 빈(주의 옛 도읍지)의 백성들이 농업과 양잠에 종사하는 모습과
함께 농촌의 풍경을 노래한 일종의 월령가月令歌인데 성왕으로 하여금 조
석으로 암송하게 하여 백성들이 종사하는 농사의 의미와 어려움을 일깨
워 주었다고 한다.

무일편無逸篇은『서경書經』을 통해 전해지고 있는데 빈풍과 마찬가지로
주공이 성왕으로 하여금 백성들을 올바르게 다스리도록 교훈을 주기 위
해 지은 글이다. 무일이란 안일을 탐하지 않고 열심히 일하고 노력한다는
뜻이다.

조선시대에는 빈풍가와 무일가를 그림으로 그린 빈풍도豳風圖와 무일
도無逸圖 등을 세자궁에 걸어놓고 세자로 하여금 농사의 중요성을 깨닫

---

5) 后稷은 원래 중국 고대에 농사일을 맡아보던 관직의 이름이었다. 周나라의 先祖
棄(기)가 농사일을 잘 다스렸으므로 舜 임금이 그를 후직을 삼았는데 이것이 나중
에 그의 대명사가 되었다. 후직은 백성들에게 농사를 잘 가르친 공로로 봉토를 받
았는데 이것이 주나라의 기원이 되었다.

도록 교육하는 데 사용되었고 화원들로 하여금 이 그림을 자주 그리게 하였다.

한나라 때 유안劉安이 편찬한『회남자淮南子』는 농업의 중요성에 대해 다음과 같이 기록하고 농사를 잘 지으면 백성들의 의식이 풍족하게 되어 정치목적을 달성할 수 있다는 것을 강조하고 있다.

> "먹는 일은 백성의 근본이고 백성은 나라의 근본이며 나라는 임금의 근본 이다. 따라서 백성의 군주가 된 자는 위로 하늘이 정하는 때(時)에 따르고 아 래로는 땅의 地利를 다하도록 이용하고 그 사이에서 사람은 人力을 다하게 하여야 한다." … "백성들에게 6畜을 사육시키고, 때에 맞추어 씨 뿌리기와 모내기를 시키고, 뽕과 삼을 심게 하고, 열심히 경작 시키면 백성들이 살아생 전에 일용이 부족하지 않고 죽은 다음에 시체가 되어 나뒹굴 염려가 없다. … 정치의 근본은 백성을 편안하게 하는 데 있고 백성의 평안의 근본은 의식을 풍족하게 마련하는 데 있다."6).

공자의 제자들이 편찬한『효경孝經』도 서민들의 효孝를 농사에 비유하 여 설명하였다. "하늘의 가르침을 받들어 따르고 땅의 이로움을 분별하 여 부지런히 힘을 다해 생산하고 씀씀이를 절약하여 부모를 보양하는 것 이 효의 근원이다."7) 이 설명은 천시天時에 따라 지리地利를 취하고 인력 人力을 다해 생산한 식량을 낭비하지 않고 절약하여 흉년에도 부모를 굶 주리지 않게 하는 생활태도가 서민들에게는 효의 바탕이 된다는 것으로 농민들은 농업의 원리를 지킬 때 효를 행할 수 있다는 것을 의미한다.

세종의 권농교문과『농사직설農事直說』, 중국의 농서인『제민요술齊民要 術』『농상집요農桑輯要』등에는 농업을 발전시켜 백성들의 생활향상에 기 여한 중국의 역대 왕조의 통치자와 관리들의 업적이 나열되어 있다.8) 중

---

6)『淮南子』券 9, 主術訓. "食者民之本也 民者國之本也 國者君之本也."
7)『孝經』庶人.
8) 예를 들면 元나라 때 출판한 중국의 농서『農桑輯要』典訓편에는 務農에 힘쓴 역사적 인물을 30명을 소개하고 있다.

국에는 역사적으로 농업발전에 헌신한 인물들이 많았는데 세종의 권농교
문에는 한나라 시대의 공수龔遂, 소신신召信臣과 임연任延 그리고 후위後魏
의 신찬辛纂 등과 남송南宋의 주자朱子를 권농에 힘써 백성들의 생활향상
에 기여한 인물로 소개하고 있다.[9]

주자는 신 유학을 완성한 유학의 대가이기도 하지만 그가 남강南康의
수령으로 재임하는 동안 열심히 농사행정을 펼쳐 모범적인 권농관으로도
이름을 남겼다. 조선시대의 각종 전적과 농서, 교서 등에서 이들의 이름
을 적시하고 그들의 행위를 칭송하는 것은 농사행정에 책임이 있는 관리
와 수령들로 하여금 선현들을 본받아 백성들을 지도하여 농업을 융성하
게 하고 국가의 경제를 안정시켜 인정仁政을 이룩하고자 하는 데 있었다.

3) 농본주의의 실천과 국왕의 임무

조선의 군왕들은 백성들에게 농사짓는 것을 권장하고 농업을 진흥시
키기 위해 매년 적전籍田에서 몸소 밭을 가는 행사를 거행하는 것을 원칙
으로 정했다. 왕비도 후원에서 뽕을 따고 누에를 키우는 시범을 보였다.
조선의 군왕은 매년 초 신하들을 이끌고 천신天神이나 농업신에게 풍년이
들도록 기원하였고 가뭄이 계속되면 이를 그치게 해달라고 빌었다.

왕과 왕비가 직접 농사와 양잠의 시범을 보이고 하늘에 풍년을 빌고

---

9) 龔遂는 한나라 때 발해군의 태수가 되자 집집마다 나무와 채소를 심고 돼지와 닭
을 기르게 하였다. 칼을 차고 다니는 사람에게는 칼을 팔아 송아지를 사게 하였다.
그 결과 군민들의 생활이 모두 넉넉하게 되었다 하여 권농상의 대표적 관리로 칭
송 받게 되었다. 한나라의 召信臣은 남양의 태수로 부임하자 집무소에 있지 않고
논밭이 있는 들에 나가 사방으로 수로를 뚫어 관개시설을 만들고 권농을 열심히
하였다. 또 사치를 멀리하고 검소한 생활을 장려하여 백성들에게서 큰 신임을 얻
었다. 한나라의 任延은 소를 농사에 이용할 줄 모르던 구진과 여강 지방의 사람들
에게 牛耕을 가르치고 농기구를 주조하고 소를 이용하여 개간하는 법을 가르쳐 백
성들의 생활을 훨씬 풍요롭게 하였다. 後魏사람 辛纂은 河南의 수령이 되자 농업
을 모르는 이주 유목민들에게 농업을 열심히 가르쳐 백성들의 생활을 안정시켰다.

재해의 중지를 간청하는 의식은 농경국가인 중국에서 고대로부터 내려오
는 전통이었다.

왕이 친경하고 왕비가 친잠하는 의미를 『시경詩經』에서 "장부가 농사
짓지 않으면 천하에 굶주리는 자가 있으며, 부인이 베를 짜지 않으면 천
하에 춥게 지내는 자가 있기 때문에 왕이 친경을 하고 왕비는 친잠하는
것"이라고 노래하고 있다. 『주례周禮』에서는 "친경과 친잠은 황제와 황후
가 서로 표리가 되어 자연스럽게 하는 것이며 친경과 친잠을 한 후에 황
제가 수맥受麥을 하고 황후가 수견受繭을 하는 것도 같은 뜻이다"라고 하
였다.

임금이 백성들에게 농사를 장려하기 위해 적전을 경작한다는 말은 유
학의 경전인 『예기』에 처음 나온다. 『예기』의 월령月令에 "입춘의 달이
되면 천자는 좋은 날을 골라 그 해에 풍년이 들도록 상제上帝에게 제사를
올리고 몸소 따비와 보습을 수레에 싣고 삼공三公·구경九卿·제후諸侯·대부
大夫를 인솔하여 적전을 친경한다"는 기록이 있다.

이는 주나라의 천자가 백성들에게 농사의 중요성을 가르치기 위해 봄
이 시작되는 좋은 날을 택하여 천자가 성 밖에 나가 하늘에 있는 상제에
게 풍년을 기원하는 제사를 지내고 신하들을 데리고 친경을 한다는 의미
인데 언제 누가 친경을 하였는지는 알려지지 않고 있다. 실제로 천자가
적전을 친경하였다는 기록은 한나라의 문제文帝가 처음이다.10)

정도전은 『조선경국전』에서 "농사는 만사의 근본이고 임금이 적전을
경작하는 것은 권농의 근본"이라고 말하였다. 그는 나아가 "농사를 통해
서만 국가와 군대의 재정을 조달하고 종묘의 제사에 필요한 제수를 마련
할 수 있으며 백성들이 농사를 열심히 지을 때 풍속이 순후하여진다. 그
렇기 때문에 농업은 만사의 근본이고 농업의 진흥을 위해서는 임금이 친
히 먼저 적전을 경작하는 것이고 적전을 경작하는 것이 권농의 근본이

---

10) 제1장 주 1) 및 제4장 주 4) 참조.

다"[11]라고 하여 친경의 중요성을 강조하였다.

임금이 농업의 진흥을 정치의 근본으로 삼고 적전례를 통해 농사의 중요성을 가르쳐야 한다는 정신은 조선조 말까지 변함없이 계속되었다. 조선 말 고종의 권농윤음인『관북십진윤음關北十鎭綸音』과 고종 때 도승지 조인희趙寅熙, 이재완李載完등이 작성한 권농윤음의 초안에도 건국 때 표방한 농본주의 정신이 일관되게 표현되어 있다. 고종은 농사를 통해 교육의 함양과 풍속의 순화를 이룰 수 있다는 것을 다음과 같이 말하고 있다.

"군주가 농사의 어려움을 먼저 알아야 함으로 매년 초하루에 상제에게 기곡제를 올리며 친히 적전을 갈고 중외에 농서를 반포하였을 뿐만 아니라 周公이 成王에게 지어준 빈풍장을 그려 성왕이 거처하는 좌우 벽에 걸어두고 조석으로 외우게 한 것은 군왕 뿐만 아니라 백성으로 하여금 농사가 국가의 근본임을 인식시키고자 함이다. 德敎의 함양과 宗宮의 粢盛(자성), 財富의 번식, 풍속의 순화 등이 모두 농사일에 있다. 백성들이 농사일을 부지런히 하여 人事를 다하면 천재지변도 극복할 수 있고 풍년이 들어 의식이 족한 후에는 교육의 함양과 법령의 시행도 잘 될 것이다."[12]

매년 풍년이 들어 백성들이 잘 살 수 있도록 국왕이 하늘과 땅에 제사를 지내는 것도 매우 중요한 의식의 하나였다. 이를 위해 임금은 나라를 상징하는 사직단社稷壇에서 정기적으로 기곡제祈穀祭를 지내고 가뭄이 계속될 때는 선농단先農壇이나 우사단雩祠壇에서 우순풍조하기를 비는 것이 상례였다.

조선의 행정제도는 국왕을 대리하여 일선 군·현의 수령守令들이 권농상勸農桑과 농민지도의 책임을 지도록 하였으며 이들의 직속 상관인 각

---

11) 鄭道傳,『朝鮮經國典』籍田. "農者萬事之本也 籍者勸農之本也 蓋宗廟之粢盛 軍國之財用 皆出於農 而生以之而蕃庶 風俗以之而淳厚 故曰 農者萬事之本也 以先於農 人君親耕籍 而下民皆曰 … 故曰 籍者勸農之本也."
12)『諭關北十鎭綸音』; 金榮鎭,『農林水産古典文獻備要』, 한국농촌경제연구원, 1982에 내용이 요약되어 있다.

도의 감사監司(관찰사)가 수령들의 업무수행을 규찰하는 시스템을 확립하였다. 백성들을 가장 가까이 접하고 있는 일선 수령들이 권농을 게을리하면 유학의 목표인 인정에 다가갈 수 없다고 보았다.

따라서 국왕은 임명장을 받고 임지로 떠나는 수령들을 접견하여 권농활동에 힘을 다할 것을 당부하는 것이 관례였다. 세종世宗은 이 일에 특히 열심이었다. 그는 지방에 파견되는 수령들을 일일이 접견하여 임지에 가면 농사와 양잠을 장려하고 흉년에는 구휼에 힘쓸 것을 누누이 당부하였다.

세종은 관내의 백성들을 제대로 구휼하지 못하거나 굶주린 백성들이 생겼는데도 이를 숨기고 보고하지 않거나 관내에 아사하는 백성이 생기면 지방관을 처벌한다는 방침을 세우고 수령들을 독려하였다. 그는 부임한 수령들이 현지에서 농사지도 업무와 구휼활동을 충실히 하고 있는 지를 자주 확인하고 업무를 태만히 하는 경우에는 가차없이 문책하였다. 이 때문에 그의 재임기간 동안 수많은 수령들이 문책 당하였다.

예를 들면 세종은 북청부北靑府의 백성 3인이 기근으로 부종浮腫이 나고 도 내에 기근으로 인해 이사하는 사람이 발생하였다는 보고를 받고 함길도 감사 최견과 도사 안승신을 파직하는 정도였다.13) 흉년에 구휼에 힘쓰지 않아 아사자가 발생하면 해당 고을의 수령을 파직한다는 방침은 태조 때부터 실시되어 왔다.14)

조선의 유학자와 관리들은 권농상을 잘하면 농업생산은 증가하고 가계에 여유가 생겨 흉년에 대비할 수 있고 의식이 풍족하면 풍속이 순화되고 덕치의 기반이 마련된다고 생각하였다. 국왕이 앞장서서 권농을 장려하는 것과 재해를 만났을 때 국왕이 그 책임을 자신에게 돌리고 정치에 잘못은 없는 지 반성하며 이재민들의 구호에 나서는 것, 그리고 기우제祈雨祭 또는 기청제祈晴祭를 지내도록 하는 것 등은 별도의 정책 개념이

---

13) 『世宗實錄』 세종 11년 4월 26일 신축.
14) 『太祖實錄』 태조 4년 7월 30일 신유.

아니라 농본주의 정책패케이지 가운데 포함되는 하나의 프로그램이었다.

한편 조선의 통치자들은 중농억상重農抑商의 유교적 가르침을 받아들여 백성들이 지나치게 상·공업에 종사하는 것을 농업의 진흥을 가로막는 행위로 보아 이를 억제하려고 노력하였다.

예를 들면 중종은 "근래 말리未利를 좇는 사람들이 많아지고 사치하는 사람이 늘어나 나라의 본업이 날로 쇠잔해지고 있다. 모든 관리들이 백성들로 하여금 말리를 좇지 못하도록 하고 농사와 길쌈에 힘쓰도록 지도한다면 굶주린 사람에게 먹을 것이 생기고 헐벗은 자가 입을 것이 생기게 된다. 이렇게 되면 백성들을 교화할 수 있고 풍속이 아름다워진다"15) 고 말하여 백성들이 상·공업에 힘쓰는 것을 경계하였다. 조선 전기에는 무본억말務本抑末 사상이 특히 강하였다.

2. 조선의 농업정책 추진체계

1) 일선 郡·縣과 守令의 임무

조선시대 권농상의 업무를 공식적으로 담당하는 기구는 중앙정부의 호조戶曹와 공조工曹였다. 그러나 호조와 공조가 직접 권농상을 위한 정책을 입안하여 추진하는 일은 많지 않았다. 그 대신 권농정책의 방향이나 구체적인 내용은 의정부議政府나 경연經筵에서 논의되고 결정한 정책은 임금의 지시로 호조를 통해 도道와 일선 부府·목牧·군郡·현縣에 하달되었다.

정부는 농민들에게 농사의 중요성을 가르치고 농사일이 차질없이 진행될 수 있도록 독려하고 지원하는 책임을 일선 수령守令들에게 맡겼다. 따라서 농업정책을 직접 담당하는 행정기구는 지방의 군·현이었고 8도

---

15)『中宗實錄』중종 13년 3월 7일, 농상교서.

의 감사는 수령을 감찰하는 정도에 그쳤다.

태조는 개국 3년(1394)째 되는 해에 권농의 일선 책임자인 수령을 보좌하기 위하여 군·현의 하부 행정 단위인 각 면面에 권농관勸農官을 두는 제도를 만들었다. 잠업 주산지에는 양잠관을 두었다. 권농관(양잠관)은 실제 농민들과 접촉하는 사람으로 면민 가운데 덕망이 있고 농사일에 밝은 양반(한량품관閑良品官) 가운데서 임명하였다.

권농관은 정부의 녹을 받는 관리가 아니고 명예직이었다. 정부에서 하달되는 농업정책은 일선 수령들이 책임을 지고 담당 향리鄕吏인 권농색장勸農色掌을 지휘하여 집행하였는데 주로 권농관의 협조를 얻어 수행되었다. 권농관은 농사 뿐만 아니라 수리시설의 관리, 조세징수의 보조원 역할도 하였다.

중앙정부를 대표하는 국왕은 지방 행정기구인 부府·목牧·군郡·현縣을 다스리는 관리로 부사府使와 목사牧使, 군수郡守와 현령縣令·현감縣監을 임명하였다. 수령守令으로 불리기도 하는 이들은 국왕을 대리하여 해당 고을의 조세·사법·교육·산업·행정·군사 등 거의 모든 분야에서 전권을 가지고 백성들을 다스렸다.

정부는 수령의 품계를 참상관參上官 이상으로 높이고 주로 과거에 합격한 선비와 한량을 임명함으로써 수령의 자질을 향상시킴과 동시에 권위를 높였다. 수령은 최대 5년 정도(1,800일)의 임기가 있어 한 고을에 오래 근무하지 못하고 다른 곳으로 전임되는 것이 상례였다. 관리가 중앙의 당상관 직에 오르기 위해서는 지방 수령을 거쳐야 하는 것이 원칙이었다.

중앙에서 파견되는 수령이 관심을 가지고 수행해야 할 가장 중요한 책무를 수령칠사守令七事라고 하는데 이것은 건국 초부터 변함없이 내려온 수령의 업무수행 지침이다. 지방 수령의 일곱 가지 중요 임무는 농업과 잠업을 장려하고, 호구를 증가시키며, 교육을 진흥시키고, 군정을 공정하게 하고, 부역을 고르게 하고, 소송을 빨리 처리하고, 간사스럽고 교활한

풍속을 바로잡는 것이었다.16) 수령의 권농임무와 그 내용은『경국대전經
國大典』에 명문화되어 있다.

수령칠사 가운데서도 가장 중요한 임무는 농상農桑을 진흥시키는 것이
었다. 수령이 농민을 지도하고 권농상勸農桑하는 요령은 크게 세 가지로
요약할 수 있다. 첫째 농민들이 천시天時를 지켜 씨 뿌리고 수확하도록
하고 지리地利를 잘 이용하도록 하며 인력을 다하여 정성껏 농사를 짓도
록 지도할 것, 둘째 농사철에는 농민들이 농사일에 전념할 수 있도록 부
역을 시키지 말 것, 셋째 기근이나 자연재해 등으로 백성들이 곤궁하게
되면 적극적으로 구호활동을 펼쳐야 한다는 것이었다. 그러나 흉년으로
기근을 맞아 구휼하는 것보다는 사전에 흉작을 예방하는 것이 상책이며
흉년을 예방하기 위해서는 수령들이 권농을 충실히 하는 것이 중요하다
고 가르쳤다.

정치에서 농사의 중요성을 설명하고 농사를 잘하기 위해 지켜야 하는
원칙으로 농시를 잘 지키고, 지리를 잘 이용하며, 농사철에 백성을 부역
시키지 말라는 말은 원래 중국의 춘추시대 농가의 사상에서 비롯된 것으
로 보이는데 법가와 유가에서 이를 수용하여『주례周禮』,『시경詩經』,『여
씨춘추呂氏春秋』,『맹자孟子』,『회남자淮南子』등에서 인용하였다.

농사를 잘 할 수 있도록 백성을 지도하는 요령은 한나라 이후『제민
요술齊民要術』『농상집요農桑輯要』같은 중국의 농서에도 전재되고 조선에
서는 역대 왕들의 권농교서 등을 통해 자주 나타나고『농사직설農事直說』
『농가설農家說』같은 농서에도 언급되고 있다.

권농상을 위해 수령들은 농사철이면 잡무를 폐하고 관내를 순시하면
서 농지의 경작 여부와 작황을 살필뿐 아니라 파종·김매기·추수 등 중
요한 경작 단계를 감독하였다. 만약 가난한 농민이 종자나 농구 등이 없

---

16) 守令七事는 農桑盛, 戶口增, 學校興, 軍政修, 賦役均, 詞訟簡, 姦猾息을 말한다.
  『經國大典』吏典, 考課.

어 농사를 짓지 못하고 있으면 수령은 종자·농구·농우 등 필요한 농자재를 지원해야 하고 농사철에 백성들을 동원하여 공사하는 일을 피해야 했다.

수령은 또 매년 수리시설을 축조·개수하고 그 결과를 관찰사(감사)에게 보고하고 제언이 허물어지지 않도록 둑에 나무를 심는 일을 하여야 하였다.[17] 수령은 이런 활동을 통하여 농지의 유휴 방지, 적기 파종, 수리시설의 점검 그리고 세금을 공정하게 부과하기 위해 면面·리里별 작황을 조사하는 답험踏驗활동 등을 통해 영농활동을 지원하고 감독하였다.[18]

조선시대의 농사는 한발과 홍수 등 자연재해에 취약하여 실농失農하는 경우가 잦았고 실농하는 경우에는 먹을 것이 없어 종자까지 소비하여 버리는 경우가 많았다. 이 때문에 농사철이 돌아오면 수령은 적시에 종자를 공급하여 주고 농우農牛 또는 농구가 필요한 경우에는 인근에 거주하는 부자의 농우와 농구 등을 빌려쓸 수 있도록 주선하여 주어야 하였다.

2) 중앙정부의 농정기구

조선은 건국 초부터 농본국가를 표방하고 농업을 왕정의 우선순위에 둔다고 선언하였으나 실제로 정부 내에 농업과 잠업의 진흥을 기획하고 집행하는 전담 조직은 두지 않았다. 농·축산업 및 임업과 관련이 있는 업무는 왕실과 육조의 여러 기관에 분산되어 있었으나 업무를 효율적으로 추진할 수 있는 통일성은 없었다.

조선은 건국 초부터 19세기 말 갑오경장 때까지 농정과 잠상 업무를 호조戶曹의 판적사版籍司에서 담당하게 하고 상정桑政 가운데 뽕나무의 재배와 번식은 공조工曹의 산택사山澤司 소관 아래에 두었다. 호조의 판적사가 담당하는 주요 업무는 호구, 농지, 조세, 부역, 공납貢納, 풍흉의 조사,

---

17) 『經國大典』戶典, 田宅.
18) 『太宗實錄』태종 14년 2월 을사.

진대賑貸와 구휼救恤 등과 같이 정부의 재정운용과 민간 구호에 관련된 일
이 주 업무였고 공조의 산택사가 맡은 업무는 산림과 소택, 나루터, 교량,
궁궐의 정원, 식목, 목재, 석재 등에 관한 일이었다.

병조兵曹의 승여사乘輿司에서는 궁중의 가마·수레·말 등 교통수단을 담
당하였고 무비사武備司에서는 병적과 군기·병선의 관리와 국방과 외정外
征 및 군사훈련 등에 관련된 일을 하였는데 군사용 말과 목장의 관리 등
마정馬政도 포함하였다. 병조의 산하 기관인 사복시司僕寺는 왕궁에서 사
용하는 말과 각 도에 산재한 목장에서 군용 마필의 사양과 관리를 담당
하였다. 공조산하의 장원서掌苑署는 왕궁의 정원수와 꽃, 조경 등의 업무
를 담당하였다.

예조禮曹의 부속기관으로 편제되어 있는 사축서司畜署는 궁중에서 가축
이외의 짐승을 기르는 일을 하였고 전생서典牲署는 궁중의 제사에 쓸 가
축을 기르는 일을 맡았다. 호조산하의 사포서司圃署는 궁중 소유의 채마밭
에서 채소를 기르는 일을 관장하였다. 이들 기관은 모두 궁중의 농·축산
물의 공급과 왕궁의 수요를 충족시키기 위한 업무만 담당하는 조직으로
일반 농업과 잠업의 진흥과는 관련이 없었다.

육조 및 산하에 있는 농업관련 기관의 장과 관리직은 모두 문관이 차
지했고 전문직이라고 볼 수 있는 기술직은 모두 종 6품 이하 8~9품으로
임명하고 더 이상 승진 할 수 없도록 제도화 하였다. 기술직 가운데 최고
의 자리는 사복시의 마의馬醫와 안기安驥 그리고 사축서의 사축司畜, 장원
서의 신화愼花 등으로 모두 종6품직이었다.[19] 조선시대의 기술직은 대부
분 잡직雜職으로 양반직과 분리하여 중인 이하의 사람으로 임명하는 것이
상례였고 잡직이 문관으로 전직할 때는 한 품계 내려서 가도록 규정하였
다. 이들의 사회적 신분은 매우 낮았다.

그러나 조선은 농업생산의 증가를 위해 수리시설의 신축과 유지·관리

---

19) 金榮鎭·李殷雄, 『조선시대 농업과학기술사』, 서울대학교출판부, 2000.

가 중요한 과제가 되자 예외적으로 한동안 제언사堤堰司를 만들어 운영하였다. 지방에서 실제로 수리시설의 축조와 관리는 관찰사와 수령이 담당했는데 수리사업을 활발하게 추진하면서 업무가 증가하자 성종 때부터 제언사를 설치하여 각 도의 수리시설을 관리하게 하였다.

제언사는 제언의 신·증축 허가, 폐언廢堰에 대한 처리, 제언을 파괴하거나 모경冒耕하는 자를 적발하고 치죄하는 일 등 수리시설에 대한 허가와 관리업무를 수행하였다. 조선 전기의 제언사는 관제상 정식 관청으로 편제되지 못한 채 임시기구로 운영되었다. 조선 후기에 들어와 이앙법이 널리 보급되면서 수리시설의 중요성이 커지자 현종 때에는 의정부에, 영조 때에는 비변사의 산하기관으로 편입시켜 운영하였다.

3) 勸農敎文과 諭示

조선시대에는 왕의 권농교문이나 유시諭示는 농정을 수행하는 중요한 수단이었다. 교서敎書 또는 교문敎文은 특정한 시기나 특별한 일을 당하여 임금이 내리는 문서 형태로 된 명령을 말한다. 대체로 백성들에게 널리 알리고자 하는 사항이 있을 때 발표되었다. 유서諭書와 윤음綸音은 부정기적으로 내리는 임금의 지시를 의미한다. 역대의 왕은 대체로 연초에 권농교문을 발표하여 새해의 농정방침을 밝히고 중요한 사항이 있을 때 수시로 유시 또는 윤음을 통해 농정을 지시하였다.

태종과 세종, 중종과 영조와 정조는 권농교문을 통해 농정방침을 일선 수령들에게 하달하고 농정을 독려한 대표적 임금이다. 영조는 재위 3년(1727)차부터 50년 동안 매년 정월 초하루에 정례적으로 권농교문을 발표하였다. 정조도 재임 24년 동안 한 해도 거르지 않고 매년 정월 초하루 권농교문을 발표하며 지방 수령들의 권농을 독려하였다.

조선왕조 5백 년 동안 역대 왕들에 의해 발표된 권농교문은 상당히 많다. 모든 권농교문의 내용은 전해지지 않고 있으나 20여 개의 교문은 그 내용이 알려져 있다.

정종은 즉위교서에서 "농상은 의식의 근원이고 백성의 생명에 관계되는 것이니 각 도의 감사들로 하여금 군·현을 독려하여 초겨울에는 제방을 쌓고 화재를 금하게 할 것이며, 첫 봄에는 뽕나무를 심고 5월에는 뽕나무의 열매를 심게 할 것"[20]을 지시하였다.

태종은 건국 초기에 교서를 이용하여 수리시설의 확충이 농업생산을 증가시키는 요체임을 인식하고 제언堤堰의 확충과 유지·관리를 강조하였고 고려 말부터 쇠퇴한 양잠을 부흥시키기 위해 특별한 노력을 경주하였다. 태종은 수리시설의 확충을 위해 경차관을 파견하여 전국의 수리실태를 조사하도록 하였으며 잠업을 진흥시키기 위해서는 먼저 뽕나무가 있어야 한다고 판단하고 지방관들에게 뽕나무를 심도록 할 것을 지시하였다.

세종은 세종 26년(1444년)에 발표한 권농교문을 통해 권농의 책임을 맡고 있는 수령들에게 왕업의 기초는 백성들의 의식을 충족시키는 농상에 있음을 강조하고, 농업을 일으키고 농사기술을 발전시켜 백성들의 생활을 향상시킨 중국의 옛 성현들과 관리들의 업적을 열거하여 권농을 담당한 수령들의 사명감을 고취시켰다.[21]

세종은 이 교문을 통해 권농의 요체는 백성들로 하여금 농사짓는 시기를 놓치지 않도록 지도하고 농사철에 백성들을 부역에 동원하여 백성들의 힘을 빼앗지 말도록 하며 또 농지와 관련된 송사를 신속하게 처리하고 가난한 백성들에게는 식량과 종자를 빌려주어 농사에 차질이 없도록 하라고 지시하였다. 세종은 수령들이 농정을 잘 운영하고 농업기술을 적극적으로 활용하여 경작한다면 한발과 홍수와 같은 자연적 재해도 극복할 수 있다고 주장하면서 구휼의 근본적인 대책은 적극적인 권농활동에

---

20) 『太祖實錄』 태조 7년 9월 12일 갑신, 定宗 즉위교서.
21) 『世宗實錄』 세종 26년 윤7월 25일 壬寅.

있음을 강조하였다.(부록, 세종의 권농교문)

세종은 즉위 28년(1446)에 내린 유시를 통해서는 수령들에게 일찍이 내어준『농사직설』과 권농교문을 참고하여 권농을 더욱 권장하고 대수롭지 않은 잡송雜訟은 그만두게 하고 사무가 적은 아전과 집사 등은 모두 농사일에 나가도록 할 것을 지시하였다. 세종은 이어 농민들은 노역시키지 말고, 사무는 간소하게 하고, 귀신을 섬기고 부처를 공양하는 일처럼 이익이 없는 짓은 일체 금지시킬 것 등을 강조하였다.22)

영조는 왕위에 있던 50년 동안 해마다 권농교서를 내렸는데 내용은 거의 같다. 영조는 재위 10년(1734) 권농교서를 통해 8도의 감사와 양도 兩都(강화·개성)의 유수留守에게 권농하는 방법 6가지를 제시하고 수령들을 지휘하여 농사에 힘쓸 것을 지시하였다.

이 날 예시한 권농의 요령은 농시를 지키고 농사철에 부역을 시키지 말며 제언과 관개시설을 돌보고 흉년에는 구휼에 힘쓰고 농량과 농우를 준비하는 것 등이었다. 영조는 이날의 유시에서 전 공주목사公州牧使 신속 申洬이 편찬한 농서『농가집성農家集成』의 판본이 있는 곳을 찾아내어 이 것을 인쇄하여 8도를 통해 전국에 반포할 것을 지시하였다.23)

정조正祖는 즉위 12년에 내린 권농교문을 통해 나라는 백성을 근본으로 삼고 백성은 농사를 지어 살아간다는 것, 백성들이 농사에 실패하면 나라를 유지할 수 없다는 것, 백성들은 천시를 따르고 지리를 잘 이용하여야 하며, 농사짓는 일이 힘들고 어려워도 인력을 다해 그 수고를 아끼지 말도록 지도해야 한다는 점을 설명하며 관리들에게 농사의 중요성을 강조하였다.

정조는 22년(1798) 권농정구농서勸農政求農書 윤음綸音을 발표하였다.24)

---

22)『世宗實錄』세종 28년 2월 26일 甲子.
23)『英祖實錄』영조 10년 1월 1일 戊寅.
24)『正祖實錄』정조 22년 1월 1일 경신.

이 윤음은 교서의 형식을 갖추었는데 새로운 농서의 편찬을 위해 대·소 신하와 방백·수령들에게 농사에 도움이 될만한 일이 있으면 상소를 하거나 또는 농서를 지어 바치도록 할 것을 지시하는 내용을 담고 있다.

정조의 권농정 구농서 윤음은 다음 해인 기미년이 선왕이었던 영조가 적전을 친히 경작한지 60주년이 되는 것을 기념하기 위한 뜻도 있었다. 정조의 윤음은 344년 전에 발표한 세종의 권농교문과 내용은 비슷하나 세종의 교서에 비해 좀 더 구체적인 지시를 담고 있다.

정조의 교문은 농사짓는 근본은 부지런함에 달려있는데 그 요체는 수리사업을 일으키고 농작물을 토질에 맞게 심으며 농기구를 잘 활용하는 길이라고 농사지도의 방향을 좀 더 구체적으로 적시하고 있다. 그는 전국 각지의 큰 저수지들이 하나같이 관리 소홀로 제구실을 하지 못하고 있으니 이를 수리하라고 지시하였다.

정조는 수리의 효과도 토질의 적절함과 조화가 되어야만 제대로 거둘 수 있다면서 토질의 건·습과 비옥·척박을 잘 가려 알맞는 작물을 심어야 한다고 설명하고 있다. 정조는 한걸음 더 나아가서 농기구를 적절히 이용해야 농사의 이익을 제대로 취할 수 있는데 우리나라 농민들은 수차水車, 수레, 방아 같은 농기구를 사용할 줄 모르고 있다면서 새 농기구의 사용을 권장하였다.

정조는 사망하기 2년 전인 정조 22년 1월 1일 발표한 권농교서를 통해 지금은 옛날에 비해 풍토와 농업 사정이 달라져 농서도 새로운 것이 필요하게 되었다면서 현실에 맞는 새로운 농서를 편찬하여 각 지역에 반포하고자 하니 대소 관리와 수령·방백들은 농사에 도움이 될만한 내용이 있으면 상소上疏를 올리거나 또는 책으로 엮어 바치도록 하라는 교서를 내렸다.

정조의 윤음에 따라 홍주洪州유학幼學 신재형申在亨, 대구유학 유동범柳東範, 충위의忠義衛, 배의裵宜 등 27인이 상소를 올렸고 공주公州유학 임박

유림博儒, 서울서민 이필충李必忠, 전前 남원현감南原縣監 장현경張顯慶, 양주
楊州유학 안성탁安聖鐸 등 40인이 농서를 지어 올렸다.[25]

곧이어 면천현감으로 있던 박지원朴趾源은 『과농소초課農小抄』를, 박제
가朴齊家는 『진북학의소進北學議疏』를, 곡산부사谷山府使로 있던 정약용丁若
鏞은 『응지농정소應旨農政疏』라는 농업진흥 방안에 관한 의견서를 지어 바
쳤다. 정조는 세종의 『농사직설』 이후 처음으로 변화한 농업사정에 알맞
는 새로운 관찬농서官撰農書 가칭 『농가대전農家大典』의 편찬에 의욕을 불
태웠으나 이 작업을 끝내지 못하고 1800년에 사망하였다.

3. 勸農桑을 위한 親耕과 親蠶의례

1) 籍田禮와 先農祭

(1) 적전행사

적전籍田행사는 임금이 선농단先農壇에서 농사의 신인 신농神農과 후직
后稷에게 풍년을 비는 제사를 지낸 후 적전에서 친경을 하는 행사를 말한
다. 적전행사는 국왕이 직접 쟁기를 잡고 밭을 가는 행위를 시연함으로써
농사의 중요성을 백성들에게 가르치고 신하들에게 권농의 모범을 보인다
는 의미에서 조선시대 대단히 중요한 국가행사의 하나였다.

원래 적전을 친경하는 행사는 BC.178년 중국 한나라의 문제가 처음
실시하였는데 그 후 이 행사는 중국과 조선의 왕조에서 중요한 의식이
되었다. 한반도에서 선농제는 신라 때에 거행되었다는 기록이 있으나 임
금이 신농과 후직을 제사하고 적전에서 친경을 하는 유학적 적전의식은

---

25) 『正祖實錄』 정조 23년 11월 30일 己丑.

고려 성종 2년(983)에 처음 도입되었다.

조선은 동적전과 서적전 두 개의 적전을 운영하였다. 조선은 건국과 동시에 개성 동쪽 20리 지점에 적전을 개설하여 이를 서적전이라 하고 태종 때 도읍을 한양으로 옮기고 동대문 밖 10리 지점에 적전을 하나 더 개설하여 동적전이라 불렀다. 정부는 서적전을 관리하기 위하여 형향각 馨香閣이라는 관청을 두고, 동적전을 관리하기 위하여 전농시農典寺를 설치하고 적전령과 적전승이라는 관직을 두어 이를 관장하게 하였다.

선농단은 왕이 적전행사를 치르기 전에 농업신에게 풍년을 기원하는 제사를 드리는데 이때 사용하는 제단을 말한다. 선농단은 태종 5년 (1405) 수도를 개성에서 한양으로 다시 옮기면서 7년 동안 제대로 관리하지 않아 쇠락한 종묘宗廟와 사직단社稷壇·원구단圓丘壇 등을 손볼 때 설치한 것으로 보인다. 태종 6년(1406)에 적전단을 수리하였다[26]는 기록이 있는 것으로 보아 이때 선농단을 만든 것으로 보인다.

그 후 태종 14년에 선농단과 선잠단先蠶壇·영성靈星 등 여러 단에 담장을 쌓았고 16년에는 원구단·사직단·선농단 등에 재실齋室을 세우고 담장 밖에 나무를 많이 심었다.[27]

지금의 선농단은 서울시 동대문구 제기 2동 274-1번지 주택가 한가운데 남아있는데 사적 제 436호로 지정되어 있다. 이 선농단은 성종 7년 (1476)에 다시 축조한 것이다. 선농단의 크기는 사방 길이가 4m × 4m이고 높이가 약 70cm 가량인데 제단의 면적은 4㎡이다. 제단의 4면은 긴 직사각형 모양의 장대석을 이용하여 축대를 쌓아 조성하였다.

제단의 남쪽 축대에는 댓돌을 놓아 계단을 만들었다. 선농제를 지낼 때는 선농단 위에 제상을 올려놓고 그 위에 신농과 후직의 신위판을 모시고 제물을 진열한다.

---

26) 『太宗實錄』 태종 6년 윤 7월 21일 무인.
27) 『增補文獻備考』 禮考, 제단, 선농.

고려 때는 선농제를 정월에 거행하였으나 조선의 태종 때부터 적전행사를 정월에 치르는 것은 날씨가 너무 추워 농사 절기에 맞지 않기 때문에 경칩이 지난 다음에 하도록 변경하였다. 이에 따라 조선의 선농제는 경칩 뒤 첫 해일亥日에 거행하게 되었다.

태종은 중요한 행사인 적전과 선잠의 두 의식에 연주할 행사음악이 없는 것을 알고 새로 악장樂章을 마련하도록 지시하였다.[28] 이에 따라 적전행사를 위해서는 념농부지곡念農夫之曲을, 선잠제를 위해서는 념잠부지곡念蠶婦之曲을 새로 작곡하였다.[29]

왕이 선농에게 제사하고 적전에서 농사의 시범을 보이는 의식의 절차는 세종 때에 국가적 예제인 오례의五禮儀의 하나로 그 표준을 규정하였다.[30] 이 절차는 성종 때에 국조오례의國朝五禮儀로 완성되었다.

적전의 면적은 조선조를 통하여 항상 동일하였던 것으로 보이지는 않는다.『만기요람萬機要覽』에 따르면 조선 후기 동대문 밖에 있었던 동적전의 총 면적은 37결 59부 3속으로 논과 밭으로 구성되어 있었다. 그 가운데 친경전의 면적은 100무(8일경)로 별도로 지정되어 있었다.[31] 친경전에는 9곡(벼, 기장, 피, 조, 수수, 콩, 팥, 보리, 밀)을 심도록 하였다.

개성에 있는 서적전의 면적은 65결 99부 9속으로 논과 밭으로 구성되어 있다.[32] 친경전에서 생산되는 수확은 종묘와 사직의 제사에 쓰는 제

---

28)『太宗實錄』태종 1년 12월 21일 乙亥 ; 예조전서 김첨의 상소.
29)『太宗實錄』태종 12년 6월 3일 병진.
30)『世宗實錄』五禮儀, 吉禮.
31) 갈이(耕)는 민간에서 밭의 면적을 대충 재는 단위로 소 한 마리가 하루에 갈 수 있는 면적을 의미한다. 하루갈이는 지방마다 다르나 약 2,000평 정도이다. 한성의 동대문 밖에 있었던 동적전 친경전의 면적 100무를 8일 갈이라 하였으므로 16,000평이 되고 이는 약 5.3ha이다. 동적전의 총면적은 약 7.3ha로 추정된다.
32)『萬機要覽』재용편 2, 적전. 서적전의 토질이 좋은 上等 水田의 면적은 볍씨 62석 14두 3승을 뿌릴 수 있는 면적이고 하등은 21석 12두를 뿌릴 수 있는 면적이었다. 稅는 正租 656석 3두 4승이다. 밭의 면적은 상등이 15일 반 갈이(耕), 중등은 21일 갈이, 하등은 53일 반 갈이의 토지였다. 稅는 전곡으로 기장, 피, 벼, 조, 보

수인 자성粢盛으로 사용하도록 되어 있다.33) 또 수시로 행하는 별제別祭와 종묘의 육곡六穀 천신薦新34)에 사용하는 것도 반드시 친경전에서 수확한 것으로 제한하였다.

적전은 왕이 선농에게 제사 지내고 친히 경작하는 농토이나 실제로는 인근 농민을 동원하여 경작하고 수확하였다. 건국 초기에는 관노비를 동원하여 경작하였으나 곧 인근의 민전 10결에서 1부씩을 동원하여 농부 3명이 적전 1결을 경작하게 하였다. 여기에 동원되는 농부는 공부貢賦와 요역을 면제하여 주었다. 조선 중기 이후 친경행사는 동적전에서만 거행하였다.

조선시대에는 모든 임금이 해마다 친경을 한 것은 아니다. 왕이 적전에 행차하는 것은 번거롭고 비용이 많이 드는 행사였기 때문에 대체로 신하들을 시켜 대신 행사를 치르는 것이 상례였다.

선농제와 적전의식은 재계齋戒, 진설陳設, 존폐奠幣, 궤향饋享, 작헌례酌獻禮, 망료望燎, 친경親耕, 노주연勞酒宴의 순서로 진행된다. 재계는 왕이 제를 지내기 5일 전부터 몸을 깨끗이 하고 근신하는 것을 말한다. 진설은 행사장에 천막을 치고 제사에 필요한 여러 가지 집기를 갖추고 제물을 준비하는 것을 뜻한다. 전폐는 제사상을 차린 뒤 신농씨와 후직씨의 신위판을 설치하는 것을, 궤향은 왕이 폐백을 드리는 의식을 뜻한다. 작헌례는 초헌, 아헌, 종헌의 제관이 신에게 술을 올리는 것을 의미한다. 망료는 신에게 올린 폐백과 제문을 태워 제단 뒤에 묻는 의식을 말하고 친경은 임금이 적전에서 쟁기로 밭을 가는 것을 지칭한다. 노주연은 행사에 참여한 관리들과 백성들에게 술과 밥을 먹여 그 동안의 노고를 치

리, 밀, 콩, 팥, 녹두 47석 13두 5승이다. 서적전은 고려 때 왕실의 채소밭이었는데 조선에 들어와 적전으로 지정되었으며 그 소속 노비로 하여금 경작하게 하였다.

33) 『增補文獻備考』 禮考 9, 諸壇.

34) 새로 나온 햇과일과 곡식 등을 제철에 신에게 바치는 것.

하하는 것을 말한다.

(2) 역대 왕과 왕비의 친경기록

조선시대에 왕이 선농제에 직접 참여하고 적전을 친경하였다는 기록
은 성종 6년(1475)에 처음 나타난다.[35] 이날 의식에서 성종은 다섯 번 쟁
기를 잡아 적전을 갈고 종신宗臣과 재신宰臣은 일곱 번을, 판서·대사헌·대
사간 등은 아홉 번 갈았다. 이 날의 선농제에는 소·돼지·양을 각각 한
마리씩을 희생물로 바쳤다.

성종은 친경을 끝낸 후 나이든 백성들에게 노주례老酒禮를 베풀고 환궁
하여 백관의 하례를 받고 종묘에 고유하였다.[36] 성종 7년에는 선농단 남
쪽 10보에 친경대親耕臺를 쌓았다. 친경대는 왕이 적전을 친경하기 위해
대기하고 신하와 백성들이 밭을 가는 것을 바라보는 장소이다.

선농단과 적전에서 친경의식을 행한 임금은 성종 이외에도 연산군, 중종,
명종, 선조, 광해군, 영조였다.[37] 또 고종과 순종도 친경의식을 치루었다.
영조는 역대 임금 가운데 가장 많은 다섯 차례의 친경행사를 가졌다.

영조는 또 친경행사 이외에도 적전에 거동하여 네 차례의 관예觀刈(추수
행사)에도 참여하였다. 관예는 왕이 보리를 수확하는 행사에 참석하는 것
으로 과거 조선에서는 한번도 없었던 의식이었다. 영조는 명나라 황제 선
종의 고사를 참고하여 조선에서도 관예할 것을 지시하여 영조 23년(1747)
처음으로 이 행사를 거행하였다. 영조는 보리를 수확하여 이를 받는 의식
인 수맥受麥도 처음 거행하였다.[38]

---

35) 『成宗實錄』 성종 6년 정월 25일 을해.
36) 『增補文獻備考』 禮考 9, 諸壇.
37) 『萬機要覽』 재용편 2, 적전.
38) 『增補文獻備考』 禮考, 先農.

〈표 5-1〉 조선시대 역대 왕과 왕비의 친경 및 친잠행사

연대	친경	관예	장종	헌종	친잠	수견	반사	비고
태조 1년(1392)								籍田·籍田令·籍田丞설치
정종 2년(1400)								선잠단에서 제사
태종 6년(1406)								선농단 설치
14년(1414)								선농단·선잠단 담장설치
16년(1416)								선농단 재실을 건립
성종 6년(1475)	O							
7년(1476)								적전에 친경대 신축
8년(1477)					O			採桑壇을 창덕궁 후원에
19년(1488)	O							신축
24년(1493)	O				O			
연산 10년(1504)	O				O			선잠단 보수
중종 8년(1513)	O				O		O	친잠 고치 의정부에 반사
18년(1523)	O							선잠단 창덕궁에서 이전
24년(1529)					O			
명종 8년(1563)	O							
선조 5년(1572)	O				O			
광해 4년(1612)	O							
12년(1620)	O				O			
숙종 3년(1677)								친경 계획 우천으로 취소
영조15년(1739)	O							親耕圖를 그려 동궁전에
23년(1747)		O						비치함
29년(1753)	O							
38년(1762)		O						
40년(1764)	O							
41년(1765)		O						
43년(1767)	O	O	O	O	O	O	O	경복궁에 친잠단 신축, 8도
45년(1769)								에 누에고치 반사
46년(1770)	O							경복궁에 친잠기념비 건립
정조 5년(1781)		O						
고종 8년(1871)	O	O						
순종 2년(1908)	O							
합계	17	6	1	1	8	1	2	

출전:『增補文獻備考』禮考, 先農;『萬機要覽』재용편, 적전;『조선왕조실록』
    각 왕편; 親耕·親蠶儀軌』(민족문화추진회 국역).

영조는 즉위 43년(1767, 정해년)에 74세의 고령에도 불구하고 한해 동안에 경전經典과 사서史書에 나오는 모든 권농상과 관련된 행사를 치루었다. 정해년에 왕과 왕비가 거행한 행사는 친경·친잠·관예·수맥·장종·수견·반사 등으로 이것은 권농상을 위해 할 수 있는 모든 행사였다. 이 해의 행사에는 세손도 참여시켰는데 모든 행사를 거행한 임금은 영조가 처음이고 마지막이었다.

영조와 왕세손(정조)은 정해년(1767) 2월 26일에 거행된 친경행사에서 익선관翼善冠과 곤룡포衮龍袍를 입고 선농단까지 행차하였으며 문무백관은 흑단령黑團領 차림으로 대가를 수행하였다.39) 임금과 왕세손은 선농제를 지낼 때 원유관遠遊冠과 강사포絳紗袍로 갈아입고 4품 이상 신하들은 조복朝服차림으로 5품 이하는 흑단령 차림으로 예를 거행하였다40).

왕은 적전을 갈 때 쟁기를 다섯 번 밀었고, 세손은 일곱 번, 종친과 재신 등은 아홉 번씩 갈았다. 이 날 밭을 가는 데 소 74마리와 쟁기 72벌이 동원되었다.41) 왕과 왕세손은 각각 두 마리의 소가 끄는 쟁기로 밭을 갈았고 종실과 재신 및 중신들은 한 마리의 소가 끄는 쟁기를 사용하였다. 이날 쟁기를 잡은 종친과 재신은 모두 20명이었고 사용한 쟁기는 20개로 20마리의 소가 끌었다. 왕과 신하들이 친경을 마친 후 100무(묘)의 친경전은 50명의 농부가 50두의 소를 동원하여 갈고 9곡을 파종하였다.

이날 사용된 소는 모두 검은 소였는데 소의 등에 청의靑衣를 덮고 코뚜레는 푸른색을 칠하여 쟁기를 끌게 하였다. 사용된 쟁기도 모두 푸른 천

---

39) 이때의 왕세손은 正祖였는데 그의 나이 16세 때였다.
40) 『英祖實錄』 영조 43년 2월 26일 경신.
41) 『親耕·親蠶儀軌』(민족문화추진회 국역) 영조 43년 정해 2월 26일.

으로 갔았다. 적전에 뿌린 9곡(기장, 피, 벼, 조, 차조, 콩, 팥, 보리, 밀)의 종자도 푸른 상자에 담아 내왔다. 친경 행사에 동원된 소와 쟁기는 모두 경기도내 각 군에서 차출하였다. 국왕과 제신들의 쟁기질을 도와주고 친경전을 갈기 위해 참석한 100여 명의 도우미 농민들도 모두 푸른 건을 쓰고 푸른 옷을 입었다.

친경행사가 끝난 후 왕은 친경대 앞에서 행사에 초대한 40명의 노인을 비롯하여 적전행사에 동원된 160여 명의 농민에게 위로주를 내리고 국과 밥을 대접하였다. 영조는 이날의 행사를 의궤로 제작하도록 하고 또 친경도親耕圖로 그려 병풍을 만든 다음 동궁전에 두도록 하여 세손(정조)으로 하여금 항상 농업의 중요성을 잊지 않도록 가르쳤다.

영조는 즉위 15년(1739)에 거행한 친경 때에도 행사가 끝난 후 백관과 적전을 경작한 서민에게 수고를 위로하기 위한 노주勞酒를 하사하였는데 이 날 노주례에 사용된 고기는 농우를 죽일 수 없어 돼지를 잡게 하였다. 그리고 적전 경작에 사용된 쟁기와 우의牛衣는 봉상시奉常寺에 보관하고 농우는 사복시司僕寺에 맡겨서 죽을 때까지 기르게 하였다.[42]

임금이 친경의식을 지낸 후 사용된 소를 잡아 백성들에게 국밥을 만들어 나누어 먹인 것이 선농탕先農湯으로 나중에 설렁탕이 되었다는 이야기가 구전되고 있으나 영조는 이날 밭을 간 소를 죽이지 않았다.

구경거리가 별로 없던 조선시대에 왕의 적전행사는 큰 볼거리였다. 수많은 백성들이 길거리에 운집하여 취악대를 앞세우고 도성 밖으로 행차하는 왕의 행렬을 구경하였다. 광해군 때에는 적전에서 환궁할 때 산대놀이와 잡희 등을 공연하도록 하여 백성들을 즐겁게 하였다. 친경행사가 있을 때는 이날을 기념하기 위하여 사면령을 내리고 특별 과거시험을 치르기도 하였다.

---

42) 『增補文獻備考』 禮考, 先農.

2) 친잠례와 선잠제

농업진흥이 왕의 몫이라면 양잠에 대한 시범은 왕비의 소관이었다. 왕이 적전에서 친경을 하듯이 왕비는 잠업의 풍성을 기원하는 선잠제先蠶祭와 친잠의식을 통해 백성들에게 누에치기의 중요성을 가르쳤다. 친잠례는 선잠단先蠶壇에서 거행하는데 잠신인 서릉씨西陵氏에게 제사를 드리는 의식인 선잠의先蠶儀, 뽕잎을 따다 누에를 먹이는 의식인 친잠의親蠶儀, 친잠 후 왕과 왕비가 내·외명부들에게 하례를 받는 조견의朝繭儀, 친잠하여 수확한 누에고치를 왕비에게 바치는 수견의受繭儀, 거둔 누에고치를 조정 대신과 팔도에 나누어주는 반견의頒繭儀로 구성되어 있다.

선잠제는 매년 계춘季春(3월)을 지낸 후 길일인 뱀 날巳日에 거행하는 것으로 되어 있다. 선잠제는 고대 중국의 시조인 황제黃帝의 정비正妃 서릉씨를 제사하는 의식으로『사기』에 의하면 서릉씨가 처음으로 누에를 쳤다는 것이다. 서릉씨가 뽕나무 아래서 차를 마시는데 찻잔 속으로 고치 하나가 떨어져 이것을 손으로 건져내는데 고치가 더운 물에 풀어져 실이 되는 것을 보고 잠업을 창안하여 시작하였다는 것이다.

조선시대에 들어와 최초의 선잠제는 정종定宗 2년(1400) 3월에 개성에서 지냈으나 자세한 것은 알려지지 않고 있다. 역대 왕 가운데 태종과 성종은 잠상蠶桑의 진흥에 특별한 관심을 보였다. 성종은 재위 2년(1471)에 현재의 서울시 성북구 성북동 64의 1번지에 사직단과 같은 형식으로 총면적 528평의 선잠단을 쌓고 그 앞뜰에는 뽕나무를 심게 하였다.

성종 8년(1477)에는 처음으로 왕비가 궁 밖으로 행차하여 선잠단에서 제사를 지낸 후 창덕궁의 후원에 만든 채상단採桑壇에서 친참의례를 거행하였다.[43] 왕비는 국왕의 후궁들과 대군大君의 부인들, 공주와 옹주, 정승·판서의 부인들을 데리고 채상단에서 광주리를 들고 단 앞에 있는 뽕

---

43)『成宗實錄』성종 8년 3월 10일, 반교문.

나무 밭에서 직접 뽕잎을 땄다. 중전은 5가지(枝)의 뽕을 따고 혜빈과 세 손빈은 7가지, 내외·명부들은 9가지의 뽕을 따 누에를 먹였다. 왕비는 친 잠의식 때 국의菊衣를 입고 머리장식을 달았다.

왕비는 친잠례를 행한 다음 선정전에 나아가 내·외명부의 하례를 받 았으며 백관들도 연영문延英門에서 전을 올려 진하하였다. 왕비는 행사가 끝난 후 의정부와 6조 당상을 비롯하여 행사에 참여한 관리들에게 주악 을 내리고 내·외명부에게는 노주연을 베풀고 선물을 주었다.

성종은 24년(1493) 3월 21일 왕비가 왕세자빈과 내·외명부를 데리고 친잠의례를 마친 후 발표한 교서에서 "내가 농사와 누에치기를 권장하는 것은 남자들은 농사지어 먹을 것이 남도록 하고 여자들은 길쌈을 하여 베가 남도록 함으로써 모두 배불리 먹고 따뜻하게 입을 수 있는 나라를 만들고자 함이다"라고 하였다.

성종 때부터 시작한 친잠례는 광해군 12년 4월의 친잠례를 마지막으 로 한동안 거행되지 않았었다. 권농에 누구보다도 열심이었던 영조는 43 년(1767) 2월 26일에는 세손을 거느리고 적전을 친경하고 곧이어 왕비는 3월 10일 선잠단에서 친잠례를 거행하였다.

영조는 43년에 거행한 친경례와 친잠례가 300백 년 만에 처음 거행하 는 것이라며 특별한 의미를 부여하였다.[44] 영조는 이 해 5월 26일 보리 수확기에 관경대에 거동하여 보리 수확을 관예觀세하고 수맥례收麥禮를 행 하였으며 5월 29일에는 대전에서 왕과 왕비가 수확한 곡식의 종자를 받 아 보관하는 장종례藏種禮와 친잠으로 수확한 고치를 받는 수견례收繭禮를

---

[44] 『親蠶儀軌』 영조 43년 3월. 『조선왕조실록』의 기록에 따르면 친잠의례는 광해군 12년 이후 147년 만인 영조 43년에 다시 시작되었다. 영조가 43년 정월부터 친잠 의례의 준비를 지시하는 여러 차례의 전교와 교문에서 이번에 실시하는 친잠의례 는 300년 만에 다시 시작하는 것이라고 강조한 것은 착각인 것으로 보인다. 친잠 의례의 준비를 위한 영조의 전교와 교문은 『親耕·親蠶儀軌』(민족문화추진회 국 역), 한국학술정보, 2006.

행하였다.

의식이 끝나자 백관들이 행사를 무사히 치른 것에 대해 하례를 드렸고 왕은 백성들은 농사와 누에치기에 힘써 식량과 의복을 풍족하게 하라는 요지의 교서를 발표하였다. 왕은 왕비가 친잠하여 수확한 고치를 봉투 한 장에 4~8개씩 담아 어필로 봉함을 써서 종친과 주요 대신, 8도의 감사에게 반사하였다.[45] 또 왕비가 봄에 심을 곡식의 종자를 왕에게 바치는 헌종례獻種禮도 거행하였다.

4. 儒學의 自然觀과 災異思想

1) 전통사회의 자연관과 자연재해

전통시대에는 가뭄과 홍수, 농작물의 병·충해와 그로 인한 흉작과 기근 그리고 전염병 등은 일상생활의 안녕과 질서를 파괴하고 수많은 생명을 위협하는 중대한 사태였다. 전근대사회에서는 자연재해가 발생하는 원인을 몰라 이를 하늘이나 또는 신의 의지로 받아들였다. 사람들은 신이 노하여 비를 내리지 않거나 홍수를 일으키는 것으로 보고 더 큰 힘을 가진 하늘이나 귀신에게 위기를 벗어나게 해달라고 비는 수밖에 없었다.

가뭄이 계속되면 사람들은 기우제를 지내는데 기우제는 비를 기다리는 백성들의 열망을 한 뜻으로 모아 비를 주관하는 신에게 위기의 중지를 간구하기 위한 의식을 말한다. 기곡제祈穀祭 또는 풍년제는 한 해 동안의 농사를 탈 없이 마무리 지어 풍년이 되도록 해달라고 빌거나 또는 풍년이 들게 해주어 감사하다는 뜻을 표시하는 의식으로 기우제와 마찬가

---

45) 『親蠶儀軌』 영조 43년 3월.

지로 역사시대 이전의 오랜 옛날부터 존재하였다.

한반도에서 풍년제와 기우제는 고려시대에 들어와 그 종류와 형식이 많아졌다. 그 가운데 불교의 연등회와 팔관회는 풍년을 비는 농경제農耕祭의 성격이 강하였고 중앙정부와 각 지방의 지방관과 호족들은 각기 별도로 산천신이나 고을의 수호신, 기타 잡귀신에게 비와 풍년을 비는 제사를 지냈다.

유학을 숭상하여 유교적 정치제도를 대폭적으로 받아드린 고려 성종은 유학의 가르침에 따라 불교와 도교의식을 통해 비를 비는 제사를 음사淫祀로 규정하여 이를 금지하는 한편 왕이 연초에 원구단圓丘壇에 가서 제천의식을 거행하고 사직단, 우사雩祠 등에서의 기곡과 기우를 하는 유교식 제사로 통일하도록 하였다.[46] 그러나 성종의 음사금지는 한 세대를 버티지 못하고 다시 옛날로 돌아가 전통적 제사와 함께 유교적 의식이 동거하는 형태로 더욱 복잡하게 되었다.

이 때문에 고려시대에는 비가 오지 않을 경우 국가에서는 사직과 종묘, 원구단 등의 장소에서 유교식 기우제를 지냈고, 정부나 지방 호족의 의뢰를 받아 불교는 사찰에서, 도교는 도관에서, 무당은 사묘에서 각각 기우제를 거행하였다. 고려시대의 기우의식은 제사의 대상이 다양한데다가 의식의 방법도 다르고 중첩되는 일이 많아 비용이 2중, 3중으로 소모되는 등 낭비가 많아 큰 폐해로 지적되었다.

2) 天人感應論과 災異論

유학은 자연재해와 같은 비정상적 자연현상에 대해 독특한 해석과 대응체계를 갖고 있었다. 유학자들은 가뭄이나 홍수, 풍해와 충해처럼 상도에서 벗어난 자연현상을 재이災異로 이해하였다. 재이란 통치자인 군주가 정치를 잘못하였을 때 하늘이 이를 경고하기 위해 자연을 통해 이변이

---

46)『高麗史』世家, 성종 2년 정월.

나타나도록 한다는 것이다.

재이가 발생하면 군주는 정치에 잘못이 있는 지 반성하고 백성을 보살피는 여러 가지 정치적 조치를 내린 다음 그래도 비가 오지 않거나 그치지 않으면 기우제나 기청제를 올려 기도하는 것이 순서였다. 이와 같은 대응은 유학의 재이론災異論에 근거를 둔 것이다. 재이론은 한나라 때의 거유巨儒 동중서董仲舒에 의해 천인감응론天人感應說과 함께 도입된 학설로 한당유학漢唐儒學의 중요한 특색을 구성하고 있는 사상을 말한다.

한의 무제를 설득하여 유학을 국학으로 만드는 데 성공한 동중서는 유학의 정치사상에 묵가와 음양가의 음양오행설을 접합하여 천인감응론과 재이론을 발전시켰다.

천인감응론 또는 천인상관설天人相關說은 하늘과 인간은 원래 하나인데 땅 위에 사는 백성들이 너무 많은 데다가 탐욕이 있어 질서를 유지하기 힘들기 때문에 하늘은 군주라는 대리인을 내세워 백성들을 다스리게 하였다는 주장에서 비롯된다. 군주는 하늘과 땅과 인간의 삼재三才를 통틀어서 하늘의 뜻이 지상에 실현되도록 천명을 위탁받은 사람으로 군주의 권위는 하늘이 부여한 것이지만 하늘의 뜻에 반하는 실정을 해서는 안 되고 항상 백성들을 위해 올바른 정치를 해야 한다는 것이다.

재이론은 하늘은 그 의지를 자연현상을 통해 나타내는데 만일 군주의 통치가 천도天道를 어기고 민생을 돌보지 않는 경우에는 음양오행의 운행이 조화를 잃게 되어 자연계에 여러 가지 이상이 발생하게 된다는 주장이다. 동중서는 천지만물의 질서는 음양오행의 조화에 의해 운행되는데 인간도 천치만물의 일부이므로 인간 사이의 사회적 관계에도 음양오행의 원칙이 적용된다고 생각하였다. 따라서 인간 사이의 사회적 행위가 상도를 벗어나게 되면 인간사에 관련된 음양오행의 운행이 파행적으로 움직

이게 되고 결국은 이것이 천지의 운행에 영향을 미치게 하여 비정상적인 재이가 나타난다고 설명하고 있다.[47)

동중서는 음양오행이 조화와 질서를 잃게 되면 가뭄과 장마 등 재이가 나타나게 되는데 이것은 하늘이 천명을 부여한 임금이 행하고 있는 실정을 문책하기 위한 것이라고 보았다. 그는 하늘이 재이를 일으켜 임금을 견책함에도 불구하고 군주가 잘못을 반성하지 않으면 하늘은 일식을 일으키고 혜성이 나타나게 하거나 지진을 일으키는 등 괴이怪異를 내려 경고하게 되고 그래도 군주가 계속 천도를 어기면 하늘은 임금에게 내린 천명을 거두어 그 나라를 망하게 한다고 주장하였다.[48) 그러나 군주의 통치가 민생을 보호할 때는 보랏빛 구름이나 진기한 짐승이 나타나는 등 상서祥瑞를 보여주어 군주를 찬양한다고 가르쳤다.

3) 災異대책: 국왕의 반성과 국정쇄신

(1) 왕권의 견제와 민본주의

동중서의 재이론과 천인감응설이 유가의 중요한 정치사상으로 발전한 것은 전한前漢 말 소제昭帝 때의 "염철론鹽鐵論" 논쟁 이후부터였다. 한무제의 정복과 전쟁의 시대가 지나가고 장기간 평화가 계속되자 한나라는 새로운 시대의 통치이념이 필요하게 되었다.

동중서의 제자인 유생들은 재빨리 시대의 변화를 감지하고 전쟁시대의 통치이념으로 중요한 역할을 해오던 상홍양桑弘羊의 법가적 부국강병론을 비판하면서 백성들을 위한 민본주의적 통치로 전환할 것을 주장하였다. 유생들은 한걸음 더 나아가 전제군주의 일탈을 견제하고 백성들을

---

47) 權延雄,「朝鮮前期 經筵의 災異論」『歷史敎育論集』13·14, 1990.
48)『漢書』董仲舒傳.

위한 정치를 하기 위하여 동중서의 천인상관론과 재이론을 강조하기 시
작하였다.

한나라의 공우貢禹, 곡영谷永, 포선鮑宣, 동방삭東方朔 같은 유생들은 경
서를 가르치고 해석하고 또는 군주와 정사를 논의하는 과정에서 재이문
제를 거론하며 당시로서는 설명하기 어려운 비정상적인 자연현상과 정치
를 연결시키기 시작하였다.[49]

유생들은 더 나아가서 재해가 발생하기 전에 미리 예방하는 것이 민생
을 안정시키는 것이며 민생의 안정을 위해서는 적극적인 농본주의 정책
의 도입과 빈한한 백성들을 위한 구휼의 필요성을 주장하였다.

백성들에게 토지를 골고루 나누어 주고 농업을 권장하고 뽕나무와 삼
을 재배하도록 하는 한편 정부는 요역을 줄이고 예산을 절약하면 백성들
은 자연히 부유하게 된다고 설교하였다. 유생들은 덕德과 예禮에 따라 정
치를 하면 재해가 일어나지 않으며 재해 이후의 대책보다 재해 이전의
올바른 정치가 더욱 중요하다고 생각하였다.

한의 성제成帝(BC. 34~7)때 곡영谷永은 재이문제를 왕권의 견제와 민본문
제로 연결시킨 전형적인 유학자였다. 그는 군주는 천도를 받들고 이에 순
응하는 정치를 하고 민생을 돌보아야 한다면서 그렇지 못할 경우 하늘은
재이를 내려 경고한다고 강론하였다. 그는 한걸음 나아가 군주는 재해가
발생하지 않도록 미리 정치에 최선을 다하는 것이 군주의 책임이라고 주
장하였다.[50]

곡영은 재이를 방지하기 위해 평소에 군주의 검소한 생활, 유민流民의
이동 허용, 홀아비와 과부, 고아와 자식 없는 노인(환鰥·과寡·고孤·독獨)등
어려운 사람을 돌보고, 권농정책을 실시하며, 농사철에 백성을 동원하지
말 것 등 전형적인 유가의 농업정책과 구휼정책의 실시를 주장하였다.

---

49) 金錫佑,「前漢時期 荒政論의 展開」『歷史와 經濟』52, 2004.
50)『漢書』谷永傳.

동방삭은 재해가 발생한 후 선치善治를 하는 것보다 재해발생을 사전
에 방지하는 것이 더 중요하고 이를 위해서는 정치를 잘 해야 하는 것이
순리라고 주장하였다. 동방삭은 재해를 피할 수 있는 선치의 내용을 황제
의 근신, 현재賢才의 발탁, 인의의 실천, 근검과 사치의 배격, 빈민에 대한
구호, 양노정책의 실시 등을 열거하였다. 그는 이렇게 3년을 행하면 재해
의 변이 발생하지 않으며 백성들이 굶주리고 추위에 떠는 일이 사라지게
된다고 주장하였다.[51]

(2) 임금의 자책과 恐懼修省

염철론 논쟁 이후 유생들은 재이론을 이용하여 홍수, 한발, 지진 등 자
연재해와 그에 따른 기근과 전염병 등을 유교의 정치적 이상을 달성하기
위한 주요 수단으로 적극 활용하기 시작하였다. 이들은 자연재해와 이변을
이용하여 국왕의 전횡과 지배계급의 부패와 사치풍조를 비판하면서 하늘
의 뜻을 빌어 민본의 가치를 이끌어내려는 논리를 계속하여 주장하였다.

유생들은 가뭄 또는 홍수와 같은 재이가 나타나는 것은 정치를 잘못하
여 생겼으므로 군주는 하늘의 경고를 공구수성恐懼修省(잘못을 두려워하
고 이를 반성함) 하고 이를 고쳐야 한다고 주장하였다. 왕은 잘못을 반성
하기 위해서 신하들로부터 피전避殿·감선減膳·구언求言·구현求賢 등 일련
의 정치적인 조치를 취하도록 권고 받았다.

유학자들은 공구수성의 모범을 탕왕湯王과 소량蕭梁의 고사에서 찾았
다. 은殷나라의 탕왕은 가뭄이 7년이나 계속되자 몸소 상림桑林에 나아가
비를 빌었다는 것이다. 그는 정사에 있어서 여섯 가지 일을 자책하면서
비를 빌었는데 여기서 상림육사桑林六事라는 고사가 생겼다.[52] 여섯 가지

---

51) 『漢書』 東方朔傳.
52) 殷나라 때 7년 동안 비가 오지 않은 큰 가뭄이 있었다. 태사가 점을 쳤는데 사람
    을 제물로 바쳐 비를 빌어야 한다는 점괘가 나왔다. 탕왕은 내가 비를 비는 것은
    백성을 위한 것이다. 만약 사람을 희생하여 빈다면 내 스스로 그렇게 해야 한다고

의 자책은 정치가 절제되지 않았는가, 백성들이 생업을 잃지 않았는가, 궁실이 너무 화려하지 않은가, 부녀자들이 말이 많고 속이고 있지 않은 가, 뇌물이 성행하고 있지 않은가, 아첨꾼이 많고 도덕이 무너지지 않았 는가에 대한 것이었다. 탕왕의 자책이 끝나자마자 수천 리에 큰 비가 내 렸다고 한다.

양梁나라의 군주 소량도 비를 빌기 위해 일곱 가지 일을 하였는데 이 를 임금이 비를 빌기 위해 행하여야 할 소량의 기우칠사祈雨七事53)라고 하 였다. 이것은 억울한 죄수는 풀어주고, 어려운 사람들과 환·과·고·독을 구호하고 세금과 부역을 가볍게 하며, 현명한 인재를 등용하고, 간사하고 탐욕스러운 자를 물리치고, 과년한 남녀와 과부 및 홀아비를 결혼시키고, 임금이 먹는 반찬의 수를 줄이고 풍악을 중지하는 것이었다.

이와 같은 고사에서 조선의 임금도 비를 빌 때 행하여야 하는 일련의 조치가 생겨났는데 그 가운데 자주 행하여 졌던 것은 피정전避正殿, 감상 선感尙膳, 구언求言·구현求賢, 철악撤樂, 철시撤市, 물격고勿擊鼓 같은 것이었 다. 동시에 임금은 억울한 일을 당한 백성들의 사정을 들어주고 형벌을 줄이는 한편 자연재해로 굶는 백성들을 구호하는 등 민생을 보살피는 정 책을 펴고 하늘과 종묘, 사직 등에 정성껏 비를 내려주도록 제사를 지내 천심에 부응해야 하였다.

피정전은 왕이 정전 대신 노천이나 특정의 전각으로 옮겨 정사를 보는 것을 말하고 감상선은 일상의 반찬 수를 줄여 스스로 풍요로움을 줄이고 고통에 동참하는 근신행위이다. 구언·구현은 왕이 신하들의 비판과 건의 를 구하여 언로를 확대하고 숨어 있는 인재를 등용하도록 하는 것을 말

말하고 흰 옷을 입고 桑林이란 곳에 나아가 머리털을 자르고 재계한 후 여섯 가 지 일을 자책하며 비를 빌었다. 『二十四略附史略通攷』, 舊基古典硏究會역, 민창 문화사, 1991.

53) 소량이 행한 기우칠사는 審寃獄, 放囚徒, 放輕繫, 養老 賑鰥寡孤獨, 恤窮匱, 放役 夫, 掩骼埋胔이다. 李瀷, 『星湖僿說』 권사문, 水旱報祭.

한다. 철악은 음악의 연주를 금하는 것이고 물격고는 임금의 거동을 알리
는 격고를 금지하는 것으로 가물 때 임금의 행차에 따르는 일산日傘이나
의장기를 금하는 것과 같은 행위이다. 철시는 시장을 옮기거나 축소하는
것으로 일상의 편리함을 절제하기 위한 것을 의미한다.

5. 조선의 國家祀典과 五禮儀

조선은 유학을 국학으로 삼으면서 유학의 가르침에 따라 길흉화복의
원인을 귀신의 탓으로 삼지 않고 하늘과 인간사人間事의 결과로 보았다.
이에 따라 자연재해는 재이로 보고 군왕이 행한 정치행위의 결과로 생각
하고 재앙을 극복하기 위해 하늘과 인간 사이의 교감을 회복하여야 한다
고 믿었다. 이는 하늘과 임금과 백성은 하나라는 유학의 가르침에서 비롯
된 것인데 문제가 생겼을 경우 유학은 집권자인 임금이 먼저 정치를 되
돌아보고, 반성하여 덕을 닦고, 피해자인 백성들을 구제하는 정치적·윤
리적 대응체계를 확립하고 있었다.

조선사회는 오직 유학 만을 정학正學으로 인정하고 다른 학문은 인정
하지 않았다. 유학자들은 불교와 노장老壯의 이론을 비판하고 이를 사학邪
學으로 간주하여 배척하였다. 정부의 관리와 유자들은 유학적 가치에 입
각한 삶과 그에 합당한 사회질서를 확보하기 위해 여러 가지 실천 예법
을 만들어 이를 지키려고 노력하였다.

이 가운데 제례의식은 유학에서 강조하는 예禮와 보본반시報本反始 즉
근본에 보답하고 시작을 되돌아본다는 입장에서 대단히 중요한 의미를
부여하였다. 따라서 조선정부는 건국 직후부터 불교와 도교적 의식과 무
속을 음사淫祀로 규정하여 이를 금지54) 시키는 한편 유교적 의례에 입각
한 제사 만을 정사正祀로 지정하고 모든 제사를 유교식으로 통일하기 위

해 노력하였다.

조선시대에는 유학의 가르침에 따라 원칙적으로 천지신과 조상신 그리고 역사적으로 큰 이름을 남긴 사람의 귀신(인귀人鬼) 만을 인정하였다. 여러 신 가운데 국가의 제사 대상으로 삼는 기준은 공덕이었다. 인간의 생존에 필요한 것을 공급하여 주는 신, 백성들의 삶을 풍요롭게 해주는 신이나 인물, 나라에 공을 세운 인물 등을 제사대상으로 사전祀典에 올렸다. 옛 성현을 제사하는 것은 그들이 도를 세우거나 교훈을 내리고 재난을 막아 백성들을 평안하게 하여 주었기 때문이다.55)

조선은 이와 같은 노력의 결과로 세종 때『오례의五禮儀』를 만들어 국가가 행하는 의식의 종류와 표준을 정하였다. 그 후『오례의』는 더욱 보완되어 성종 5년(1474)에『국조오례의國朝五禮儀』로 거듭나게 되었다.『국조오례의』는 국가가 행하는 제사의 대상과 등급 및 체계를 정하는 한편 재난을 당해 기도할 수 있는 귀신의 종류와 서열을 정하고 제사의 시기, 절차, 제물 등을 정하였다.

『국조오례의』는 신의 종류에 따라 천신에게 드리는 제사는 사祀라 하고, 지기地祇(지신地神)에게 드리는 것은 제祭라 하고, 인귀人鬼에게 드리는 것은 향享이라 하고, 문선왕文宣王(공자孔子)에게 드리는 제사는 석전釋奠이라고 제사의 명칭을 구별하였다.

『국조오례의』는 또 국가의 제사를 대사大祀·중사中祀·소사小祀의 세 가지로 구분하였다.56) 대사는 종묘와 사직 그리고 영녕전永寧殿57)에 대하여

---

54)『太祖實錄』태조 원년 8월 11일 경신 ; 태조 원년 9월 24일 임인 ; 태조 3년 4월 11일 경진.

55) 鄭道傳,『三峯集』권7, 諸神祀典.

56) 조선시대의 국가의례는 吉禮, 凶禮, 嘉禮, 賓禮, 軍禮로 구분된 5禮의 틀로 체계화 하였다. 이 5례의 구분에 따르면 국가의 제사는 吉禮에 속한다.

57) 종묘에 봉안하는 선왕의 신위가 5위를 넘게 되면 종묘에 더 모실 수 없게 된다. 이에 따라 세종 때 종묘의 담 안 서쪽에 영녕전을 설치하고 태조의 4대 조를 모셨다. 종묘에서 옮겨진 선왕의 신위를 봉안하는 별도의 廟를 永寧殿이라 하였다. 이

지내는 제사에 한하고 중사는 선농先農·선잠先蠶·단군檀君·기자箕子·문선
왕文宣王·풍운뇌우風雲雷雨·산천山川·성황城隍·악해독嶽海瀆 등에 대한 제사
로 규정하였다. 소사는 명산대천名山大川·영성靈星·노인성老人星·마조馬祖·
마사馬社·마보馬步·선목先牧·사한司寒 등에 대한 제사로 정하고 여기에다
포제酺祭와 여제厲祭도 포함시켰다.

<표 5-2>는 『국조오례의』의 길례에 포함된 신들을 천天·지地·인人
삼재의 횡적 분류와 대大·중中·소사小祀의 위계적 분류를 교차시켜 만든
표이다.58)

풍운뇌우는 풍사風師·운사雲師·뇌사雷師·우사雨師의 준말인데 하늘에
있는 천신이다. 풍사는 바람을 관장하는 신이고 운사·뇌사·우사는 각각
구름과 번개와 비를 부리는 신을 뜻한다. 노인성은 남극성 또는 수성壽星
이라고도 하는데 사람의 수명을 담당하는 남쪽 하늘에 있는 별이다. 보통
추분에 수명장수를 빌기 위해 남교에 있는 제단에서 노인성에게 제사를
지냈다. 영성靈星은 농업을 관장하는 별이다. 마조馬祖는 말의 조상신으로
천신이다.

〈표 5-2〉 조선시대 國家祀典의 제사 구분

	天神	地祇	人鬼
大祀		사직	종묘, 영녕전
中祀	풍운뇌우, 노인성	악해독, 산천, 성황	선농, 선잠, 우사, 단군, 기자, 문선왕, 역대 시조
小祀	靈星, 마조	명산대천, 禜祭, 七祀	선목, 마사, 마보, 사한, 禡祭, 酺祭, 厲祭

출전 : 『國朝五禮儀』 吉禮.

후 영년전에 정종, 문종, 단종 등 종묘의 正殿에 모시지 못한 왕의 신위도 모셨다.
58) 李煜, 「儒教祈禳儀禮에 관한 硏究-朝鮮時代 國家祀典을 중심으로-」 박사학위
　　논문, 서울대학교 대학원, 2000.

지기地祇는 지신地神을 의미한다. 지신에는 사직이 있는데 사社는 국토 신 또는 토지신이다. 악해독은 큰 산과 바다와 강의 신을, 산천신은 우리 가 농사를 짓고 삶을 꾸려가는 자연의 강산을 관장하는 신으로 모두 땅의 신이다. 성황은 마을의 수호신이고 칠사七祀는 봄, 여름, 가을 겨울에 일상 사를 관할하는 일곱 신에게 지내던 제사이다. 봄에는 사명司命과 호戶, 여름에는 조竈와 중류中霤, 가을에는 문과 려厲 겨울에는 행行에게 제사를 지냈다.

사명은 궁중에 있는 작은 귀신 문이고, 호는 문지방 신으로 출입을 주관하는 일을 하고, 행은 도로의 행작을 주관하고, 려는 공려公厲를 말하는 데 자식이 없이 죽은 제후의 이름으로 죽은 후에 궁중의 살벌殺罰을 담당하는 신이 되었다. 중류는 당실과 거처를 주관하고 조는 음식을 관장하는 부엌 신이다.[59] 칠사의 신들은 모두 지신으로 보았다. 명산대천은 계룡산, 치악산, 청천강 등과 같이 구체적으로 이름이 알려진 산과 강의 신령을 의미한다.

영제禜祭는 입추 이후까지 장마가 계속될 때 날이 맑아지게 해 달라는 기청제祈晴祭이다. 영제가 지신의 범주에 포함시킨 이유는 분명하지 않으나 아마도 비를 관장하는 신과 함께 땅의 신에게도 비의 피해를 막고 날이 개도록 해달라고 빌었던 것으로 보인다.

인귀는 사람의 혼령 또는 사람이 죽어서 된 귀신을 뜻한다. 종묘와 영녕전은 역대 왕들의 신위를 모신 곳이다. 선농은 농사의 신인 신농과 후직을 모신 곳이고 선잠은 잠업을 처음으로 가르친 서릉씨를 모신 곳이며 우사는 농사신인 후직과 비를 내릴 수 있는 동서남북과 중앙의 오방五方 다섯 신을 모신 곳이다.

단군과 기자는 조선을 개국한 왕이며 문선왕은 공자를, 역대 시조

---

59) 『세종실록』 五禮, 吉禮, 서례.

는 한반도를 중심으로 존재하였던 고구려·백제·신라·고려 등의 시조를 의미한다. 역대 시조는 모두 사람 신이다.

선목先牧은 처음으로 인간에게 목축을 가르쳐 준 사람, 마사馬社는 말을 처음으로 탄 사람이고, 마보馬步는 말에게 재앙을 가져오는 신이다. 사한司寒은 겨울과 추위를 가져오는 북방의 신이다. 마신馬神에 대한 제사는 고려에서는 무당과 박수로 하여금 지내도록 하였었는데 조선에서는 사복시에서 관원들로 하여금 지내도록 하였다[60].

조선시대에 말은 농사와 직접 관련된 것은 아니었으나 군마와 수송 수단으로서 중요한 전략 물자였다. 고대 중국에서는 말이 전쟁과 관련하여 대단히 중요한 가축이었으나 전염병 등에 취약하여 말의 조상 및 말을 인간 생활에 유용하게 이용할 수 있도록 만든 선인들에게 말의 보호를 청하는 제사를 드렸던 것으로 보인다.

여제는 제사를 받지 못하는 귀신이 그 원한을 풀려고 사람에게 해꼬지하는 것을 진정시키기 위한 제사이다. 마제는 군대가 출정하거나 훈련을 나가기 전에 군신에게 무운을 빌던 제사로 마제단馬祭壇은 동교와 북교에 있었다. 조선시대에 제사를 드리던 군신은 치우蚩尤였다.

농작물에 충해가 심할 때는 피해 지역의 수령으로 하여금 포제를 지내게 하였다. 포제를 지낼 때는 대상 신이 마땅하지 않으므로 지방을 그냥 포신酺神으로 쓰고 축문을 통해 황충 등 벌레를 없애달라고 빌었다. 서울에서 포제를 지낼 때는 도성의 서북쪽에 있는 마보단馬步壇에 관원을 보내서 행하였는데 행물과 제물, 제복 등은 마보에 제사하는 예에 준하여 시행하였다.[61]

---

60) 馬步壇, 馬祖壇, 先牧壇, 馬社壇은 모두 동대문 밖 사근리에 있었다.
61) 『太宗實錄』 태종 8년 7월 17일 계해.

6. 풍년을 위한 祈求와 재해의 극복을 위한 祭祀

1) 원구단에서의 祭天祭

조선 초 태조는 매년 정초에 하늘에 국가의 안녕을 빌고 풍년을 기구하기 위한 제단으로 원구단圓丘壇을 축조하였다. 원구단은 왕이 하늘에 제사하기 위해 만든 제천단祭天壇으로 원주 모양으로 둥글게 쌓은 제단이다. 전통시대에는 천원지방天圓地方이라 하여 하늘은 둥글고 땅은 네모나다고 생각하였기 때문에 하늘에 제사 드리는 단은 둥글게 만들고 땅에 제사 드리는 제단인 사직단이나 선농단 같은 것은 네모나게 조성하였다.

원구단은 원래 중국에서 천자인 황제가 하늘에 제사를 드리기 위해 만든 제단이다. 천자는 문자 그대로 하늘에서 천명을 받아 내려온 "하늘의 아들"로 생각하고 천명이란 덕을 널리 펼쳐서 백성들의 의식이 충족되고 천하의 모든 나라에 인의가 구현되는 평화로운 세상을 만들어야 한다는 사명을 의미한다.

『예기禮記』는 하늘에 대한 제사는 천자 만이 드릴 수 있고 제후는 산천에 제사를 드린다고 규정하고 있다. 중국의 역대 황제 또는 천자는 매년 정초에 원구단에 가서 국가의 안녕을 기원하고 새해에도 풍년이 들게 해달라는 제사를 지냈다. 때때로 가뭄과 홍수 등 천재지변이 있으면 하늘이 천자에게 잘못된 정치를 하는 것에 대해 경고하는 것으로 해석하여 원구단에 가서 기우제나 기청제를 지내기도 하였다.

조선 초 태조는 개성에 있는 고려의 원구단에 대신을 보내 제사를 지내도록 하였는데 태종 때 한양에 원구단을 새로 조성하였다.[62] 새 원구단은

---

62) 『太宗實錄』 태종 5년 7월 7일 경자; 태종은 좌정승 河崙에게 前朝의 원구단을 버리고 新京에 새로운 원구단을 신축하라고 지시하였다.

주위가 7장, 높이가 7장이며 단으로 올라가기 위해 12개의 계단을 만들었다. 원구단에는 하늘의 신인 호천상제昊天上帝와 오방五方 오제五帝(청青·황黃·적赤·백白·흑제黑帝) 등의 신위를 봉안하였다.

원구단은 도성의 남쪽인 남교南郊에 조성하였는데 지금의 보광동과 한남동 일대인 것으로 보인다. 조선의 원구단은 임금이 매년 초 하늘에 제사하고 풍년을 비는 기곡제祈穀祭를 지내기 위해 만들었으나 원구단에서의 제사는 오래가지 못하였다.

원구단에서 왕이 제천제를 행하는 문제는 태조 원년 조박趙璞이 원구제는 천자 만이 할 수 있는 의례라면서 폐지를 주장한 이래 뜨거운 논쟁의 대상이 되었다. 이것은 조선은 유학을 교학으로 받아드린 나라이며 유학의 경전인『예기』에 하늘에 대한 제사는 오직 천자 만이 할 수 있다는 기록에 따라 제후국인 조선의 왕이 하늘에 대해 제사를 올리는 것은 예법에 어긋난다는 이유 때문이었다.

그러나 다른 한편 원구단에서의 의식은 고려 때부터 해왔는데[63] 이것은 기우제의 뜻이 큰 것이며 농업국가의 전통적인 기우제에 왕이 참석하는 것은 하등 문제될 것이 없다는 주장이 맞서 논란이 거듭되었기 때문이었다.

제천의례의 폐지와 존치에 관한 논쟁은 세종 때까지 여러 차례 있었다. 태종 때 사간원이 원구제를 폐지하고 산천에 대한 제사만을 시행하도록 강력히 주장한 후[64] 기곡제로서의 공식적인 제천의례는 중지되었으나 심한 가뭄 때 원구단에서의 기우제는 세종 때까지 계속되었다. 그 후 국가의 사전祀典인『오례의』가 완성되면서 원구제는 폐지되었다.

그러나 세조가 등극하면서 원구단과 제천제에 대한 제도와 의례를 상

---

63) 고려의 성종은 재위 2년(983)에 圓丘壇을 만들어 처음 제천의례 거행하였다. 성종은 7년과 9년에 종묘와 사직을 세워 유교식 의례를 받아들였다.

64)『太宗實錄』태종 12년 10월 8일 庚申.

세하게 고증하여 다시 부활시켰다.[65] 세조는 네 차례에 걸쳐 왕세자와 종친 및 문무백관을 이끌고 원구단에 행차하여 호천상제昊天上帝를 비롯하여 황지기皇地祇 및 태조 위에 성대하게 제사를 올렸다.[66] 세조가 원구단을 향해 숭례문을 나설 때는 수많은 유생과 노인들이 길가에 시립하여 왕의 행차를 환송하였다.

세조의 제천의례는 단종의 왕위를 찬탈하고 왕이 된 자신의 정치적 정당성을 강조하기 위한 목적이 컸던 것으로 보인다. 원구단에서의 제사는 결국 세조 10년(1464)을 마지막으로 폐지하고 말았는데 이것은 조선에서는 하늘에 대한 제사를 지내서는 안 된다는 것으로 결론이 났기 때문이었다.

제천의례가 다시 부활된 것은 433년 만인 조선 말 고종 34년(1897)의 일이다. 이 당시 조선은 기울어져 가는 조선왕국의 위상을 강화하고 독립국임을 선포하기 위해 광무개혁을 실시하였다. 고종은 국호를 대한제국으로 바꾸고 황제로 즉위하면서 서울 소공동 지금의 조선호텔 자리에 환구단을 쌓고 이 사실을 하늘에 고하고 제사를 지냈다.

2) 國行 祈雨의식

(1) 국왕의 반성과 祈雨七事

조선시대에는 가뭄이 들었다고 처음부터 기우제를 지내지 않았다. 유학자들은 가뭄과 홍수 등을 재이로 보고 먼저 임금에게 공구수성을 요구하였다. 그래도 비가 오지 않으면 비로소 기우제를 지냈다.

---

65) 『世祖實錄』 세조 2년 12월 15일 병오, 세조는 『詳定古今禮』를 참조하여 법도대로 환구단을 다시 만들게 하였다.
66) 『世祖實錄』 세조 3년 1월 15일 경진 ; 세조 4년 1월 15일 갑술 ; 세조 6년 1월 15일 계사.

조선의 개국을 주도한 정도전鄭道傳은 새 왕조의 창건을 하늘의 요청으로 천명을 따른 것이라는 순천응인順天應人이란 말로 정당화 하였다. 그는 조선의 건국은 "천지만물은 동일체이므로 재앙과 상서祥瑞는 인사人事의 잘하고 잘못하는데 비롯한 것이고 … 하늘과 인간의 사이는 털끝만큼의 틈도 없어서 길흉재상吉凶災祥이 각기 그에 따라 응하는 것"이라면서 동중서의 천인합일天人合一사상을 그대로 받아들였다.67) 따라서 하늘이 재이를 내려 군주에게 경고하는 것은 군주를 공구수성恐懼修省 하도록 하려는 것이라는 유학의 견해를 수용하고 있다.

조선 초의 태조와 세종 때는 거의 해마다 가뭄이 들어 기우제의 기록이 없는 해가 드물 지경이었고 이런 상황은 대체로 조선조 내내 계속되었다. 조선시대에는 제대로 된 수리시설과 홍수방지시설이 거의 없었기 때문에 지금보다 가뭄과 홍수 등이 자주 발생하였던 것이 틀림없어 보인다.

조선 전기의 임금들 가운데 태종과 세종은 재이에 대해 가장 민감한 반응을 보인 통치자였다. 태종은 재임기간 동안 여러 차례 비를 빌기 위해 공구수성을 하고 기우제를 지내는 한편 온갖 수단을 동원하여 가뭄을 물리치고자 하였다.

태종은 하루 한 끼만 먹고 뙤약볕에 나가 앉아 정사를 보고 구언교서를 내리는가 하면 권근權近에게 하명하여 집권과정에서 저지른 잘못을 뉘우치는 장문의 제문을 짓게 하고 의정부사 성석린을 원구단에 보내 하늘에 제사를 지내고 비를 빌었다. 태종은 원구단에서의 기우제 제문을 통해 자기가 저지른 네 가지의 죄를 솔직하게 자복하였다.

　　"하느님은 사람으로부터 모든 것을 보고 듣고 사람의 길흉 또한 하늘에 나타내니 하늘과 사람 사이에 감응하는 것은 심히 빠르고 또 속일 수 없습니

---

67) 정도전『심문천답』; 李碩圭,「조선초기의 천인합일론과 재이론」『진단학보』81, 1996.

다. 무릇 날이 가물고 물이 넘쳐나는 것은 항상 임금과 재상의 反道悖德과 亂常失政에 비롯된 것이오니 제 한 몸의 죄로서 부른 것입니다. 그러나 무죄 하고 어리석은 백성과 수많은 生靈이 먼저 피해를 입어 굶주리고 병들어 구 제할 수 없게 됩니다. 내가 덕이 없는 몸으로 천지의 보우를 받고 조종께서 쌓으신 덕에 힘입어 이 나라에 군림한 지가 벌써 여러 해가 지났는데 한재와 수재가 해마다 없는 때가 없으니 이것은 모두 어질지 못한 제가 德義를 그르 쳐서 부른 것이니 하늘의 벌을 받아 마땅합니다."[68]

태종이 잘못했다는 네 가지의 잘못은 동기를 죽이고, 부왕을 놀래게 하여 마음을 상하게 한 일, 적장자인 상왕을 추대하여 종사가 안정되었 는데 간신들이 난을 일으켜 형제를 이간하여 이 때문에 회안懷安을 귀양 가게 한 일, 상왕이 젊은 나이에 갑자기 태종에게 양위를 하였는데 그 진실한 마음을 알지 못하고 스스로 편하지 못한 일, 훈구이며 인척인 이 거이李居易 부자가 말을 잘못하였다고 귀양을 보낸 일이다. 태종은 이 네 가지 죄를 기우제문에 자세하게 고백하고 잘못한 것은 본인이니 벌은 왕 에게만 내리고 죄 없는 백성들의 생명을 불쌍히 여겨 비를 내려달라고 빌었다.

태종은 재위기간 동안에 네 번이나 왕위에서 물러나겠다고 하였는데 그 때마다 재이에 대한 자신의 책임론을 폈다. 예를들면 태종 10년(1410) 10월에 있었는데 우뢰와 비가 그치지 않자 천변을 핑계로 세자에게 양위 를 하고 상왕으로 물러앉겠다고 하였으나 신하들이 말렸다. 태종은 1418 년에 물러났다. 재이는 신하들이 왕권을 견제하는 수단으로 이용하는 경 향이 있었지만 태종은 오히려 재이를 이용하여 자신의 정치적 악업을 속 죄하고 동시에 정적들을 탄압하고 왕권을 강화하는 데 이용하였다고 볼 수 있다.[69]

---

68) 『太宗實錄』 태종 7년 6월 28일 경술.
69) 朴星來, 『한국과학사상사』, 유스북, 2005. 제2대 임금인 정종도 왕위를 아우 태종 에게 물려줄 때도 재이를 핑계 삼았다. 조선에서 재이를 이용한 정치 행위에 대해

세종도 농본주의 정책을 적극적으로 추진한 임금으로 백성들과 함께 노고를 같이 하려고 애썼던 임금이다. 세종도 비가 오지 않으면 앞장서서 공구수성을 하고 기우제를 지내도록 하였다. 조선시대에 들어와 처음 소량蕭梁의 기우칠사祈雨七事를 행한 사람은 세종으로 보인다. 세종은 재위 9년(1497)에 가뭄이 들자 예조판서 신상申商의 건의에 따라 기우칠사를 행하였다.

이 당시 실시한 칠사는 임금의 밥상에 오르는 반찬 수를 줄이고 음악을 금지하고, 환·과·고·독 등 어려운 사람을 보살피고, 언로를 열고 어진 선비를 등용하며, 세금과 부역을 경감하고, 억울하게 옥살이 하는 자를 풀어주고 형벌을 가볍게 하며, 탐욕스럽고 사특한 사람을 내치고, 과년한 남녀의 짝을 지어준다는 것으로 사서에 기록된 양梁나라 소량蕭梁의 기우칠사와 같은 내용이었다.

(2) 國行 祈雨의 대상과 장소

유학자들은 가뭄과 홍수 등을 재이로 보고 먼저 임금에게 공구수성을 요구하였다. 그래도 비가 오지 않으면 비로소 기우제를 지냈다.

『국조오례의』는 농사와 관련하여 비를 내릴 능력이 있다고 보는 귀신과 기우제를 지내는 장소를 정해 놓았다. 비를 내리게 할 수 있는 귀신은 사직社稷의 국토신과 곡식신, 종묘에 배향된 조상신 그리고 하늘에 있는 풍사風師·운사雲師·뇌사雷師·우사雨師의 네 신, 우사雩祀에 배향한 여섯 신, 큰 산과 바다와 강의 신을 의미하는 악해독 및 산천신山川神이었다.

『국조오례의』는 국가가 주관하는 국행國行 기우제나 기청제, 기설제 등을 지낼 수 있는 장소도 지정하여 놓았는데, 사직단과 종묘 이외에 선농단, 풍운뇌우단, 우사단과 명산대천이 그 장소였다.

사직단은 국토의 신인 사社(후토后土)와 곡식의 신인 직稷(후직后稷)에게

서는 朴星來의 『한국과학사상사』에 잘 정리되어 있다.

제사를 올리는 장소이다. 사직단의 배향 신이 관장하는 국토와 오곡은 나라와 민생의 근본이므로 농업과 관련하여 특별한 의미를 부여하였다. 나라가 있기 위해서는 국토가 있어야 하고 백성들이 먹고 살아갈 수 있기 위해서는 그 땅 위에서 오곡을 재배할 수 있어야 하기 때문이다. 농사를 짓지 않는 유목 민족에게는 사직은 필요 없는 상징이다.

종묘는 나라의 사당으로 역대 왕의 신위를 모신 곳이다. 농경민족이 새 왕조를 창설하여 궁궐을 지을 때는 정궁을 중심으로 동쪽에는 종묘 서쪽에는 사직단을 건설하였다. 조선왕조를 세운 태조도 1394년 한양으로 도읍을 옮기면서 도평의사사都評議使司와 서운관書雲觀의 관원을 시켜 맨 먼저 자리를 보도록 한 것은 정궁과 함께 종묘와 사직단의 위치였다.[70]

종묘가 완성된 해는 태조 4년(1395)으로 경복궁과 함께 낙성되었다.[71] 사직단도 이때 완성된 것으로 보인다. 사직단 위에는 두 개의 신좌를 조성하였는데 국토의 신인 사를 모시는 사단을 동쪽에, 오곡의 신인 후직을 모시는 직단을 서쪽에 배치하여 서로 마주보게 하였다. 사직에 대한 제사는 4대향四大享으로 일 년에 네 번 정기적으로 풍년을 기원하고 추수에 감사하는 제사를 지냈다. 또 오랫동안 비가 오지 않거나 홍수나 냉해, 유행병과 황충 등이 발생하면 재해를 물리쳐주기를 빌었다.

종묘는 돌아가신 선왕들의 혼령이 있는 국가 최고의 신전으로 백성들을 위해 비를 내려주도록 비는 데 적합한 곳이었다. 사직단은 종묘와 함께 국가의 가장 중요한 상징으로 해마다 정월에 풍년을 비는 기곡제를 지내는 곳이다. 종묘와 사직단은 가뭄이 계속되어 큰 피해를 입게 되거나, 전쟁이 일어나거나 또는 책봉冊封·관례冠禮와 혼례婚禮와 같이 나라에 큰 일이나 중요한 일이 있을 때는 제일 먼저 그 사실을 고하고 기고의례

---

70) 『太祖實錄』 태조 3년 11월 무술.
71) 『太祖實錄』 태조 4년 11월 병자·을유.

祈告儀禮를 지내는 장소였다.

풍운뇌우단風雲雷雨壇은 비를 내려주는 천신天神인 풍사·운사·뇌사·우사를 배향하는 제단이므로 가뭄 때 풍운뇌우단에서 비를 비는 것은 자연스러운 일이었다. 풍운뇌우단은 태종 11년 남교南郊에 설치하였다. 지금의 남대문 밖 청파동 부근이다. 풍운뇌우단에는 풍운뇌우신 뿐 아니라 산천신과 성황신城隍神을 합사하였다. 풍운뇌우단의 중앙에는 풍운뇌우신을 모셨고 그 왼쪽에는 산천신을 오른쪽에는 성황신을 배향하였다.

우사단雩祀壇은 기우제를 지내기 위한 목적으로 만든 제단으로 태종 14년 흥인문 밖 동교에 만들었다. 우사의 제사 대상으로 모신 신은 순망句芒, 축융祝融, 후토后土, 욕수蓐收, 현명玄冥, 후직后稷으로 이 가운데 후토와 후직은 사직단에도 모셔진 농업 신으로 농사를 장려한 사람이었다. 우사단의 신들은 후직을 제외하고 모두 오제 아래서 각 상제를 보좌하던 사람들로서 오행五行과 오방五方을 상징하여 비를 내려줄 수 있는 신으로 여겼다.

『오례의』는 비가 오지 않을 때 기우제를 지낼 수 있는 명산대천도 지정하여 두었다. 명산대천은 목멱산, 감악산, 치악산, 계룡산, 죽령산, 우불산, 주흘산, 전주 성황, 금성산, 의관령, 영흥 성황, 양진, 청천강, 장진 명소, 장산곶, 아사진 송곶, 덕진 명소, 구진 약수, 비류수 등이다.[72]

조선 전기에는 국행 기우제의 주재자는 국왕이지만 실제 제장에 나가 신에게 기도하는 것은 왕이 파견한 신하들이었다. 이것은 왕이 직접 기우제를 지냈는데도 불구하고 기대한 대로 비가 오지 않을 경우 왕의 실덕이 너무 크거나 또는 정성이 부족하여 하늘이 응답하지 않는 것으로 해석할 수 있기 때문이다. 어느 것이나 난감한 상황이 될 수 있기 때문에 조선 전기에는 중종을 제외하고 친향 기우제를 거행한 예가 거의 없다.

---

72) 『世宗實錄』 五禮, 吉禮, 변사.

(3) 親享 祈雨祭

조선 후기에는 임금이 직접 참석하는 친향 기우제가 관행화 될 정도로 자주 거행되었다. 친향 기우제는 중종 22년(1527)에 처음 거행되었는데 2년째 계속되는 가뭄에 여러 차례의 기우제가 효험이 없자 대신들의 만류를 무릅쓰고 왕이 직접 나서서 종묘와 사직에서 기우제를 지냈다. 이것이 계기가 되어 조선 후기에는 친향 기우가 가끔씩 거행되었으나 숙종 때(1704)부터 관례화되기 시작하였다[73]

숙종은 재위 기간 동안 30여 차례나 직접 제단에 나가 기우제를 지냈다. 숙종 9년(1683)에는 한 해에 8차례나 친향 기우제를 거행하기도 하였다. 숙종 때는 수십 만 명의 인명이 희생되는 초대형 기근이 거의 연달아 있다시피 하였는데 민심 수습차원에서 군왕이 참석하는 친향 기우제가 절실히 필요했던 것으로 보인다. 이후 군왕의 기우의례가 공식적인 규범으로 채택된 것은 영조 20년(1744)의 『국조속오례의』에서 였고 정조 12년(1788) 『춘관통고春官通考』에서 더욱 확대되었다.

인조 17년부터 고종 13년까지 정부의 기우제에 대한 기록인 『기우제등록祈雨祭謄錄』에 따르면 이 기간 동안 약 91건의 친향 기우제가 거행되었다. 특히 영조는 1년에 세 차례의 친향 기우제를 지낸 일도 있어 농사를 짓는 백성들과 노고를 함께 하려고 노력한 흔적이 보인다.

기우제는 비가 오면 중지하지만 비가 계속 오지 않으면 기우제를 여러 차례 반복 거행하지 않을 수 없게 된다. 농경사회에서 장기간의 가뭄은 치명적인 것이고 비를 바라는 백성들의 갈망은 절실한 것이기 때문에 효험이 없는 유교의식 만을 고집하기는 어려웠다.

상황이 긴박해질 경우 일부 주술성이 강한 민간의 무속적 기우방법도 동원하지 않을 수 없게 된다. 이리하여 12제차의 연속적인 기우행사

---

73) 李煜, 「儒敎 祈禳儀禮에 관한 硏究」, 서울대학교 박사학위논문, 2000.

에는 국가사전國家祀典에서 인정하지 않는 용신龍神을 대상으로 하는 기우가 추가되었다. 그러나 이때의 공식행사에는 무당과 맹인의 참여는 배제되었다.

12제차의 기우제는 맨 처음 1차부터 5차까지는 서울 근교의 삼각산·목멱산·한강에 지내고 그 다음에는 풍운뇌우－산천－우사－사직－종묘의 순서로 지위가 낮은 신부터 높은 신 차례로 제사를 지내고 6차부터 12차까지는 장소를 옮겨가며 한강 등지에서 화룡제－침호두－석척기우－오방토룡 같은 용신에 대한 기우가 추가되었다. 비가 오면 기우제는 중지되나 비가 오지 않으면 처음부터 다시 12제차를 반복하였다.[74]

3) 국행 기우제와 민간 기우제

유교의 기우의례는 대상 신이 천신, 지기, 인귀냐에 따라 의례를 사祀, 제祭, 향享으로 구분하였고 제사 날도 사일祀日, 제일祭日, 향일享日로, 의식을 주관하는 제관도 사관祀官, 제관祭官, 향관享官으로 각기 달리 불렀다. 의식은 사단 또는 제단에 제사를 지내는 신의 위패를 모시고 제물을 차린 다음 제관은 재계한 후 예복을 입고 신 앞에 나아가 엄숙하고 장중하게 제사를 드렸다. 제주는 친향 기우제일 경우는 왕이 담당하였고 보통은 왕이 지명하는 대신이 되었다. 지방에서 지내는 기우제는 왕의 대리인인 감사·군수·현감 등 지방관이 제주가 되었다.

식의 순서는 재계齋戒, 진설, 강신降神, 독축讀祝, 초헌, 아헌, 종헌, 음복수조의 순서로 행하여졌는데 기우제는 급박한 상황을 벗어나고자 하는 것이기 때문에 음복은 종종 생략하는 수도 있었다. 기우제를 지낸 후 비가 오면 신에게 보답한다는 뜻에서 보사제報祀祭를 지내기도 하였다. 제문은 사언四言 형식으로 지어 읽는 소리와 뜻이 조화되도록 하고 정성을 다

---

74) 『祈雨祭謄錄』; 최종성, 『기우제등록과 기후의례』, 서울대출판부, 2007.

하기 위해 제례를 거행할 때마다 제문을 새로 지었다.

다음은 17세기 현종顯宗 때 청풍부사淸風府使 이단상李端相이 지은 기우
제문으로 유생들이 가뭄을 어떻게 인식하고 있으며 이를 끝내기 위해 어
떻게 빌어야 하는 가를 잘 나타내고 있다.

> "지극히 은미한 것은 신이고 지극히 들어난 것은 사람이니 은미하고 들어
> 난 것은 차이가 있으나 그 이치는 같은 것입니다. 그러므로 신은 사람에게 느
> 끼는 것이 있으면 반드시 감응하는 것이기 때문에 변변치 않은 정성을 바쳐
> 신에게 바랍니다.
> 그런데 어찌하여 금년에는 신의 은혜가 인색하여 백성들을 주리게 하시렵
> 니까. 금년 봄에 씨앗을 뿌려 묘판에 모가 나고 보리는 이삭이 패여 가을에
> 추수하여 쌀밥 먹기 바랐더니 큰 가뭄이 몇 달 동안 극성을 부려 벼 싹도 말
> 라가고 이삭도 말랐으니 잠시 동안 내린 비로 무슨 수로 해갈되겠습니까. 구
> 름이 끼어 비를 내릴 듯 하다가도 바람이 심술궂게 구름을 흩어버려 햇볕이
> 다시 나게 하니 어찌 이럴 수가 있습니까.
> 신께서는 이러한 때에도 은혜를 베풀지 않으시면 백성들은 입을 벌린 채
> 로 구렁에 굴러 죽게 될 뿐입니다. 혹시 신께서 노여움이 있으시다면 저에게
> 죄를 주시고 백성들을 불쌍히 여기시어 조화를 발동하여 천리에 비를 내려
> 마르고 시든 곡식을 소생시켜 신의 은혜를 내리소서. 변변치 않은 제물을 바
> 치오니 신께서는 흠향하시고 이 땅에 비를 내려주소서."75)

그러나 유학적 공구수성과 정사가 효험 없이 가뭄이 계속되는 다급한
상황에서는 민심을 달래고 안정시키기 위해 민간에서 믿는 일부 잡신과
성황신에 대한 제사를 인정하지 않을 수 없었다. 또 민간은 민간대로 주
술적인 기우제를 지내는데 이것을 모두 막기도 어려웠다.

예를 들면 백성들은 고려 때부터 산천신을 신앙의 대상으로 여겨 가뭄
이 심하면 산천제를 지냈다. 산과 강의 신령인 산천신은 인간에게 곡식과
재물을 생산해주고 비를 내리게 할 수 있는 힘과 능력을 가지고 있다고
믿었다.

---

75) 丁若鏞, 『牧民心書』, 禮典六條.

조선의 유학자들은 민간신앙의 중요한 대상인 산천신과 마을을 지키는 성황신 같은 것을 완전히 폐지하는 대신 의식의 집전자를 무당과 승려로부터 관리로 교체하고 의례를 유교화하여 사전체계祀典體系에 편입시키는 것이 합리적이라고 보았다. 또 농사를 망칠 수 있는 황충과 같은 해충을 막기 위해 포제酺祭를 지내고 제사를 받지 못하고 떠도는 원혼을 달래기 위한 여제厲祭도 유교적 제사가 아니라는 이유로 대안없이 폐지하기 어려웠다.

조선시대에는 농사철이 시작되는 봄부터 하지 전까지는 늘 해갈을 희망하고 입추 후에는 비 멎기를 기다리며 납일臘日을 앞둔 겨울에는 눈을 염원하며 보냈다. 흔히 기우제는 하지 이전까지 지내고 기청제는 입추 이후에 시행하는 것이 보통이었다. 이것은 늦어도 하지 이전까지는 모내기를 하지 않으면 안 되었고 벼를 비롯한 곡식이 성장을 위해 물이 필요하나 입추 이후까지 장마가 지면 더 이상 물이 필요 없고 곡식을 여물게 하기 위해 맑은 햇볕이 필요하였기 때문이다.

정부의 음사淫祀에 대한 금지와 유교의례에 대한 보급에도 불구하고 지방에서는 음사가 없어지지 않고 조선 말까지 계속되었다. 조선시대 민간에서 행하던 기우의식에는 다음과 같은 것들이 있다.[76] 이 가운데 일부는 국행 기우제에 포함된 것도 있다.

(1) 불교·도교식 기우제

고려시대에는 가뭄이 들면 승려들이 비를 비는 법회를 열었다. 비를 기원하는 불교의식에는 용왕도량龍王道場, 운우도량雲雨道場, 기우법석祈雨法席 등이 있었다. 도교식 초제醮祭도 열렸다. 무녀와 맹인 판수들로 하여금 비를 빌도록 하는 기우의식도 성행하였다. 무당들을 200~300명을 도성의 넓은 장소에 모이게 한 후 뙤약볕 아래 3~6일 동안 집단적으로 춤

---

76) 이욱, 최종성, 前揭書.

을 추며 주문을 외우는 의식을 행하였는데 이를 취무도우聚巫禱雨라고 하였다. 또 맹인 판수들로 하여금 흙으로 용을 만들고 비를 비는 의식도 행하였다.

유학을 국학으로 받아들인 조선은 이와 같은 행위를 음사로 규정하여 금지하였으나 완전히 사라지지는 않았다. 조선 초에는 심한 가뭄이 계속될 때에는 정부도 할 수 없이 무당, 소경 판수들로 하여금 우사단, 백악산당, 한강 등에서 기우제를 지내도록 하였다. 이와 같은 음사는 조선후기에 들어와 쇠퇴하였으나 민간에서는 주술적 기우제가 계속 명맥을 유지해왔다.

(2) 용신기우(龍神祈雨)

용을 비와 바람을 일으키는 동물 또는 신으로 보고 물속에 숨어 있는 용을 자극하여 밖으로 나오게 하거나 승천시킴으로써 비를 얻는 의식을 의미한다. 용이 살만한 큰 강이나 못에 가서 용에게 비를 내리도록 해달라고 제사를 지낸다.

가뭄이 계속되면 종이에 용의 그림을 그리거나 풀이나 흙으로 용의 형상을 만들어 이를 뙤약볕 아래 노출시켜 승천을 자극하였다. 때로는 토룡을 만들어 이를 훼손시키거나 채찍을 가하여 용이 물속에서 나오도록 압박하였다. 오방토룡제도 행하였는데 이는 동·서·남·북·중앙의 5방에 단을 쌓고 흙으로 만든 용의 형상을 모신 다음 제물을 올리고 비를 비는 의식을 말한다.

(3) 석척기우(蜥蜴祈雨)

용 대신 용과 비슷하게 생긴 동물 즉 도마뱀이나 도롱뇽(蜥蜴)을 항아리에 넣고 물을 채운 다음 항아리를 두들겨 용을 놀래게 하여 비를 비는 의식이다. 보통 도교의 도사들이 용왕경을 읽고 징을 치면서 푸른 옷을 입은 동자 수십 명으로 하여금 버드나무 가지로 항아리를 치며 "도마뱀아 도마뱀아 구름을 일으키고 안개를 토하여라. 주룩주룩 비가 쏟아지게 하라. 그러면 너를 놓아주마" 하며 크게 소리치게 하였다.

(4) 호침기우(虎沈祈雨)

용이 가장 두려워하고 싫어하는 것이 호랑이다. 이와 같은 성질을 이용하여 호랑이를 그리거나 호랑이의 머리 형상을 만들어 이것을 물속에 넣어(호침虎沈) 용을 놀래게 하여 밖으로 나오게 하는 의식을 행하였다. 용이 살만한 큰 연못 주변에 섶을 쌓아 놓고 불을 질러 용을 놀래게 하여 밖으로 나오게 하는 것도 같은 원리이다.

또 다른 방법은 용소와 같이 기우제를 지내는 신성한 장소에 개나 돼지를 잡아 생피를 뿌리는 행위이다. 용신 또는 천신은 깨끗한 것을 좋아하기 때문에 부정한 오염을 깨끗이 씻어내기 위해 비를 뿌린다고 믿었다.

(5) 물병기우

도성 안 1만 호의 집에서 호로병에 물을 채우고 물병에 버드나무 가지를 꽂고 비를 빌었다. 이런 기우 습속은 불교에서 유래한 것으로 대자대비한 관세음보살이 괴로움과 어려움에 빠진 중생들을 구제하기 위해 버드나무 가지에 감로수를 적셔 뿌렸다는 설화에서 비롯된 것으로 고려시대와 조선시대에 널리 행하여졌다.

이와 비슷한 기우 습속으로 호로병에 물을 가득 채운 후 소나무 잎으로 병 입구를 막은 후 대문 앞에 물병을 거꾸로 매다는데 이는 솔잎 사이로 물방울이 떨어지게 함으로써 비를 부른다는 유감주술이다. 이때 호로병의 숫자는 집안에 있는 부녀자의 수만큼 걸었다.

(6) 방뇨기우(放尿祈雨) 및 기타 풍습

한 무리의 부녀자들이 산꼭대기에 올라가 앉아서 일제히 '쉬이' 소리

를 내며 오줌을 누는 것으로 비를 비는 풍습도 있었다. 이것은 부녀자들
이 강변에 가서 강물을 키에 떠 담고 백사장을 달림으로써 키 틈으로 새
는 물로 달아오른 백사장을 식히듯이 비를 내려 달라는 유감주술과 같은
유형의 기우의식이다.

일부 지방에서는 무당들을 모아 속바지를 벗게 한 후 집단으로 춤을
추게 하였다. 이는 가뭄이 양기가 성하여서 발생하는 것이므로 여자들의
강한 음기로서 가뭄의 원인인 양기를 중화시킬 수 있다는 음양론적 믿음
에서 나온 의식이다.

마을 사람들이 산 위로 장작과 솔가지 등 땔 것을 지고 올라가 한 밤
중에 불을 지르고 비를 비는 행사도 있었다. 이것은 천신에게 비가 필요
하다는 것을 알리는 의미를 갖고 있었으며 또한 양기인 불을 지펴 음기
인 비를 부르는 뜻도 있었다. 기우제를 지내는 장소나 길지吉地에 시체를
암장하면 묻은 사람은 복을 받지만 화가 난 지신은 비를 내리지 않아 가
뭄이 든다고 생각하여 길지에 몰래 만든 묘를 파헤치는 파묘기우破墓祈雨
풍습도 있었다.

제6장

農本主義 經濟政策

1. 조선전기의 농업정책과 잠업정책 과제

1) 벼농사의 확대

(1) 벼농사의 중요성

조선 초기 정부가 당면한 가장 중요한 농업정책 과제는 민생의 안정을 위해 식량을 증산하고 추위를 막기 위해 옷감을 더 많이 생산하는 것이었다. 정부는 이를 위해 벼농사의 확대 보급과 농지확대 및 휴한농업의 연작화連作化 그리고 목화木花농사와 누에치기를 장려하는 데 역점을 두었다.

벼농사가 중요한 이유는 쌀이 가장 중요한 식량이고 정부재정의 기본적 운용수단이며 군량미의 비축수단이기 때문이었다. 쌀은 상거래 시의 지불수단으로 널리 사용되는 현물 화폐였고 소비자들도 잡곡밥보다는 쌀밥을 훨씬 좋아하였다. 정부는 대부분 쌀로 세금을 받고 쌀로 녹봉도 지급하고 농민들의 입장에서도 쌀농사는 밭농사보다 수입이 많고 상대적으로 안정적 재배가 가능하기 때문이었다. 뿐만 아니라 수전水田은 밭보다 토지생산성이 높고 홍수와 한발에 대해서도 밭작물보다 강하다는 장점이 있었다.

조선시대에는 벼를 밭에서도 재배하였다. 밭에서 재배하는 육도陸稻는 논에서 재배하는 수도水稻에 비해 토지 단위면적당 생산량도 훨씬 낮고 밥맛도 떨어져 주로 논이 부족한 북쪽 지방과 냉수가 나오는 산간지대에서 재배하였다. 당시 쌀의 생산을 늘리는 것이 농민들의 생활수준도 높이고 국가 경제에도 큰 도움이 되는 정책이었다. 조선시대에는 논에서 재배한 쌀은 도미稻米라고 하고 밭에서 재배한 쌀은 전미田米라고 불렀다. 도미와 전미의 교환비율은 1대 0.8로 도미가 전미에 비해 20% 정도 값이 비쌌다.[1]

이 때문에 태종과 세종, 문종은 모두 수전농업을 확대하기 위한 시책에 관심을 보여 당시 농업정책의 중심은 논농사의 보급에 두어야 한다는 인식을 공유하고 있었다. 세종은 논에서 나는 쌀은 국용國用으로 사용되므로 밭에서 나는 다른 곡식보다 훨씬 중요하다고 보았고[2] 문종도 벼농사가 기근 피해를 줄일 수 있는 방안으로 인식하고 논농사의 보급에 적극적이었다. 문종은 하삼도에는 수전이 많고 양계兩界에는 수전이 적고 한전旱田이 많은 까닭에 수재와 한재를 만나면 하삼도는 피해를 심하게 받지 않지만 양계는 매번 기근으로 이어져 백성들이 상심한다고 지적하였다.

문종은 함길도와 평안도의 백성들은 수전농사의 경험이 없기 때문에 논농사를 꺼리고 있으니 민정에 밝고 수리水利에 통달한 사람 3인을 골라 도체찰사都體察使의 종사관從事官을 삼아 이들로 하여금 백성들을 지도하여 논농사를 보급하도록 하라고 지시하였다.[3]

조선 초기에는 농업 생산력이 지역 간에 큰 차이가 있었다. 쌀농사를 기준으로 할 때 날씨가 따뜻하고 수리시설이 비교적 잘되어 있는 경상도와 전라도 연해지방의 토지생산력은 경기도와 강원도의 산악지방에 비하여 2~3배 가량 높았던 것으로 보인다.

세종 12년 호조가 전세田稅의 공법貢法개혁 문제를 보고하는 자리에서 경상·전라도의 연해지역의 생산력은 수전에 1~2석의 볍씨를 뿌리면 소출이 보통 10석에 달하고 이것을 결結 당으로 보면 50~60석으로

---

1) 吳浩成, 『朝鮮時代의 米穀流通시스템』, 국학자료원, 2007.
2) 『世宗實錄』 세종 12년 9월 11일 기유.
3) 『文宗實錄』 문종 원년 11월 11일 을사.

적어도 20~30석 밑으로는 내려가지 않는다.[4] 그러나 경기와 강원도의 경우는 1~2석의 볍씨를 뿌리면 소출이 4~5석에 불과하다고 보고하고 있다.

호조는 전국 수전의 비옥도를 3등분하여 경상·전라·충청도가 가장 비옥하고 경기·황해도는 중간이고 강원·함길·평안도의 비옥도는 제일 낮은 것으로 평가하였다.[5] 정부는 쌀의 생산량을 증가시키기 위해 수전水田의 확대와 함께 벼농사를 중·북부 지역에 보급시키는데 정책의 역점을 두었다.

(2) 지역간 토지 생산성의 차이

『세종실록지리지世宗實錄地理志』에 따르면 조선의 토지 생산력은 지역에 따라 큰 차이가 나는 것으로 기록되어 있다. 『세종실록지리지』의 군·현 별 자료를 취합하여 보면 농지가 비옥한 군·현은 전국 군·현수의 15.6%에 불과하였고 중간이 31.4%, 토질이 척박한 군·현이 53%를 차지하는 것으로 나타났다. 도 별로 농지의 비옥도를 보면 대체로 경상도와 전라도의 토양이 비옥한 곳이 많았고 충청도와 경기도는 중간 정도, 그리고 강원도, 황해도, 평안도와 함경도는 척박한 것으로 나타나 토지의 비옥도는 지역적으로 비교적 뚜렷한 차이가 있었다. <표 6-1>

논과 밭의 구성비율도 지역적으로 큰 차이가 있었다. 쌀을 재배하는 논의 면적은 불과 전체 경지면적의 28%로 밭의 72%에 비해 훨씬 적었다. 논의 면적이 많은 곳은 전라도가 46%로 제일 높고 경상도와 충청도가 40% 정도 그리고 경기도가 37%였다. 강원도, 황해도, 함경도, 평안도에는 논이 별로 없고 경지의 80~90% 이상이 밭이었다.

---

4) 『世宗實錄』 세종 12년 8월 10일 무인.
5) 『世宗實錄』 세종 25년 11월 2일 계축.

〈표 6-1〉 조선 초기의 도별 경지면적과 수전 및 한전의 비율

道	경지면적(結)	水田(結)	旱田(結)	수전 비율(%)	한전 비율(%)
경기도	201,042	76,104	124,983	37.9	62.1
충청도	236,114	95,189	140,925	40.3	59.7
경상도	261,438	102,842	158,597	33.9	60.1
전라도	264,368	122,322	141,946	46.3	53.7
황해도	223,880	35,287	188,593	15.8	84.2
강원도	65,908	8,428	57,408	12.8	87.2
평안도	311,770	32,244	279,526	10.3	89.7
함길도	149,306	7,062	142,244	4.7	95.3
합계	1,713,826	479,478	1,234,222	202	592

출전:『世宗實錄地理志』 각 읍의 경지면적을 합산. 李在龒,「조선초기 전세제도연구」『朝鮮初期 社會構造研究』, 1984.

쌀은 날씨가 따뜻한 평야지대인 삼남지방에서 주로 생산되었고 산악지대가 많은 중부 이북지방에서는 밭농사가 중심이었다. 쌀농사를 확대하기 위해서는 남북으로 심하게 편재된 논과 밭의 구성비율을 어떻게 개선해야 하느냐는 것과 관개를 위해 수리시설을 얼마나 건설해야 하는가하는 것이 중요한 과제였다.

정부는 쌀의 증산을 위해서는 논이 별로 없는 함경도와 평안도로 재배면적을 확대하고 수리시설을 확충하는 것이 필요하다고 판단하고 세종때부터 양계지방의 수전개발을 적극 추진하면서 하삼도 지역의 농민들을 대규모로 이곳으로 이주시켰다.

북방 이민이 시작된 지 10년 후인 세종 26년 함경감사 정갑손鄭甲孫이 임금에게 "하삼도에서 이주한 농민들은 저희들의 습속에 따라 논농사를 많이 하여 큰 이익을 보는 사람들이 많은데 현지인들도 수전농사

를 따라 하여 이익을 보는 사람이 생기고 있다"[6]는 계를 올리고 있는
것으로 보아 쌀농사의 북방이식은 비교적 짧은 시일 내에 성공한 것으
로 보인다.

연산군 때 특진관 조숙기曺淑沂의 보고에 따르면 그가 순천군수順川郡守
가 되어 처음 강계江界에 갔을 때는 그 지방에는 논이 없었는데 나중에
평안감사가 되어 다시 강계에 가보니 논이 여기저기 있었다는 것이다. 주
민들에게 그 연유를 물어보니 "논은 모두 남쪽에서 변방으로 옮겨온 백
성들이 처음 만든 것인데 벼농사의 수확량이 남쪽과 별반 다름이 없다"
고 하는 말을 들었다는 것이다.[7]

양계지방의 논농사는 남쪽에서 이주하여 온 농민들에 의해 시작되었
는데 비교적 빠른 시간 내에 성공할 수 있었다. 쌀농사 보급의 성공은
농사는 논농사를 위주로 삼아야 한다는 이 시기 위정자들의 농업에 대한
인식과 밀접한 관계가 있다.

2) 휴한농업의 극복과 농지확대

(1) 歲易田의 連作化

조선전기에는 토지 단위면적당 생산량을 높일 수 있는 농업기술이 별
로 발달하지 않았기 때문에 정부관리들은 농업생산을 제고하기 위해서는
무엇보다도 농지면적을 확대하고 농업인구를 증가시켜야 한다고 생각하
였다. 농지면적의 확대는 두 가지 방법으로 이루어질 수 있다. 첫째는 기
존 경지의 이용률을 높이는 내연적內延的 확대이다. 두 번째는 개간과 간
척을 통해 경지면적을 외연적外延的으로 확대하는 것이다.

고려 말부터 조선시대 초기는 농경생활이 시작된 이래 오랫동안 이어

---

6) 『世宗實錄』 세종 26년 10월 11일 병진.
7) 『燕山君日記』 연산군 9년 3월 12일 기묘.

져 내려오던 휴한농법에서 연작농법으로 변해가는 과정에 있었다. 따라서 이 시대 농업의 주요 과제 가운데 하나는 세역전歲易田의 연작화連作化 문제인데 이것은 농지면적을 내연적으로 확대하는 길이었다. 세역전이란 농사를 지은 후 한 해 또는 두 해를 묵혔다가 다시 경작하는 농지를 말한다. 연작전連作田은 해마다 경작할 수 있는 농지를 의미하는데 이는 시비 기술의 발전을 전제로 한다.

세역전의 연작화는 경지면적의 확대 없이도 토지의 생산성을 높이는 첩경이었다. 휴한농업은 시비기술이 발전하지 않았던 고대 농업의 특징적 현상이다. 고려시대는 물론 조선 초기에도 시비기술의 부족으로 지력을 보충하기 위해 2년에 한 번씩 또는 3년에 두 번씩 휴경하는 세역전이 많았다.

세역전은 특히 토질이 척박한 산간 지역과 경기 이북 지역에 많았는데 이런 곳은 인구가 적은 것도 한 요인이었다. 조선 초에는 가을에 추수가 끝난 다음 밭을 깊이 갈아엎고 객토客土를 하고 우마牛馬의 배설물을 뿌리고 콩 또는 녹두와 같은 뿌리혹 박테리아가 있는 두과식물豆科植物과의 윤작輪作을 통해 연작전을 가능하게 하는 시비기술의 진전이 있었다.

(2) 농지개간의 장려

태조는 개국 직후 내린 22개 조목의 국정운영 지침 가운데 "수령에 대한 고과는 농지의 개간과 호구 증가의 실적을 가지고 한다" "농업에 종사하지 않고 이리저리 떠돌아다니는 재인才人과 화척禾尺은 토지에 안착시켜 농사를 짓게 하라"8)고 지시하여 농지면적의 확대와 인구의 증가를 국정의 중요한 과제로 삼았다.

고려 말 왜구의 노략질로 인하여 피폐하였던 전라도와 경상도의 연해

---

8) 『太祖實錄』 태조 원년 9월 24일 임인.

지역은 태종과 세종 초의 대마도 정벌 등으로 왜구의 활동이 잠잠해지자 내륙으로 피난 갔던 유민들이 다시 돌아오게 되면서 진황지陳荒地의 개간이 이루어졌다. 연해지역은 원래부터 수전이 많았던 곳으로 진황지의 개간은 대체로 논농사의 확대를 중심으로 이루어졌다.

정부는 세역전을 해마다 농사를 지을 수 있는 연작이 가능한 농지로 전환시키기 위해 많은 노력을 기울였다.9) 조선 초기에는 지방의 유력자와 부호 등이 많은 토지를 점유하고 진전陳田 또는 세역전이라는 이유를 달아 타인의 경작을 불허하고 휴경농업을 하는 사람들이 많았다.

정부는 농지를 많이 차지하고 휴한상태로 놀리는 사람들을 적발하여 벌주고10) 양안量案에 있는 토지라 할지라도 3년 이상 경작하지 않으면 원하는 사람에게 경작을 허가하였다. 간척지나 습지를 개간한 농지도 10년 이상 경작하지 않을 때는 타인에게 경작할 수 있도록 조치하였다.

진황전陳荒田을 개발할 경우 대체로 첫 해는 면세하고 다음 몇 해 동안은 감세조치를 취하였다.11) 농지개간의 필요성이 증대되면서 경제적 유인을 강화하여 면세기간을 3년으로 연장시켜 주기도 하였다. 또 북방으로 이주시킨 농민에 대해서는 면세기간을 5~10년으로 연장시키는 조처를 취하였다.12)

황무지나 간척지를 새 농지로 개발하는 일은 대단히 힘든 일로 개별 농민의 힘만으로 하기 쉽지 않았다. 정부는 황무지와 폭우 또는 홍수 등으로 매몰되거나 유실되어 못쓰게 된 논밭은 수많은 관민을 동원하여 개간하고 이를 토지 없는 농민에게 분급하기도 하였다. 간척지의 개발과 같은 대규모 개발은 막대한 재력이 필요하므로 주로 왕실이나 유력자들이 토지가 없는 농민이나 유랑민들을 고용하여 개간하고 이들에게 농지를

---

9) 『太祖實錄』태조 3년 4월 11일 庚辰.
10) 『太祖實錄』태조 3년 4월 11일 庚辰.
11) 『태종실록』태종 17년 9월 정축 ; 『經國大典』戶典, 收稅.
12) 『世宗實錄』세종 10년 2월 을축 ; 『世祖實錄』세조 3년 11월 갑자.

대여하는 방법으로 이루어졌다.

3) 북방영토의 개척과 徙民政策

(1) 북방영토의 확대

고려 말 조선 초 한반도 북방의 국경은 유동적이었다. 계속되는 여진족女眞族의 침입으로 함길도와 평안도의 북부지역은 거의 무인지경이었고 국경은 공백상태에 있었다.

조선은 태종 때부터 북방을 안정시키기 위해 여진에 대해 군사적인 압박과 함께 각종 회유책을 마련하는 등 강·온 정책을 함께 추진하였다. 이와 같은 노력으로 세종 때 압록강 상류에 4군郡을 설치하고 두만강 하류 유역에 6진鎭을 개척하여 북방의 영토를 확장하고 국경을 확정하는 성과를 거두었다. 그러나 북변 지역은 광대한 데다가 상주 인구가 부족하여 여진족의 침탈을 근절시킬 수는 없었다.

정부는 이 지역 국경의 경비를 튼튼히 하기 위해서는 많은 수의 백성들이 거주하여야 하고 그렇게 하기 위해서는 대규모의 이민이 필요하다고 판단하였다. 동시에 이민정책이 성공하기 위해서는 개간을 통해 전답을 마련하고 삼남의 선진 농업기술을 도입하여 개간지는 물론 농업기술이 뒤떨어져 있는 함경도와 평안도의 농업생산성의 증가가 요청되었다.

대다수의 대신들은 여진족의 침입을 막기 어려우니 지리적으로 방어하기 어려운 압록강 변의 4군을 폐쇄해야 한다고 주장하였다. 그러나 세종은 북방영토를 확장하여 나라의 기초를 군건히 하여야 한다는 신념을 굽히지 않았다.

세종은 하삼도는 기후가 온난하여 농사를 짓기에 가장 적당한 지역이나 땅은 좁은데 인구가 많아 농민들이 어렵게 살고 있다고 보았다. 그러나 평안도와 함경도를 비롯한 북부지역은 인구가 너무 없어 농사를 짓지 못하고 있을 뿐 아니라 국방상 취약점을 해결할 방안이 따로 없다고 판단하였다. 세종은 북방 이민을 통하여 국경의 안정과 농업개발을 동시에 추진하였다.13)

(2) 북방 이주정책

세종은 재위 16년부터 북방으로의 이주정책을 강행하였다. 세종 때 시작되어 선조 때까지 계속된 사민정책徙民政策은 인구가 조밀한 충청도·경상도·전라도의 하삼도 백성들을 함경도와 평안도 그리고 나중에는 황해도와 강원도로 이주시키는 정책이었다.

사민정책은 처음에는 지원자 중심으로 추진되었으나 나중에는 강제적인 방법이 동원되었고 급기야는 범죄자와 그의 가족들을 이주시켰다. 정부는 자발적 이주자들에게는 양반이면 가자加資하거나 벼슬을 주고 양인이나 향리에게는 벼슬길을 열어주거나 토관직에 임명하고 천민들은 면천시켜주는 등의 유인정책을 사용하였다. 또 서울의 양반들에게는 노복을 북방에 보내 농지를 개간하도록 장려하였다.

북방 이민은 변경의 수비라는 군사목적에서 시작되었으나 국경의 수비는 이주한 백성들의 안정적 정착을 통해서만 성취될 수 있는 성질의 것이었다. 백성들의 충실한 정착을 위해서는 농업생산의 증가를 수반하지 않으면 안 되었다. 이 때문에 북방 사민과 동시에 농지개간 및 농업개발을 위한 최대한의 지원시책이 뒤따르지 않을 수 없었다.

이주자들에게는 임시 가옥을 마련하여 주고 노동력과 능력에 따라 개간할 수 있는 땅을 호당 30~50결 씩을 주고 정착할 때까지 의창곡義倉穀과 종자와 농우를 대여하는 한편 세금과 부역을 7~10년 간 면제시켜 주었다.14) 이와 함께 부족한 농업노동력을 보충하기 위하여 농우의 사육을

---

13) 『世宗實錄』 세종 23년 12월 17일 기유.
14) 『世祖實錄』 세조 5년 12월 18일 병인.

장려하는 한편 우마의 도살을 금지시켰다.

세종 때부터 선조 때까지 계속된 사민정책으로 얼마나 많은 백성이 북방으로 이주했는지 정확한 숫자는 알 수 없다. 세종 때 함길도와 평안도의 남부지방에서 북부 변경지역으로 이주시킨 농가와 충청도·전라도·경상도에서 차출하여 올려 보낸 농가의 수는 모두 9,051호에 달하였다.[15] 세조 때는 함경도와 평안도 이외에도 인구가 적은 강원도와 황해도도 이주지역에 포함시키고 2,273호의 농가를 연차적으로 이주시켰다.[16] 성종 때도 하삼도민 1,500호를 강제 이주시켰고 이와는 별도로 범죄자 200호를 북방으로 보냈다.[17]

연산군 이후부터는 일반인의 이주계획은 중지되고 범죄인을 보내기 시작하였다. 정부는 백성들을 5호를 1통으로 조직한 후 그 안에서 범죄자가 나오거나 범죄자를 숨겨준 집이 있으면 통내의 모든 가호를 강제적으로 이주시켰다. 심지어는 소를 밀도살한 사람과 비리에 연루된 향리들도 북방으로 보냈다. 범죄인을 보내는 것은 명종, 중종, 선조 때까지 계속되었으나 정확한 숫자는 알려지지 않고 있다.[18]

사민정책은 호戶 단위로 강제로 추진된 것이기 때문에 이주가 결정된 호의 호주가 자살하여 호를 해체하거나 이주 도중 또는 이주 후 뿔뿔이 흩어지고 도망치는 사람이 많았다. 변경에 이주한 농민들은 낯선 풍토에 적응하지 못하고 정착에 실패하여 기근과 전염병 등으로 많은 사망자가 발생하여 큰 사회문제가 되기도 하였다.[19] 정부는 도망하는 백성들은 잡아 노비로 만들고 경우에 따라서는 사형에 처한다고 『경국대전』에 벌칙

---

15) 李相協, 『朝鮮前期 北方徙民研究』, 경인문화사, 2001.

16) 『世祖實錄』 세조 6년 4월 23일 기사.

17) 『成宗實錄』 성종 20년 7월 9일 을축.

18) 李相協, 『朝鮮前期 北方徙民研究』, 경인문화사, 2001.

19) 成宗은 신하들과 평안도의 방비문제를 논의하는 과정에서 세종 때 옮긴 2,000여 호의 북방사민 가운데 약 900호가 사망하였다고 말하여 이주민의 사망률이 대단히 높았음을 지적하고 있다. 『成宗實錄』 성종 6년 7월 18일 을축.

을 규정하기도 하였는데[20] 이를 근절시키지 못했을 뿐 아니라 강제 이주에 불만을 품은 백성들이 소요를 일으키기도 하였다.[21]

조선 전기의 사민정책은 세종 때부터 선조 때까지 약 150년 간에 걸쳐 시행되었는데 말썽많은 이 정책으로 국경이 안정되었으며 관북·관서·해서지방의 넓은 농지가 개간되었다. 동시에 하삼도의 논농사를 비롯한 남부의 선진 농업기술이 북방으로 이전되고 이 지역에 수많은 부농이 탄생할 수 있었다.

4) 목화의 보급

(1) 綿布의 생산과 의생활의 개선

조선 시대에 옷衣은 백성들이 살아가는데 식량과 똑같은 비중을 갖는 필수적인 재화였다. 베 짜기는 농가의 부녀자들이 담당하였는데 주로 삼베(麻布)와 모시(苧)를 짰다. 전통적인 농가의 베 짜기 작업은 엄청난 노력이 소요되기 때문에 생산성이 낮아 옷감은 식량 이상으로 귀한 재화였고 따라서 보통 백성들의 의생활은 남루하였다.

고려 말 문익점文益漸에 의해 중국에서 도입된 목화는 선풍적인 인기를 끌었다. 목화는 문익점의 고향인 경상도 진주(현재의 산청군 단성)에서 퍼지기 시작하여 단시간 내에 충청·경상·전라의 하삼도에 보급되었다.

목화실로 짠 목면木綿은 가공하기 쉽고 질기고 보온성이 뛰어나 겨울에 추위를 막을 수 있는 획기적인 신상품이었다. 당시 백성들이 겨울철에 입을 수 있는 옷은 대부분 삼베로 만든 것으로 겨울 옷감으로는 적합하지 않아 매우 춥게 살았다.[22] 남부의 농가에서 짠 목면은 추운 북부 지방

---

20) 『經國大典』 刑典, 도망. "徙民으로 도망한 자의 처자는 작은 驛의 노비로 삼고 戶首는 참한다."
21) 『世宗實錄』 세종 24년 2월 15일 병오.

에서 더욱 귀한 옷감으로 대접받으며 비싼 값에 팔렸다.

조선 초기에는 여진족의 추장들이 국경을 넘어와 통상을 원하기도 하고 한성漢城을 방문하여 방물을 바치는 일이 자주 있었다. 정부에서는 이들에게 회사품回謝品으로 목화와 면포, 옷을 주는 것이 관례처럼 되었다. 북쪽 변경지방에 사는 사람들은 베옷을 껴입거나 짐승의 가죽을 이용하여 추위를 막았지만 맵시 있는 옷을 만들 수 있는 목면은 진귀한 상품이었다.23) 조선의 목면은 일본에서도 귀한 옷감으로 인기가 있었다. 일본에서도 당시 면화를 재배할 줄 몰랐기 때문이다.

일본인들은 15세기 중반인 세조 때부터 대조선 공무역과 사무역의 결제수단으로 면포를 적극적으로 원하기 시작하였다. 목면은 조선의 대일 회사품과 수출품의 주종이 되었다. 임진왜란 중에 목화의 종자가 처음으로 조선에서 일본으로 건너가 일본에서도 면작이 시작되었다. 일본의 면

---

22) 목화가 도입되기 이전에 조선의 백성들이 겨울철에 어떤 옷을 입고 살았는지 확실하게 알려져 있지 않다. 중종 때 함경도 절도사 禹孟善은 "본 도는 무명이 나지 않아 軍民이 삼으로 짠 베로 옷을 만들어 입고 삼으로 솜을 대신하며 더러는 개가죽으로 옷을 만들어 입기 때문에 추운 겨울을 맞으면 비록 장사라 할지라도 기력이 위축되어 적을 보고도 용기가 없으므로 매우 염려스럽다."고 啓를 올린 것으로 보아 함길도에서는 베옷을 입고 겨울을 지낸 것으로 보인다. 『中宗實錄』 중종 17년 1월 14일 임술. 당시 조선과 비슷했을 것으로 보이는 일본에서는 서민들이 겨울철에는 베옷을 여러 벌 껴입거나 마포를 누빈 옷을 입고 살았다. 따라서 추위로 인해 많은 백성들이 사망하거나 역병에 걸려 고생하였다고 한다. 위은숙, 『高麗後期 農業經濟研究』, 혜안, 1998; 武部善人, 『綿と木花の 歴史』, 御茶の水 書房, 1989.

23) 북방의 변경수비대로 차출된 內地의 군사들은 적당한 방한복이 없어 추위로 많은 고통을 겪은 것으로 보인다. 연산군 때 병조판서 成俊은 "신이 北征 하였을 때 보니 남도에서 온 군사들은 비록 壯勇한 자라 할지라도 추위와 바람을 겁내어 손발을 펴지 못할 정도로 옷을 끼어 입어도 간혹 얼어 죽는 사람이 있는데 본도(함길도)출신의 군사들은 홑옷을 입고 개가죽을 입어도 기력이 굳세어 한 사람도 얼어 죽는 사람이 없었습니다"라고 임금에게 보고하고 있다. 『燕山君日記』 연산군 2년 3월 25일 계묘. 성종 때도 양계의 변경에 근무하는 병졸들의 추위를 막기 위해 布(마포)를 지급하는 절목을 만들었다. 『成宗實錄』 성종 22년 10월 4일 정미.

화 재배는 조선보다 1~2세기 정도 뒤늦게 시작하였다.[24)

면포는 조선시대 내내 쌀과 더불어 가장 중요한 농산물이었고 이 때문에 쌀과 무명은 화폐로서의 역할도 하였다. 면포는 태종 때부터 공부貢賦의 대상이 되었고 세종 때부터 화폐로 인정되었다. 면포는 중요한 대일 수출품이었고 중종 때부터 군복무를 면제하는 대신 납부하는 군포軍布와 보포保布로 이용되기 시작하였다.

조선의 면포의 직조기술은 조악한 견직기술과는 달리 상당한 수준으로 중국제품에 비해 손색이 없었다. 면직물이 농촌의 주요 부업으로 등장하자 정부는 목화의 재배지역을 함경도와 평안도 지방까지 확대시켜 농가의 소득을 증가시키는 한편 추운 지방의 백성들도 따뜻한 옷을 입을 수 있도록 하는 것을 중요한 정책과제로 삼았다.

(2) 면화의 북방 보급노력

정부는 세종 17년(1435)과 18년 목면종자를 함길도와 평안도에 보내 먼저 관가에서 시험적으로 재배한 후 백성들에게 재배를 권하도록 하였다.[25) 세종 28년(1446)에는 평안도와 함길도의 감사에게 양도에 이주한 하삼도의 백성들이 목화 재배법을 잘 알고 있을 것이니 이들로 하여금 도민들에게 재배법을 가르쳐주어 보급하도록 하라는 지시를 내렸다.[26)

성종도 북방의 백성들이 목화를 재배할 줄 몰라 겨울에 춥게 지내는 것을 면해주도록 하기 위해 많은 애를 썼다. 성종은 6년(1475)에 평안도와 황해도에 이주시킨 농민들이 남쪽에서 가져온 면화를 심어 많은 이익을 얻은 사람들이 있다는 보고를 듣고 경상·전라·충청의 삼도에 명하여 각 도마다 20석의 목화씨를 수집하여 바치도록 하였다.

---

24) 李春寧,『한국農學史』민음사, 1989 ; 澤村東平,『近代朝鮮の綿作·綿業』, 未來社, 1985.
25) 『世宗實錄』세종 17년 9월 경진 ; 세종 18년 1월 임신.
26) 『世宗實錄』세종 28년 8월 7일 병인.

성종은 이 목화씨를 영안도(함경도)·평안도·황해도에 보내 관찰사로
하여금 적지를 선정하여 농민들에게 재배하도록 하고 면화의 생육과 수확
상황을 기록하여 보고하도록 조치하였다.[27] 성종은 또 중국에서 새로 도
입한 당목면唐木綿 종자 1두를 경상도와 전라도에 보내고 적지를 찾아 재
배하고 해마다 그 수확량을 보고하도록 양도의 관찰사에게 지시하였다.[28]

면작을 북방에 보급하려는 노력은 중종 때까지 계속되었으나 목화가
문익점에 의해 남도에 처음 보급될 때보다는 보급 속도가 훨씬 느렸던
것으로 보인다. 면작은 17세기 중엽에 이르러서야 평안도와 황해도지방
에까지 보급되어 함경도를 제외한 조선의 전 지역에서 재배하게 되었다.

정부의 목화 보급노력은 함경도 지방에서는 성공하지 못한 것으로 보
인다.[29] 함경도 지방은 기온이 낮고 서리가 일찍 내리는 등 따뜻한 지역
을 좋아하는 목화의 성질에 맞지 않는 곳이다. 목화는 인도가 원산지로
중국에서는 송나라 고종 때부터 재배되었다. 중국에서 목화가 널리 보급
된 시기는 11세기부터이다. 목화는 1년생 초본으로 서리에 약하여 무상
기간無霜期間이 200일 이상이 되는 북위 38~39도선까지를 재배 한계지로
보고 있다.[30]

5) 잠업의 장려

(1) 태종과 성종의 잠업보급 정책

원래 한반도에서의 양잠의 역사는 오래되었다. 『후한서後漢書』 동이전

---

27) 『成宗實錄』 성종 6년 4월 27일 을미.
28) 『成宗實錄』 성종 5년 1월 19일 을사.
29) 중종 때 함경도 절도사 禹孟善이 올린 啓를 보면 목면을 보급하려는 노력이 함길
   도에서는 성공하지 못한 것으로 보인다. 『中宗實錄』 중종 17년 1월 14일 임술.
30) 『農業大辭典』 學園社, 1962.

東夷傳에 濊の 백성들은 삼을 심고 누에를 길러 옷감을 짤 줄 안다는 기록이 있는 것으로 보아 삼한시대에도 양잠을 하였던 것으로 보인다. 그러나 고려 말에는 양잠이 쇠퇴하여 양잠을 할 줄 아는 농가가 많지 않았다.

고려 말에 들어와 양잠이 황폐화되어 버린 이유는 오랫동안의 전란과 정치적 혼란에 따른 경제의 황폐화 그리고 왕족과 귀족들만 비단옷을 입을 수 있고 서민들은 명주옷을 입을 수 없도록 한 고려의 복제服制에 영향을 받았기 때문으로 보인다.[31] 고려 말에는 필요한 비단은 중국으로부터 수입하여 사용하였기 때문에 조선 농민들에게 양잠기술은 거의 단절된 상태에 있었다.

조선은 개국 초 농사와 더불어 잠업을 국가의 대본으로 삼고 누에치기를 권장하였으나 뽕나무가 귀했다. 이는 농민들이 누에치기를 꺼려하여 뽕나무를 심지 않았기 때문이었다. 뽕나무는 오랜 성장기간이 필요하기 때문에 단시일 내에 뽕잎을 수확할 수 없고 누에 기르기와 실 뽑기는 숙련된 경험이 필요하였다. 특히 비단 짜기는 상당한 수준의 기술축적이 요구되는 작업이었다.

태종과 성종은 조선의 임금 가운데 잠업의 보급에 각별한 관심을 보인 왕이었다. 태종은 농상을 국가의 대본으로 삼은 선왕의 교훈에 따라 잠업을 진흥시키기 위해 일련의 국가주도 계획을 세워 추진하였다.

태종은 건국 초기의 법전인 『경제육전經濟六典』에 있는 농가마다 뽕나무를 심도록 하는 종상지법種桑之法이 잘 지켜지지 않자 농가의 규모에 따라 일정량의 뽕나무를 심도록 하는 종식지법種植之法으로 대체하고 이 법을 지키지 않는 자에게 벌금을 부과하는 규정을 만들었다.[32]

조선 전기의 법전인 『경국대전』은 국영 잠실의 도회처에서 상목을 심

---

31) 고려 공양왕 때에는 민간에서 값비싼 비단을 혼수품으로 쓰지 못하게 하였다. 박경룡, 「조선전기의 잠업연구」『국사관논총』12, 1990.
32) 『太宗實錄』태종 10년 11월 26일 무자.

어 배양하고 백성들에게는 모두 상목을 심도록 하는 규정을 두었다. 태종 때 만든 것으로 보이는 이 규정은 대호大戶는 300주, 중호中戶는 200주, 소호小戶는 100주를 심게 하고 수령은 이를 감시, 확인하여야 하고 주인 이 없는 들뽕나무도 벌채를 금지한다는 내용이다.[33]

태종은 한걸음 더 나아가 누에 종자를 생산하여 백성들에게 나누어 주고 양잠기술을 보고 배울 수 있도록 하기 위해 전국의 중요 지역에 시범 공상잠실公桑蠶室을 설치하였다. 최초의 잠실은 들뽕나무와 산뽕나 무가 많아 자라는 경기도 가평의 조종朝宗과 양근의 속현인 미원迷原에 설치하였다. 조종과 미원에 설치된 잠실은 중국에서 들어온 우량 잠종 蠶種을 전국의 농가에 보급하기 위한 생산기지였는데 잠실 당 생산 인 력으로 잠모蠶母 10명, 그리고 여자 종과 남자 종 30명씩을 배치하였 다.[34]

태종은 가평과 양근의 잠실에서 잠종 300장이 생산되자 각 도에 뽕나 무를 심도록 지시하고 백성들이 잠업기술을 본받아 배울 수 있도록 시범 공상잠실을 경기도 가평, 충청도 청풍, 경상도 의성, 전라도 태인, 황해도 수안 등 5개 지역에 설치하고 감독관을 파견하였다.[35] 또한 산뽕나무를 베어내고 밭을 만드는 행위를 엄금하는 한편 왕실에서는 후궁들도 누에 를 치도록 지시하였다.

성종과 중종도 잠상의 보급에 특별한 관심을 가졌다. 성종은 모든 백 성들의 호구戶口를 대·중·소로 나누어 집 부근에 정해진 수의 뽕나무를 심도록 지시하고 각 고을의 수령은 책임지고 확인하도록 하였다.[36]

성종은 정부의 각사各司로 하여금 연희궁, 아차산, 낙천정의 세 잠실에

---

33) 『經國大典』工典, 栽植.
34) 『太宗實錄』태종 15년 12월 10일 을미 ; 태종 16년 2월 24일 병신.
35) 『太宗實錄』태종 16년 8월 5일 갑자 ; 태종 17년 1월 11일 무술 ; 태종 17년 5월 24일 기유.
36) 『成宗實錄』성종 3년 2월 11일 무인.

키운 뽕나무 묘목을 율도栗島에 심도록 지시하는 동시에 각사는 해마다 뽕나무 묘목을 이곳에 이식하고 그 숫자를 보고하도록 경쟁을 시켰다.[37] 율도는 마포 남쪽의 한강에 있는 섬으로 당시에는 길이가 7리나 되는 큰 섬이었다.

중종은 연산군 때 폐지했던 동·서 잠실을 다시 만들고 이곳에 대형 뽕나무 단지를 조성하였다 중종은 한성에서만 세 개의 큰 잠실을 운영하였다. 연희궁 일대의 서잠실과 아차산 아래의 동잠실 그리고 밤섬에 있는 남잠실이 그것이다. 연희궁 일대의 서잠실은 현재의 연세대 자리에 있었고 아차산 아래의 동잠실 뽕밭은 송파구 잠실동 일대에 있었다. 송파구 잠실동 일대는 원래 강북의 자양동에 연결되어 있는 반도형의 땅이었으나 1925년(을축년) 대홍수 때 한강의 유로가 변경되어 한강의 남쪽 강안에 붙게 되었다.

(2) 낮은 직조기술과 중국 비단의 선호

조선 전기 농가에서 생산되는 명주는 대부분 현물세인 공물貢物로 정부에 바쳐졌다. 그러나 농가에서 짠 비단은 올이 거칠고 고르지 않아 국용國用으로 적합하지 않다는 이유로 납입이 거부되는 일이 많았다. 이 때문에 공물을 담당하는 관리들은 생산자로부터 명주 대신에 면포나 마포를 받아 이를 팔아가지고 한성의 시전에서 비단을 구입하여 바치는 일 즉 방납防納이 관행화 되었다.

명주의 방납은 세종 때 시중에서 명주 1필의 값이 면포 17~18필이나 되어 명주를 공물로 내야 하는 농민들의 고충이 이만저만이 아니었음을 상징적으로 나타내고 있다.

이 때문에 호조는 일부 납세 농민들로부터 포布를 받아 이것을 제용감濟用監에 납부하고 제용감이 명주실과 명주를 시중에서 구입할 수 있도록

---

37) 『成宗實錄』 성종 6년 2월 16일 을미.

하였다. 또한 한성과 각 도의 공상잠실에서 생산되는 고치는 현지에서 명주를 짜지 말고 견사를 뽑아 이를 중앙의 제용감濟用監·상의원尚衣院·인수부仁壽府·인순부仁順府·내자시內資寺·내섬시內贍寺로 보내 이들 기관으로 하여금 직접 비단을 짜도록 조치하였다.[38] 인수부를 비롯한 이들 왕실기관에는 비단을 전문적으로 짜는 숙련 인력인 공장工匠이 배치되어 있었다.[39] 그러나 지방관아의 외공장에는 비단의 직조공이 없었다.

(3) 조선후기 잠업의 쇠퇴

조선시대에도 비단은 사치품으로 수요층인 왕족과 양반 관료의 전용품이 되다시피 하였고 성종, 중종시대에는 서민들의 사치를 금하여 평민들은 비단옷을 입지 못하도록 하였다. 영조 때도 문무 관리들에게는 당상관 이상에게만 조회와 공연에 참석할 때만 사라紗羅와 능단綾緞으로 만든 옷을 입도록 하였다.

근검절약 하는 풍속을 장려하기 위해 중국비단의 사용을 금지 시켰으나 당상관들이 채단采緞의 착용을 상시 선호하는 바람에 상류층의 사치풍조는 줄어들지 않았다. 뿐만 아니라 생산농가 수준에서의 낮은 비단 직조

---

38) 『世宗實錄』 세종 22년 8월 16일 乙酉. 이와 같은 조치는 『經國大典』에도 보인다. 각 도 가운데 桑木이 자라는 데 적합한 지역에는 模範養蠶室을 설치하고 양잠을 하여 견사를 뽑아 관에 납입한다. 관찰사는 잠실이 있는 읍과 부근 읍의 公賤을 선발하여 잠실에 보내고 이들에게는 選上身貢을 면제시켜준다. 『經國大典』 戶典, 蠶室.

39) 『經國大典』 工典, 京工匠. 조선 전기에는 諸宮·各司에 일정수의 장인을 예속시켜 공예품을 만들어 바치게 하였다. 尙衣院에는 綾羅匠 105명, 合絲匠 10명, 紡織匠 10명, 靑染匠 10명, 紅染匠 10명 등이 배속되어 비단을 짰다. 濟用監에도 방직장 30명, 청염장 20명이 있었고, 內資寺와 內贍寺에도 방적장이 30명씩 배치되어 있었다. 제용감은 왕에게 진상하는 직물과 인삼 및 왕이 하사하는 의복, 沙布, 羅絹, 綾絹, 綢緞, 염색, 직조물 등에 관한 일을 담당하였다. 尙衣院은 왕실에 비단과 옷을 공급하는 업무를 담당하였다. 內資寺에서도 잠실에서 생산한 고치실로 紗와 綾을 직조하였다는 기록이 있다. 『太宗實錄』 태종 17년 8월 22일 을사.

기술 때문에 왕족과 문무 관리들은 중국비단을 선호하여 중국비단의 값
이 뛰고 상인들의 밀무역이 증가하였다. 이 때문에 국내 잠업 발전은 더
욱 위축되지 않을 수 없었다.

임진왜란 이후에 대동법大同法이 실시되면서 명주나 명주실을 생산하
여 바치던 농가는 공물貢物 대신 대동미를 납부하게 되자 양잠산업은 더
욱 쇠퇴의 길로 들어섰다. 영조 때 들어와서는 비단을 직조하던 왕실의
상의원尙衣院 제용감濟用監 등 5개의 직조소가 폐지되고 다른 기관에서의
사포와 비단 등의 제조에 관한 업무도 중지되었다.[40]

임진왜란 이후부터 농민들은 공물로 바치던 명주실의 생산 대신 노동생
산성이 높은 면포의 생산에 주력하였다. 옷감을 짜기 위해 같은 양의 실을
만드는데 면사는 마麻, 저苧, 견사絹絲를 만드는 시간의 5분의 1 밖에 소요되
지 않는 등 생산성이 월등하게 높은 것도 중요한 이유의 하나였다.[41]

조선의 잠업은 정부의 각별한 노력에도 불구하고 임진·병자 양란 이
후 황폐일로를 걸어왔던 것으로 생각된다. 이는 영조가 친잠례를 준비하
면서 오랫동안 잠상蠶桑에 힘쓰지 않아 국영 잠실의 대규모 뽕밭이던 동
잠실과 남잠실이 이름만 남아있다[42]고 한탄한 것이나, 정약용이 제용감
은 원래 직조와 염색을 주 업무로 했는데 요즈음은 직조는 하지 않는다
고 하면서 "우리나라에서 직조하는 것은 명주와 베에 불과하고 비단, 무
늬비단, 양털로 짜는 모직물은 만들 줄 모르며 해마다 연경에서 금·은을
주고 무역해 온다"[43]고 언급한 것으로 보아 알 수 있다.

40) 『續大典』 吏典, 雜職.
41) 위은숙, 『高麗後期 農業經濟研究』, 혜안, 1988.
42) 『親耕·親蠶儀軌』 영조 43년(정해) 1월 18일 전교, 민족문화추진회 역, 한국학술
정보, 2006.
43) 丁若鏞, 『經世遺表』 冬官工曹, 織染局.

2. 勸農行政을 위한 지원사업

1) 農書의 편찬

(1)『農事直說』의 편찬

농업생산성을 높이기 위해서는 농업기술이 개선되어야 하고 이를 위해서는 좋은 농서의 보급이 선결조건이었다. 고려 말부터 조선에서 사용되던 농서는『농상집요農桑輯要』였다.『농상집요』는 원元 나라 때 중국에서 만든 농서로 연평균 강우량이 300~700mm에 불과한 건조한 화북지방의 밭농사를 중심으로 편찬한 책이었다.『농상집요』는 벼농사가 중심인 조선의 풍토와 잘 맞지 않는 점이 많았다. 이 때문에 태종 때부터 조선의 실정에 맞는 새 농서를 만들어야 한다는 주장이 제기되었다.

중국에서 온『농상집요』는 원의 세조世祖가 정복전쟁으로 황폐해진 중국의 농업을 진흥시킬 목적으로 편찬한 농서인데 고려 말 충정왕 원년 (1349) 이암李嵓이 연경에 갔다 올 때 가지고 와 고려정부에서 판각하여 보급한 책이다. 태종은『농상집요』가 한문으로 되어 있어 백성들이 읽을 수 없기 때문에 전 대제학 이행李行과 검상관 곽존중郭存中에게 명하여 『농상집요』에서 필요 부분을 초록하고 이두로 협주를 달아 전국에 보급하도록 조치하였다.[44]

세종도『농상집요』가 화북지역의 전작농업을 위주로 지은 책이기 때문에 조선의 기후 풍토에 어울리지 않는다고 보았다. 더욱이 중국의 농서는 화북지방의 휴한농업을 대상으로 하여 저술된 것이고 조선에서는 연

---

44)『太宗實錄』태종 14년 2월 6일 을해.

작농법으로 변화하는 과정에 있었으므로 우리 실정에 맞지 않는다고 생각하였다.

세종은 논농사를 중요시하는 조선의 기후 풍토에 적합한 농서를 만들어 농민들을 가르치고 동시에 후진상태에 있는 함길도와 평안도의 농민들에게 삼남지방의 선진 농업기술을 보급시켜야 한다고 판단하였다. 그는 선진 지역인 경상도 관찰사에게 다음과 같은 지시를 내렸다.

"함길도와 평안도는 토질이 기름지지만 백성들이 농사짓는 방법을 잘 알지 못하고 있다. 쓸만한 좋은 방법을 채택하여 이곳의 농민들에게 알려주려고 한다. 그러니 경상도 지방에서 논밭을 갈고 씨를 뿌리고 김을 매고 곡식을 거두어 드리는 방법과 오곡에 알맞은 토성과 잡곡을 번갈아가며 심는 법을 경험 많은 老農들에게 문의하여 그 내용을 추리고 정리하여 책을 만들어 올리도록 하라."[45]

세종은 충청도와 전라도 감사에게 같은 내용의 지시를 내리고 좌군도총제부동지총제 정초鄭招와 종부소윤 변효문卞孝文에게 삼남에서 올라온 자료를 주고 새로운 농서를 편찬하도록 하였다. 정초와 변효문은 이 보고서를 기초로 하고『농상집요』『제민요술齊民要術』등 중국의 농서를 참고로 하여 세종 11년 5월에『농사직설農事直說』을 편찬하고 1천 부를 인쇄하였다.[46]

『농사직설』은 세종 12년 중앙의 2품 이상 관리들과 전국의 감사와 수령들에게 배포되어 권농에 사용하도록 하였다.『농사직설』은 조선 사람에 의해 조선의 실정에 알맞도록 편찬된 최초의 농서였다.

『농사직설』의 특색은 조선에서 많이 재배하는 벼, 보리, 조, 기장, 수수, 참깨, 콩, 팥, 녹두, 삼 등 10 작물에 대해서만 종자의 선별부터 정지整地, 파종, 시비, 중경제초, 수확 등 경작 방법에 대해서 설명하고 있다. 이 책의 특색은 벼농사에 중점을 두었고 세역전의 연작화를 위해 추경은 깊이 할

---

45)『世宗實錄』세종 10년 윤 4월 11일 갑오 ; 세종 10년 7월 13일 계해.
46)『農事直說』鄭招 序.

것과 비료로서 인분, 재, 소와 말의 분뇨, 녹비와 함께 객토의 중요성을 강
조한 점이다. 『농사직설』의 다른 특색은 농작물의 파종시기를 조선의 계절
변화에 맞도록 조정하였다는 부분이다. 그때까지 농서에 기록된 작물의 파
종시기는 중국의 화북지방의 계절과 기후조건에 따른 것이었기 때문에 조
선에서는 잘 맞지 않는 문제점이 있었다.

『농사직설』이 나오기 전에는 정부는 파종시기의 하한을 망종芒種에 두
고 각지의 수령들은 백성들을 독려하여 망종 전에 파종을 끝내도록 지시하
였다.47) 망종을 파종시기의 하한으로 보는 것은 중국의 농서를 따랐기 때
문이다.

씨 뿌리는 시기를 망종으로 보던 관행은 『농사직설』 이후부터 달라지
기 시작하였다. 세종은 우리나라의 기후로 볼 때 망종까지 파종하는 것은
늦다며 씨 뿌리는 시한을 앞당기도록 지시하였다. 뿐만 아니라 기한을 정
해놓고 기한에 맞추어 씨 뿌리는 것보다는 심으려는 작물이 조생종早生種
인지 만생종晩生種인지를 구분하여 파종시기를 조절하고 그 해 절후의 늦
고 빠름을 살피고 백성들이 바쁜 일이 있는가의 여부도 참고하고 비가
충분히 온 후 파종하도록 가르치고 있다.48)

망종芒種은 24절기 가운데 입춘부터 9번째 절기로 음력으로 5월 초이
고 양력으로는 6월 5~6일경에 해당한다. 망종은 보리나 벼처럼 까끄라
기(망芒)가 있는 작물(보리)을 베고 벼 종자를 심을 때가 되었다는 의미를
가지고 있는데 중국의 화북지방을 기준으로 만든 절기이다.

(2) 蠶書의 발행

태종은 농민들에게 양잠 기술을 가르치기 위해 태종 15년(1415) 농민

---

47) 『太宗實錄』 태종 11년 6월 17일 병오 ; 태종 16년 4월 11일 계유.
48) 『世宗實錄』 세종 22년 8월 16일 을유 ; 『文宗實錄』 문종 1년 2월 25일 갑오 ; 『世
   祖實錄』 세조 3년 1월 9일 갑술.

들이 쉽게 읽을 수 있도록 이두로 된 양잠서적『양잠경험촬요』를 발행하
였다. 태종은 재위 14년에 이행과 곽존중을 시켜 1273년에 발행된 중국
원나라의 농서『농상집요』의 필요한 부분만 뽑아 이두로 협주를 달아 간
행하였었는데 그 후 태종은 우대언 한상덕韓尙德을 시켜 이 책 가운데 양
잠부분만 추려내어 일부를 요약하여『양잠경험촬요』를 펴냈다. 이 책은
우리나라에서 발행된 잠서蠶書로서는 가장 오래된 것으로『농사직설』보
다 15년 앞서서 간행되었다.

　세조 5년에는 예문직제학 서강徐岡, 사헌감찰 이근李覲, 행상호군 양성
지梁誠之에게 하명하여 새로운『잠서주해蠶書註解』를 저술시키고 이것을
지중추원사 최항崔恒과 우승지 한계희韓繼禧 등 문신 30여 명에게 세종 때
창안한 한글을 이용하여 백성들이 쉽게 읽을 수 있도록 언해하여 발간하
였다.[49] 세조 때 발간한『잠서주해』는 한문을 모르는 부녀자들을 위하여
한글로 발간한 최초의 농서라는 측면에서 중요한 서책이나 오늘날 전해
지지 않고 있다.

2) 수리시설의 건설과 수축

(1) 벼농사와 수리시설

　태종은 농업생산을 증가시키기 위해서는 벼농사의 확대가 관건이라고
보고 이를 위해서는 수리시설의 건설과 개축이 선결 과제라고 보았다. 태
종은 혁명으로 차지한 정권이 안정을 찾자 전 인녕부윤 이은李殷, 전 우군
동지총제 우희열禹希烈, 전 도관찰사 한옹韓雍을 경차관敬差官으로 임명, 수
리시설의 관리에 소홀한 수령을 파직할 수 있는 권한을 주어 전국의 군·
현을 돌아보고 수리를 일으켜서 양답良畓을 만들 수 있는 땅과 옛 제언을

---

49) 『世祖實錄』 세조 5년 1월 30일 계축 ; 세조 5년 10월 1일 기유 ; 세조 7년 3월
　　14일 을묘.

수축해서 경작할 수 있는 곳을 조사하여 보고하도록 하였다.

태종은 이들의 보고에 따라 오랫동안 제 기능을 하지 못하던 김제의 벽골제를 주민 1만여 명과 300명의 감독관을 동원, 개수하여 1만여 결의 농지에 수리혜택을 주는 등 많은 수의 저수지를 새로 만들거나 수축하였다.[50]

세종도 파괴되어 오랫동안 사용하지 못하고 있던 고부의 대형 저수지 눌제訥堤를 인근 주민 11,580명을 동원하여 2개월의 공사 끝에 제방 3,460척을 다시 쌓아 복원한 것을 비롯하여 많은 수의 제언을 신축하고 수리하였다. 세종은 수도작의 확대에 있어서 수리시설의 중요성과 수리시설의 수축·관리에 지방관의 역할이 매우 중요하다는 사실을 인식하고 각 도의 감사 재임기간 동안 수축한 제언의 숫자와 몽리면적을 지방관에 대한 근무 고과의 기준으로 삼았다.

(2) 수리시설의 문제점

조선시대의 대표적인 수리시설에는 제언堤堰과 천방川防이 있다. 제언은 인공적으로 둑을 쌓아 막은 저수지를 말하고 천방은 흐르는 시내의 한 복판을 가로질러 돌과 나뭇가지 등으로 막아 물을 도수하여 사용하는 보洑를 말한다.

태종과 세종 때에는 제언을 축조하는 것이 수리정책의 중심이었으나 문종 때부터는 보의 개발을 장려하였다. 제언은 수원이 부족하고 건설하는데 노동력이 많이 들어 이익이 부족하나 보는 물의 원류가 있고 공역이 적게 들어 이익이 많다는 점이 강조되었다.[51]

조선시대 수리시설의 문제점은 토목기술 수준이 유치하여 제언이 폭우나 홍수에 취약하여 둑이 자주 무너지거나 또는 제언 내에 토사가 쌓

---

50)『太宗實錄』태종 14년 6월 9일 ; 태종 14년 2월 6일 을해.
51)『文宗實錄』문종 즉위년 10월 계유 ; 문종 1년 1월 계해 ; 문종 1년 11월 병오.

여 수리시설의 기능을 제대로 발휘할 수 없는 점이었다. 한번 무너진 수리시설의 둑은 수많은 인력이 동원되어야 복구가 가능하였는데 폭우가 쏟아지면 다시 무너지기를 반복하는 실정이었다. 그러므로 당시의 제언은 신축보다는 유지관리를 잘하는 것이 상대적으로 중요한 문제였다.

태종과 세종 때 수많은 인력을 동원하여 다시 만든 벽골제와 눌제訥堤 같은 대형 저수지도 수축 1~2년 만에 폭우로 다시 무너지는 실정이었다.[52] 보洑도 나뭇가지와 돌로 대충 막은 것이기 때문에 폭우가 쏟아지면 떠내려가 매년 다시 만들지 않으면 안 되었다.

제언의 몽리구역에 논을 소유하고 있는 농민들은 수리의 혜택은 별로 보지 못하면서 힘든 수리시설의 복구 노역에 자주 동원되어 불만이 많았다. 물이 빠진 저수지의 바닥은 논농사에 아주 좋은 조건을 갖추고 있어 지역의 호세가들이 저수지 부지를 불법으로 점유하여 벼농사를 지었는데 이것을 모경冒耕이라 하였다. 모경은 세월이 흐르면서 점차 배타적인 이용권으로 인정되어 모경하는 저수지의 부지를 매매하는 등 저수지는 훼손되어 본래의 기능을 상실한 채 점차 사유화되어 가는 것이 보통이었다.[53]

또 마을의 유력자들이 물고기를 잡기 위해 제언의 둑을 파괴하는 일도 자주 일어났다. 둑이 손괴된 제언은 방치할 경우 홍수에 둑 전체가 무너지기 때문에 수리시설로서의 기능을 할 수 없게 되고 이렇게 되면 서로 다투어 저수지의 부지를 모경하였다. 제언의 부지에 논을 만든 사람은 저수지가 다시 수축되어 자기의 논이 물에 잠기는 것을 싫어하고 제언의 아래에서 농사를 짓는 농민들은 물을 제대로 공급받지 못하면서 항상 저수지의 개축에 부역 동원되는 것을 꺼려 제언의 수리를 반대하는

---

52) 『世宗實錄』세종 2년 8월 21일 정사 ; 세종 3년 1월 16일 기묘.
53) 저수지 부지의 모경과 사유화 과정에 대해서는 吳浩成, "貯水池의 經營과 水資源의 適正配分" 『明知大論文集』 9, 1976. 참조할 것.

것이었다.[54)]

정부에서는 쌀의 증산을 독려하면서 논의 면적이 증가하고 이앙농법
이 늘어나자 수리행정의 중요성이 커졌다. 정부는 건국 이래 수령들을 독
려하여 수많은 수리시설을 건설하고 개수하는데 많은 노력을 경주하였
다. 그러나 앞서 설명한 것처럼 조선의 수리시설은 토목기술이 부족하여
폭우에 취약한데다가 모경과 고기잡이를 위하여 고의적인 훼손이 심각하
여 쌀의 증산을 위해 논을 수리 안전답으로 만들려는 정책에 한계를 들
어내기 시작하였다.

(3) 堤堰司의 설치

제언에 관한 정부의 업무소관은 개국 초에는 공조工曹의 산택사山澤司에
있었던 것으로 보인다. 그 후 세종 때 호조戶曹의 판적사版籍司가 제언에 대
한 업무를 관장하였다. 그러나 업무 부담이 많은 호조의 판적사 소속 낭관
1명이 전국에 걸쳐있는 수천 개의 수리시설을 관리할 수 있는 방안이 없어
제언에 관한 업무는 사실상 호조의 업무에서 배제된 상태였다.

제언에 대한 업무는 태조 때부터 지방관이 권농업무의 일환으로 담
당하고 있었다. 수리시설과 관련된 정책을 강화하기 위해 태종 때 경차
관을 각 도에 파견한 일이 있고 세조 때는 제언제조堤堰提調를 두고 제
언 수축과 제언 파괴를 조사하고 공사를 감독하는 제언별감을 지방에
파견하였다.[55)] 제언제조는 임시직으로 호조판서가 겸직하기도 하였는
데 성종 3년(1482)에는 수리행정을 전담하기 위해 제언사堤堰司를 설치
하였다.[56)]

제언사는 의정부 직속기관으로 도제조는 영의정·좌의정·우의정 3인
이 겸직하고 제조 2인은 정2품관 가운데 겸직하도록 하였다. 제언사는

---

54) 『成宗實錄』 성종 3년 8월 18일 임오.

55) 李光麟, 『李朝水利史研究』, 韓國研究圖書館, 1961.

56) 『成宗實錄』 성종 3년 8월 18일 임오.

해마다 농사가 시작되기 전에 각 도에 낭관을 파견하여 모경을 적발하고 제언대장에 기록된 저수지 둑의 높이를 확인하고 저수량을 확보하도록 독려하였다.[57]

임진왜란과 병자호란을 겪는 사이에 국가의 기강이 해이해지고 정부의 치안유지 능력이 약화되자 지방의 양반, 토호, 권세가들이 제언을 파괴하여 그 부지를 사유화하거나 저수지의 물을 빼고 부지를 경작하는 모경 행위가 다시 늘어나 수리시설이 황폐화되기에 이르렀다.

조선 중기에 이르러 국가의 기강과 치안질서가 다시 잡히고 벼농사에 이앙법이 확대 보급됨에 따라 정부는 다시 수리시설을 축조하고 보수하는 정책에 관심을 가졌다. 이에 따라 현종 3년 철폐되었던 제언사를 다시 부활시키고[58] 숙종 때에는 제언사에 전임 당상관을 임명하고 낭청을 지방에 파견하여 제언의 신축과 개축의 허가를 검토하고 제언을 파괴하거나 모경하는 자를 적발하는 등 수리시설의 관리 감독업무를 담당하도록 하였다.

영조와 정조 때에는 수리정책을 더욱 강화하였다. 영조는 제언당상을 2명으로 증원하고 제언사를 비변사備邊司 산하로 옮겼다. 그 결과 영조 때 대소 규모의 제언과 보를 많이 만들었다. 예를 들면 안동의 낙동강과 평안도의 청천강에 제방을 쌓았고 황해도의 재령과 신천에는 수통水桶공사를, 함경도 영흥에는 방축공사를, 평안도 강동의 만류제, 충청도 홍주의 합덕제, 연안의 남태지 등을 신축하거나 준설하는 등 큰 공사를 하였다.

정조도 영조의 뒤를 이어 수리시설의 건설에 힘썼다. 정조는 수원의 화성華城을 축조한 후 화성 주위에 만석거萬石渠, 만년제萬年堤, 축만제祝萬堤 등 대형 저수지를 건설하였다. 이 결과 18세기 말 19세기 초

---

57) 『中宗實錄』 중종 18년 1월 8일 경술.
58) 『顯宗實錄』 현종 3년 1월 16일 경인.

에는 전국적으로 저수지가 3천 5백 개 이상에 달하고 대보大洑의 수만
도 2천 개에 달하여 조선 건국이래 가장 많은 수의 수리시설이 운영되
었다.[59]

(4) 이앙법의 보급과 수리시설

영조 때 논농사의 이앙법은 수리시설의 증가 속도보다 훨씬 빠른 속도
로 확산되어 수리시설 없이 이앙하는 천수답이 많아 큰 사회문제가 되었
다. 이앙법은 비가 제때에 오지 않을 경우 직파법과는 달리 모가 말라
죽고 대파代播할 수 있는 시기도 놓쳐 폐농하는 농가가 많이 발생하는 문
제점이 있었다. 정부는 수리시설이 없는 논에는 이앙농법의 금지령을 내
려 문제를 해결하려 하였으나 한반도의 남쪽에서는 이앙법을 택하는 농
가의 수가 계속 늘어나는 것을 막을 수는 없었다.

이앙법은 모판에서 모를 키운 후 5·6월경에 본답에 옮겨 심기 때문에
모판에서 튼튼하지 않은 모와 잡초를 미리 제거할 수 있다. 뿐만 아니라
모내기 할 때 줄을 맞추어 심기 때문에 잡초를 일일이 뽑지 않고 모가
서있는 줄 사이에 난 것을 주욱 뽑아가기 때문에 제초 노동력이 크게 절
감된다는 장점이 있다. 또 튼튼한 모만 적당한 간격을 두고 옮겨 심기
때문에 양분을 충분히 섭취할 수 있고 통풍이 잘 되어 직파법보다 수확
량이 많았다.

이앙법은 무엇보다도 가을에 벼를 수확한 토지 위에 보리를 심으면 이
듬해 5·6월에 보리를 수확하고 바로 그 땅에 벼를 이앙하여 이모작을 할
수 있다는 점이다. 그러나 이앙법은 보리를 베고 모를 심을 때 물이 없으
면 농사를 크게 망칠 수 있다는 문제점을 갖고 있었다.

18세기 말 우하영禹夏永은 그의 저서『천일록千一錄』에서 각 지역의 벼
농사법을 기술하였는데 호서·호남·영남지역은 올벼를 제외하고는 이앙

---

59) 李光麟, 위의 책.

법으로 농사를 짓고 해서·관동·관서·관북지방은 이앙을 하지 않고 거의 직파하고 있으며 경기도는 도성의 남쪽은 이앙이 많으나 북쪽은 직파로 농사짓는 사람이 많다고 한 것으로 보아 하여 이앙법의 유리성에도 불구하고 한반도의 북부지방은 적기에 이앙을 할 수 있을 정도의 수리시설을 갖추지 못했던 것으로 보인다.

3) 시범농장의 설치와 신품종의 보급

(1) 보리의 북방 보급

조선 초기에는 정부가 농업생산성을 제고하기 위해 오늘날의 농업시험장과 같은 역할을 하는 기관을 통하여 새로운 농사기술과 신품종을 농가에 보급시키기 위한 시책을 펼쳤다. 또 신품종을 중국에서 도입하거나 돌연변이 등으로 새 품종이 발견되면 정부는 관가로 하여금 시험재배를 하도록 한 후 성과가 좋으면 농가에 보급시켰다. 새로운 농사기술의 보급과 신품종을 보급하려는 노력은 태종과 세종 대에 집중적으로 있었고 당시에는 실험정신이 왕성하였다.

보리는 농가에서 소비하는 가장 중요한 작물이었다. 특히 농민들이 초여름부터 가을 철 추수기까지의 식량부족을 해결하는데 중요한 식량작물이었다. 보리는 수확기가 가장 빨라 벼, 면화, 두류 등과 함께 윤작이 가능할 뿐 아니라 수량이 많고 영양분도 많아 여름철 단경기에 주 식량으로 이용하기에 적당한 작물이었다.

그럼에도 불구하고 보리는 함경도와 평안도 및 황해도와 경기도 지방에서는 재배되지 않고 있었다. 이 때문에 정부는 함경도와 평안도 동북지방에 기근이 올 때마다 거의 구휼대책을 세울 수가 없었다. 동북면(함경도)의 경우 구휼미를 멀리 강원도에서 수송하여 와야 하는데 시일이 오래 걸리기 때문에 긴급을 요하는 구호에는 사실상 대책이 없었다.

태종은 보리가 남쪽 지방에서만 재배되는 것을 안타깝게 생각하여 식량이 부족한 함경도와 평안도 지방에 보리를 재배하도록 여러 차례 독려하였다. 태종은 함경도 지방에 기근이 들었을 때 "동북면의 백성들은 보리를 심을 줄 모르기 때문에 보리가 익을 철에 가뭄이 들면 관가가 구제하기만 기다리고 있다. 강원도에서 구호곡을 수송해야 하는데 현실적으로 어려운 일이다. 이런 일을 없애기 위해 그곳 백성들에게 보리 심기를 권장하도록 하라"[60]는 지시를 내렸다. 태종 11년에는 평안도에도 보리 재배면적을 확대하기 위해 황해도의 보리 종자 670석을 보내 심도록 하고 수령으로 하여금 이를 감독하도록 조치하였다.[61]

세종도 보리와 밀은 민생에 대단히 중요한 작물임에도 함흥 이남에서만 밀을 조금 심을 뿐이고 보리는 전혀 심지 않는다고 지적하고 매번 흉년을 당하면 구제할 방안이 없으나 고을마다 모두 보리를 재배하라고 지시하였다.[62]

조선 초기 함경도와 평안도 지방에 보리와 밀을 이식하려는 정부의 노력은 별 성과를 거두지 못하고 실패로 돌아간 것으로 보인다. 이는 보리의 생육한계에 대한 지식이 없었던 시절의 잘못된 지시로 판단된다. 한반도에서 가을보리의 경우 겉보리의 재배한계는 북위 38도선으로 1월 평균기온이 -10~-11도 이하에서는 재배가 어렵다. 북관지방에서는 보리재배가 사실상 불가능하다.[63] 북한지방과 강원도 산간지역에서의 밭 작물은 기장과 조가 가장 많이 재배되고 있다.

(2) 신품종의 보급

조선 초기에는 수량이 많거나 도복倒伏에 강한 신품종을 도입하거나

---

60) 『太宗實錄』태종 9년 4월 23일 기축.
61) 『太宗實錄』태종 11년 7월 19일 무인.
62) 『世宗實錄』세종 17년 6월 8일 무신.
63) 學園社, 『農業大辭典』 1962.

또는 농가에서 우연히 좋은 품종이 발견되면 정부가 앞장서서 전국에 보급하려고 노력하였다. 예를 들면 세종 때(1423) 황해도 옹진현의 선군船軍 이철지가 자기 밭에서 한 개의 껍질에 두 개의 알맹이가 들은 검은 기장 (서黍)을 발견하였는데 세종은 호조에 명하여 이 종자를 적전에 재배하고 그 종자를 받아 나라 안에 널리 심게 하였다. 이로 인해 검은 기장이 전국에 보급되었다.[64]

세종은 또 1439년 강화에 들어온 왜닥나무 씨(왜저종倭楮種)를 충청도 태안, 전라도 진도, 경상도 하동, 남해에 나누어 주어 심도록 하였다. 성종 10년(1479) 3월에는 중국에서 들여온 수량이 많은 새 볍씨 당도종唐稻種을 경기도 연안의 여러 군·현에 나누어 주어 시험경작하도록 하였다.

세종 때 정부는 중국에서 들여온 신품종 흰색 기장을 전농사典農寺에 주어 시험 재배하도록 하였다. 그 결과 생산된 기장 가운데 18석을 종자로 호조에 보내 각지에 나누어 주어 재배하도록 하였다.[65]

이성 현감 전강全强이 바람이 불어도 잘 쓰러지지 않는 벼를 발견하여 여러 곳에 시험재배해 본 결과 도복倒伏에 강하다는 것을 확인하고 임금에게 이 사실을 보고하였다. 임금은 각 도에 종자를 나누어 주고 해당 지역에 심어보고 바람에 강한지의 여부와 생산량을 보고하도록 지시하였다.[66]

세종은 경복궁 후원에 작은 밭을 만들어 여러 가지 곡물을 심고 수양 대군(세조)로 하여금 관장하게 하였다. 성종도 세종의 예에 따라 후원에 밭을 마련하여 친히 농사를 짓고 농사의 어려움을 경험하였다.[67] 세종은 함길도와 평안도에 수도작과 면화를 보급하기 위해 관가에 시범농장을 설치하고 농민들에게 벼와 면화의 종자를 나누어주는 등 꾸준한 권농 행

---

64) 『世宗實錄』 세종 5년 7월 24일 임인.
65) 『世宗實錄』 세종 13년 9월 11일 임신.
66) 『世宗實錄』 세종19년 11월 29일 을묘.
67) 『成宗實錄』 성종 3년 2월 1일 무진.

정을 수행하였다.

세종 때 목화는 추운 곳에 사는 백성들에게 가장 유익한 작물이므로 함길도에 목화를 보급하고자 시도하였으나 그곳 사람들은 서리가 일찍 내려 결실하지 않는다는 이유로 받아드리지 않았다. 세종은 목면의 재배를 강요하면 백성들의 원망을 일으킬 것이라고 보고 관가에서 2~3년 재배하여 그 가능성을 실연하여 보이면 백성들이 따라올 것이라면서 목화씨를 하삼도에서 수집하여 함길도의 각 군으로 보내기도 하였다.[68]

4) 曆法의 개량과 測雨器의 발명

농사와 관련하여 비가 얼마나 왔는지 그리고 홍수의 규모를 알기 위해 하천의 수위를 파악하는 것은 임금이 권농과 구휼행정을 펴나가는 데 중요한 참고자료였다. 각지의 관리들은 강우량을 보고하라는 지시를 받으면 빗물이 땅속을 얼마만큼 적셨는지 풀을 뽑아보고 뿌리에 묻은 빗물의 정도를 관찰하여 중앙에 보고하였다.[69]

세종은 권농활동을 지원하기 위한 방안의 하나로 세종 23년(1441) 측우기測雨器를 만들어 강수량을 측정하도록 하는 한편 구휼행정에 참고하기 위해 한강과 청계천에 수표水標를 설치하여 홍수 때 수위를 측정하여 보고하도록 하였다.

세종 때 만든 측우기와 수표는 언제부터인지 모르지만 사라져버려 강우량을 제대로 기록하지 못했다. 그러다가 영조 46년 호조에서 세종 때의 측우기와 똑 같은 것을 만들어 대궐 두 곳과 서운감書雲觀에 하나씩 두고 또 8도에도 하나씩 내려 보내 비가 내릴 때마다 강우량을 측정하여 보고하도록 조치하였다.[70]

---

68) 『世宗實錄』 세종 17년 9월 12일 庚辰.
69) 『世宗實錄』 세종 7년 4월 14일 임자.
70) 『英祖實錄』 영조대왕 행장, 영조 46년.

측우기를 만들어 우량을 측정한 것과 흐르는 하천의 유량을 측정한 것
은 세계에서 처음 있는 일로 조선 과학의 독창성과 우수성을 나타내는 것
으로 평가받고 있다. 그러나 세계에서 처음 만든 측우기와 수표를 이용해
서 수집한 정보를 어떻게 농사에 이용하였는 지는 알려져 있지 않다. 강우
량과 강물의 유량자료를 어떤 방식으로 어느 기간 동안 수집하여 어떤 기
준으로 평가하여 일선의 수령과 농민들에게 어떤 종류의 영농지시를 내렸
는지 기록이 없다. 더구나 지방으로부터 자료를 수집하고 분석하여 대책을
지시하기까지는 상당한 시일이 걸리기 때문에 5백 년 전에 측우기와 수표
를 농사행정에 이용하였다는 주장은 다소 무리가 있는 것으로 보인다.[71]

세종 24년(1422) 칠정산七政算이란 천문 역산학 역법을 완성하여 조선
은 역사상 처음으로 서울을 기준으로 해와 달의 운동을 정확하게 계산하
여 예측할 수 있게 되었다. 이는 백성들에게 농사에 필요한 절기와 시간
을 알려주기 위한 목적도 있다.

칠정산이란 움직이고 있는 해와 달과 5개의 행성의 위치를 서울을 기
준으로 계산하는 방법을 말한다. 칠정산 내·외편이 나오기 전까지는 조
선에서는 해와 달과 행성의 위치를 중국의 계산법에 따라 중국을 기준으
로 파악하였기 때문에 일식과 월식의 예측이라든지 또는 절후와 역법의
계산이 서울을 중심으로 계산하는 수치와 약간의 차이가 있었다.[72]

세종은 농경에 꼭 필요한 역법과 표준 시간을 정립하기 위해 간의簡儀
와 앙부일구仰釜日晷 등의 장치도 만들었다. 칠정산의 완성으로 주요 농작
업의 시기 예를 들면 파종시기 등을 조선을 중심으로 결정하여 시행하는
것이 가능하게 되었다.

---

71) 朴星來,『세종시대의 과학기술 그 현대적 의미』, 한국과학재단, 1997. 박성래는
   측우기와 수표를 실제 농사에 이용하였다기 보다는 왕이 가뭄과 홍수 등 농사에
   관련된 일에 지극한 관심을 보이고 있다는 유교적 정치이념을 나타내기 위해 만
   든 것으로 해석하고 있다.
72) 朴星來,『한국과학사상사』, 유스북, 2005.

5) 水車와 물소의 보급 실험

(1) 水車의 보급 노력

저수지의 건설과 수축은 많은 경비와 시간이 소요되는 토목사업이다. 토목기술 수준이 낮았던 조선시대의 제언과 보는 큰 비가 오면 둑이 터지거나 떠내려가기가 일수였다. 제방의 수리나 보의 수리는 거의 연중행사였다. 그러나 황폐한 수리시설의 개축문제는 모든 지역 주민들의 이해가 일치되는 문제는 아니었다. 저수지 부지에 모경을 하는 유력자들은 제방의 개축을 반대하였고 부역만 나가고 급수는 제대로 받지 못하는 일부 농민들의 반발, 제언을 부수고 고기를 잡는 행위 등으로 상당히 어려웠다.

태종은 제언 축조시의 수몰구역에 대한 대책으로 제언 내에 수몰하여 경작할 수 없게 된 땅은 제언 아래의 묵은 땅으로 교환해 주고 묵은 땅이 없는 경우에는 경작지의 소유자가 땅을 조금씩 줄여 분급한다고 규정을 만들었으나 이해관계가 첨예한 문제라서 당사자 모두를 만족시킬 수 있는 해법을 찾기 어려웠다.

세종은 제언수축의 어려움과 모경을 둘러싼 분쟁과 같은 수리정책의 문제점들을 수차水車의 보급을 통해 해소하려 하였다. 수차는 저수지나 보 이외의 방법으로 가뭄 때 논에 물을 대기 위한 도구이다. 수차는 제작과 이용비용이 제언이나 보에 비해 월등히 저렴하고 간편하게 이용할 수 있다는 장점이 있었다.

수차는 중국과 일본에서 널리 보급되어 사용중인 신기술이었다. 중국과 일본에서는 수차를 이용하여 효과적인 관개를 하고 있다는 사신들의 보고에 의하여 조정에서는 수차의 존재와 수차를 이용하는 수리기술의 도입에 큰 흥미와 관심을 가지고 있었다.[73]

수차의 도입에 대해 가장 적극적인 관심을 보인 임금은 세종이었다.

세종은 세종 11년 말 일본에 통신사로 갔다 온 박서생朴瑞生의 수차에 관한 보고를 받고 "우리나라 백성들이 제언의 몽리만을 알고 수차로 관개하는 유익한 방법을 몰라서 한재만 당하면 농사를 실패하니 딱하고 민망하다. 각 도의 감사로 하여금 수차를 설치할만한 장소를 조사하여 지금 반포한 수차의 모양에 따라 제조하게 하고 감사가 수시로 이를 고찰하여 매양 전최殿最를 할 때마다 수령의 근면과 태만도를 기록하여 인사의 증빙으로 삼도록 하라"[74]고 호조에 지시하였다.

세종은 가뭄이 심하였던 당시에 수차를 만들어 보급한다면 제언을 축조하고 관리하는 데 드는 시일과 비용을 대폭적으로 절약할 수 있다고 보고 전국에 수차를 보급할 것을 강력하게 지시하였다.

정부는 이 명령에 따라 왜수차倭水車와 당수차唐水車를 만드는 기술자를 경기·충청도에 1명, 전라·경상도에 1명씩을 파견하여 수차를 제작하여 각 고을에 보내도록 하고 감사에게는 수령들이 수차를 제대로 이용하고 있는 지 감시하도록 하였다.[75] 정부는 여기에 더하여 수차경차관水車敬差官과 수차감조관水車監造官을 파견하여 가며 노력하였지만 그 효과는 미미하여 결국은 수차의 보급은 실패하였다.

세종 이후 수차의 제작과 보급에 대한 관심과 노력은 조선조 말까지 간헐적으로 이루어졌다. 성종 19년 최부崔溥가 중국에 표류 기착하였다가 돌아와서 작은 수차를 제작한 일이 있고 명종 원년에 제주도 사람이 중국에 표류하였다가 중국에서 본 수차를 귀국 후에 그대로 만들어 본 일, 광해군 8년에 양만세가 일본에서 수차를 들여왔고 효종이 즉위 전 중국

---

73) 수차에 대한 최초의 논의는 고려 공민왕 11년(1362) 密直提學 白文寶가 제기하였다. 그는 중국 강남에서 수차를 이용하여 쉽게 관개하는 것을 보고 귀국하여 고려에서도 수차를 이용하자는 건의를 하였으나 채택되지 않았다. 『高麗史』食貨志 2, 農桑.

74) 『世宗實錄』 세종 12년 9월 27일 을축.

75) 『世宗實錄』 세종 13년 12월 25일 병진.

에서 수차가 널리 이용되는 것을 보고 왕이 된 후에 수차의 제작과 보급을 추진한 일이 있었다.

숙종 25년에도 충주목사 심즙이 윤치오가 일본에서 배워온 수차를 제작하도록 한 일이 있었고, 영조 때에도 대신들의 건의로 수차를 제작하였고 정조 대에도 수차를 제작하여 보급하자는 논의가 있었다.[76] 특히 영조와 정조 대에는 많은 식자들이 수차에 대하여 중국의 『왕정농서王禎農書』등을 통하여 상당히 구체적인 지식을 갖고 있었던 것으로 보인다. 수차의 보급에 대한 여러 차례의 구체적인 논의와 실험이 있었음에도 불구하고 수차는 조선에서 이용되지 못하였다.

수차의 보급이 실패한 이유에 대해서 설명한 기록은 없다. 이것은 아마도 수차가 물을 낮은 곳에서 높은 곳으로 퍼올리는 기계인데 반해 물을 높은 곳에서 아래로 흐르도록 하여 순차적으로 관개하는 조선의 지형에 적당하지 않다는 점, 정교한 수차를 수 백, 수천 대를 제작하는 데 따른 기술적인 문제가 있었을 것이라는 점, 우리나라에서는 수차를 해마다 사용하는 것이 아니라 한발이 들었을 때만 사용하므로 수차를 몇 년씩 보관할 때 파손되거나 부식하여 제 성능을 발휘하기 어려웠을 것이라는 점, 수차로 물을 퍼올리는 데 드는 노력과 비용에 비해 양수량이 적어 경제성에 문제가 있지 않았겠는가 하는 점들이 실패의 원인으로 생각된다.[77]

(2) 禁牛令

조선시대에 소는 귀중한 재산이었다. 조선시대의 소는 식육을 얻기 위

---

76) 문중양, 「조선후기 수차 보급논의와 수차관」 『한국농업연구 200년』, 농촌진흥청·서울대 농생대, 1999.

77) 태종 때 우희열이 수차를 만들어 실험하는 것을 본 김종서는 "우희열이 여러 개의 수차를 만들어 이용한 지 수 년이 지났으나 그 이로움을 보지 못하였다. … 비록 물을 대어 몇 백배의 이로움이 있다 한들 하루에 불과 1무를 관개할 수 있을 뿐이며 물푸기를 중지하면 곧 물이 잦아드는 것을 신이 직접 보았다"고 말하였다.

한 용도보다 농사용 역우役牛로서의 중요성이 훨씬 컸다. 특히 함경도와 평안도 등지의 개척농지에서는 소가 없이는 농사가 불가능할 정도였다. 소는 번식이 더딜 뿐 아니라 수의학 기술이 발달하기 전이라 전염병이 돌면 일시에 폐사하는 일이 많아 잡아먹어서는 안 될만큼 귀한 존재였다. 특히 조선 초기에는 명나라가 해마다 많은 수의 우마牛馬를 요구하여 태조 5년부터 세종 32년까지 50년간 말 4만 필, 소 2만 필을 가져가 조선 우마의 씨가 마를 정도였다.

세종은 "소가 도살되면 먹고 사는 근본이 끊어지므로 이는 백성들에게 통한스러운 일이며 군사에 있어서 말도 마찬가지이다"라며 우마 도살금지령屠殺禁止令을 내렸다. 세조도 "백성은 농사가 아니면 살 수 없고 농사는 소가 없으면 지을 수 없다. 요즈음 사대부들이 잔치나 손님접대에 소를 잡는 풍습이 생겼으니 이를 그대로 두어서는 안 된다"며 사헌부司憲府에 소의 도살금지를 어긴 사대부들을 적발하라는 명령을 내렸다.[78]

세종과 세조 그리고 연산군 때에는 소가 부족하여 축우사업을 위한 대책으로 전국의 소에게 수만 석의 사료용 콩을 국가에서 지급한 일이 있을 정도[79]로 농사에서 소가 차지하고 있는 비중이 컸다.

국초부터 내린 소의 도살금지령은 조선조 말까지 계속되었으나 시대에 따라 법을 지키려는 의지는 신축적이었다. 『속대전續大典』 형전刑典에는 우마를 도살한 자는 장 100대 도徒 3년에 처한다. 수원과 광주 양도와 그 밖의 도살을 허하지 않을 수 없는 읍에서는 5일에 소 1두를 잡되 그 이상을 도살하면 수령을 논죄한다는 규정을 두었다.

(3) 水牛의 役牛化 실험

조선 초기의 여러 가지 농사시험 가운데 특이한 것은 물소水牛를 역우

---

78) 『世祖實錄』 세조 11년 6월 병자.
79) 金榮鎭・李殷雄, 『朝鮮時代 農業科學技術史』, 서울대출판부, 2000. P.54.

役牛로 사용하려고 시도하였던 점이다. 이는 소의 부족으로 농사를 제대로 짓기 어려운 상황을 타개하고자 한 노력의 일환이었다.

물소는 세조 8년(1462) 유구국琉球國(오키나와)에서 암수 한 쌍을 진상하여 처음 조선에 들어왔다.[80] 정부는 이를 창덕궁 후원에 두고 기르다가 여러 고을에 나누어주어 기르게 하였다. 각 읍에서 기른 물소는 조선에 온 지 17년 만인 성종 10년(1479)에 70여 두로 증식되었다.

성종은 물소의 수를 더욱 증식하고 아침저녁으로 훈련을 시켜 길들이도록 조치하고 물소를 민간에 나누어 주어 농사용으로 훈련시키자는 의견을 냈으나 신하들은 물소의 성질이 사납다며 부정적인 견해를 나타냈다.[81] 연산군은 그 동안 숫자가 많이 늘어난 물소를 각 고을에서 농경용으로 조련시켜 그 결과를 보고하라고 각 도의 감사에게 지시하였다.[82]

그러나 물소는 성질이 조급하여 마른 땅에서는 질주하고 습한 땅에서는 앞으로 나아가지 않고 추위를 싫어하고 물건도 나르지 못하다며 역우로 부적당한 것으로 결론지어 관에 의한 물소의 적응시험은 중종 4년(1509) 대사간 최숙생의 진언으로 47년 만에 끝났다.

그 후 물소는 원하는 사람들에게 나누어 준 것으로 보이는데 중종 5년(1510) 9월 27일 조강朝講에서 시독관 유순정柳順汀이 하사 받은 물소를 이용하여 인천의 농장에서 밭을 갈았는데 보통 소의 두 배 일을 하였다고 보고하였다. 김해부사 이손도 물소로 밭을 갈았는데 보통 소의 두 배 일을 했다는 보고를 했으나 그 후 이 문제를 어떻게 처리하였는 지 기록이 없다.

중국의 남부에서는 물소를 역우로 사용하고 있을 뿐만 아니라 물소를 받은 일부 관원들이 물소를 사용하여 밭을 가는데 성공하였다는 보고가 있었는데도 왜 물소의 역우화 사업을 중단했는지 알 수 없다. 더욱 의문

---

80) 『世祖實錄』 세조 8년 3월 14일 무인.
81) 『成宗實錄』 성종 10년 2월 24일 신해 ; 성종 24년 8월 20일 임오 ; 성종 24년10월 4일 을축.
82) 『연산군일기』 연산군 3년 6월 24일 갑오.

인 것은 외국의 물소는 농경용으로 활용하고자 노력했으면서 중국에서는
예부터 밭갈이용으로 사용하는 말은 왜 우리나라에서 농사용으로 시도해
보지 않았는가 하는 점이다.[83] 조선도 중국에서 처럼 소와 함께 말을 농
사용으로 사용하였다면 농민들의 노고가 훨씬 줄었을 것이며 노동생산성
과 토지생산성을 제고하는 데 큰 도움이 되었을 것이 분명하다.

3. 抑商工政策

1) 억상정책

(1) 유학사상과 務本抑末

유학을 국정 교학으로 삼아 건국한 조선의 경제정책 근간은 무본억말
務本抑末이었다. 즉 농업을 근본으로 삼아 육성하고 상업과 수공업은 말
업末業으로 취급하여 적정한 수준에 머무르도록 발전을 억제하겠다는 뜻
이다. 이에 따라 조선시대의 농본주의 정책은 한편으로는 중농정책을 강
조하면서 다른 한편으로는 억상공정책抑商工政策을 펼치는 이중적 정책이
라는 특성을 지니게 되었다. 중농억상의 경제이념은 고대 유학으로부터
출발하였으나 처음부터 상업과 수공업의 역할과 중요성을 부정하는 것
은 아니었다.

원래 맹자를 비롯한 초기의 유학자들은 백성들의 생활이나 국가의 재
정운용 과정에서 공장인工匠人들의 공예품과 상인들의 교환기능을 필요로
하였기 때문에 상업과 수공업도 농업과 함께 사민지업四民之業의 하나로
인정하고 있었다. 이들은 농업이 민생과 국가운영에 필요한 의식의 원천

---

83) 김영진·이은웅, 위의 책.

이지만 농업이 모든 물품을 생산할 수는 없기 때문에 수공업이 필요한 것을 제공해야 한다고 생각하였다. 상업은 고유의 교환기능을 통해 농업과 수공업을 매개하는 역할을 하는 것이므로 사士·농農·공工·상商이 서로 분업하며 보완해야 한다고 생각하였다.

그러나 유생들은 농업은 국가의 본本으로 되도록 자급자족적 체제를 유지하는 것을 이상적으로 여겼고 상·공업은 자급자족적 농업을 기반으로 하는 경제에서 부수적인 것으로 유무상통有無相通의 범위를 벗어나 지나친 이익을 추구해서는 안 된다고 보았다.

맹자에 의하면 유통이란 본시 있는 것과 없는 것을 서로 바꾸는 것으로 원활한 유통이 중요하기 때문에 주나라에서는 시장을 관리만 할 뿐 세금을 부과하지 않았으나 유통을 이익추구의 수단으로 삼아 시장의 이익을 독점하는 천장부賤丈夫가 나타나 유무상통의 좋은 뜻을 변질시킨 후부터 시장에 세금을 부과하기 시작하였다는 것이다.[84) 상공인에 대한 부정적인 평가는 법가를 비롯한 다른 학파에서도 산견된다.

조선의 유학자들도 농업은 왕도정치를 실현하는 데 필요한 직업이고 속임수가 많은 상·공업은 인의仁義에 부합되기 어려운 것으로 보았다.[85) 이와 같은 인식 때문에 조선의 유자들도 상·공인의 업과 지위를 선비와 농민의 그것과 같게 보지 않았다. 유자儒者들이 농農을 본本으로 공工과 상商을 말末로 보는 산업관은 자연스럽게 해당 직업에 종사하는 사람들에 대한 신분관으로 연장되어 농업에 종사하는 선비와 농민의 신분은 귀한 것으로 상인과 공인은 천한 것으로 간주하였다.

조선의 성리학자들은 사士와 농은 관직을 받아 조정에 입사할 수 있지만 상과 공은 여기에서 제외해야 한다고 생각하였다. 이와 같은 시각을 받아들여 조선은 건국 초 과전법 토지개혁 때 상인과 공인에 대해서도

---

84) 『孟子』公孫丑 下.
85) 李宗祜, 『朝鮮時代의 經濟思想』, 민속원, 1993.

공사천인公私賤人, 무속인, 창기, 승려 등과 같이 취급하여 토지의 분급을 불허하고 이를 법전에 규정하였다.[86]

정도전은 "선왕이 공상세工商稅를 제정한 것은 말작末作을 억제하여 본실本實에 돌아가게 하기 위한 것이다. 우리나라에서는 과거에 공·상에 관한 제도가 없어 백성들 가운데 게으르고 놀기 좋아하는 자들이 모두 공과 상에 종사하므로 농사짓는 백성들이 날로 줄어들고 이로 인해 말작이 발달하고 본실이 피폐하였다"[87]며 상과 공이 성하면 농업생산이 줄어들기 때문에 상인의 수를 줄이기 위해 공상세工商稅를 만들었다고 회고하고 있다.

(2) 조선전기의 억상정책

조선은 건국 초부터 고려시대에 성행하던 향시鄕市를 폐지하는 한편 상인을 통제하고 도량형과 물가를 관리하기 위해 경시서京市署라는 관청을 만들고 상업 활동을 국가 차원에서 관리하기 시작하였다. 조선시대 초기의 상업은 시전市廛과 행상行商의 형태로만 운영되었다.

시전은 국초부터 도성의 종로에 건립한 관설 점포에 입주한 상점을 말하는데 이들은 국가로부터 허가를 받은 관상官商으로 정부 및 왕실의 소요품을 조달하고 공물貢物 등으로 들어온 정부의 잉여물자를 처분하는 기능을 가졌다.

행상은 오랜 역사를 지녔는데 행상에는 보상褓商과 부상負商과 선상船商이 있었다. 보부상은 농촌마을을 돌아다니며 농촌에서 생산하기 어려운 소금과 새우젓, 옷감, 바늘, 그릇, 낫과 호미 등을 쌀과 콩 등을 받고 팔았다. 선상은 배를 이용하여 주요 포구를 연결하며 지역 특산물과 곡물, 어염 등 부피가 크고 무거운 물건을 교역하며 보부상에게 상품을 조달하는

---

86) 『태조실록』 태조 2년 12월 己丑.
87) 정도전, 『朝鮮經國典』 상, 賦典.

역할을 수행하였다.

정부는 상업의 번창을 억제하기 위한 수단으로 도성에서는 시전을 두어 독점적인 영업을 허가하고 지방에는 행상에게 노인路引이라는 영업 허가증을 주고 선상에 대해서도 매월 세금을 부과하였다. 노인은 신청하는 사람에게 다 내주는 것이 아니고 일정한 한도를 두어 운영하였다.

이 당시 관리와 유학자들은 상인들이 의도적으로 농업에서 도피하여 이익이 많은 상업에 종사하는 사람들이라는 인식이 팽배하였다. 태종 때는 노인이 없는 상인들은 모두 유인遊人으로 취급하여 단속의 대상이 되어 갖고 있는 재화를 몰수당하고 무허가 상인을 고발하는 사람에게는 저화楮貨 50장을 주기도 하였다.

평안도 감사는 서울에서 온 상인들을 흥리인興利人으로 보고 이들이 긴요하지도 않은 잡물을 가지고 다니며 무지한 백성들을 꼬여 미곡을 받고 팔기 때문에 백성들의 씀씀이가 한없이 늘어나고 또 이 때문에 농민들이 춘궁기에 빌려 먹은 정부의 곡식을 갚지 못하고 있으니 상인들이 평안도의 미곡을 사들이고 다시 파는 등의 상행위를 금지시켜 달라고 왕에게 요청하여 허락을 받았다.[88]

태종은 사대부들이 몰래 노복을 시켜 장사하는 일이 비일비재하다는 보고를 듣고 "농업을 후하게 대하고 말업을 억제하고 노는 무리를 엄격하게 금하라"[89]고 지시하여 농업을 본으로 보고 장려할 산업으로 생각하였지만 상업의 역할은 부정적으로 평가하였다. 전라도 관찰사 이귀산李貴山이 "상고商賈들은 농업을 일삼지 않고 병역을 기피하고 있으니 그들 가운데 경외관京外官의 노인이 없는 자는 모두 그 재화를 몰수하고, 고발하여 체포하게 한 자는 저화 50장을 상 주면 놀고먹는 무리가 없어질 것입니다"[90] 라고 진언하자 태종은 이를 수용하여 그대로 실시하였다.

---

88) 『太宗實錄』 태종 11년 2월 1일 임진 ; 태종 17년 5월 7일 임진.
89) 『태종실록』 태종 9년 6월 25일 병인. "厚本而抑末痛禁遊手之徒"

(3) 場市의 금지

조선 초기에 향시鄕市는 존재하지 않았다. 성종 원년(1470) 혹심한 흉년을 맞아 전라도 무안지방의 농민들이 자구책으로 읍내의 길거리에 모여 처음 장문場門이라고 일컫는 저자가 열렸는데 이 장시場市는 곧 전라도 각지로 퍼졌다. 장시는 한 달에 두 번씩 열렸는데 전라감사의 보고를 받고 호조에서는 이것을 근본을 버리고 말을 따르는 흥리지도興利之徒들이 떼지어 나타난 대단히 우려할 사태로 보고 장시의 금지조치를 취하였다.[91]

정부의 관리들과 유생들은 향시 또는 장시를 정부의 기본 경제정책인 무본억말務本抑末 정책에 위배되는 현상으로 보았다. 장시를 열리게 내버려두면 농민들이 농업을 버리고 말업을 쫓고 물가를 올리는 폐단을 낳을 뿐만 아니라 사치를 조장하고 도둑들이 생긴다고 보았다. 뿐만 아니라 농민들이 이利가 후한 상업을 쫓아 농업을 버리고 상인이 되므로 농업생산이 감소한다고 믿어 장시를 금지하지 않으면 안 된다고 생각하였다.

장시는 과전법 토지제도가 붕괴되고 그 부작용이 발생하던 중종 때부터 더욱 발달하여 지방의 여러 곳에 7일장이 생겼다.[92] 정부는 장시가 처음 출현했을 때부터 왕명으로 장시의 폐지와 금지를 여러 차례에 걸쳐 명하였지만 아무런 효과도 없었다.

16세기 말에 들어와서는 일부 관리들은 장시가 흉년을 당해 살길이 없는 농민들의 생계유지에 필요한 존재이므로 장시를 아주 금해서는 안 된다는 주장이 대두하기 시작하였다.[93] 이들은 도적들이 출몰하는 것을 막기 위해서는 각지의 장시를 같은 날짜에 일제히 열도록 하고 장시를 전면 폐

---

90) 『太宗實錄』 태종 11년 2월 1일 임진.
91) 『成宗實錄』 성종 3년 7월 27일 임술 ; 성종 7년 10월 23일 계사.
92) 『中宗實錄』 중종 12년 8월 5일 무신.
93) 『明宗實錄』 명종 원년 2월 23일 경술.

지할 것이 아니라 새로 생기는 것만 금지해야 한다는 견해를 갖고 있었다.

이 무렵 장시가 성행하게 된 원인은 토지의 겸병이 심화되어 농민층의 분화와 함께 몰락하는 농민들이 살 길을 찾아 장시로 몰려들고 대농들과 수공업자들이 이利가 후한 농산물과 수공업제품의 생산과 공급을 증가시켰기 때문이었다. 토지의 겸병이 증가되는 중요한 이유의 하나는 세조 때 관리들에게 분급하던 과전의 폐지와 직전법의 시행, 그리고 명종 때 수조권收租權의 폐지와 관수관급법의 채용 등이 지배계층의 토지의 수요를 촉발하였기 때문으로 보인다.[94]

중종 때 대사헌 김당金瑺은 근래에 상업에 종사하는 백성의 수가 늘어나면서 농업을 소홀히 하는 기풍이 만연되고 있으니 다시 무본억말務本抑末 정책으로 회귀해야 된다고 주장하였다. 그는 중종에게 올린 상소를 통해 상업을 억제하고 농본주의 정책으로의 복귀를 강조하였다.

> "우리나라의 왕업이 튼튼한 기반 위에 서게 된 것은 세종께서 백성의 식량을 중시하신 데 근본을 두고 있습니다. 요사이는 국가가 농정을 방치하고 餘事로 여겨 백성이 末業에만 몰리고 농사일은 하지 않으며 맛나는 음식과 고운 옷을 입는 자들이 날로 많아져 獄訟이 일어나므로 奸僞가 더욱 심해지고 풍속이 점점 야박해지고 있습니다."
>
> "그리하여 소 팔아 장사나 하고 농사짓기를 부끄럽게 생각하여 밭이 있어도 갈지 않고 방치하니 쑥대만 자라고 있습니다. 비록 비가 알맞게 오고 바람이 적당히 불어도 좋은 곡식을 생산할 수 없고 가난에 시달리고 미련하여 다른 생업을 할 수 없는 사람들만 농사를 짓되 남의 밭을 경작하고 있습니다. 이들은 한 해 부지런히 고생하여 생산한 곡식을 지주에게 바치므로 하루 먹을 것도 없게 되니 어찌 곤궁하지 않겠습니까."
>
> "삼가 바라건대, 전하께서 祖宗들이 권농하신 遺敎를 받잡고 『經國大典』의 농사에 힘쓰는 조문을 밝히시어 迂遠한 일만 하실 것이 아니라, 먼저 艱難한 농사를 중히 여기시되 수령들을 단속하여 요역을 줄이고 농시를 빼앗지 못하게 하고, 사람들이 게으르게 노는 것을 금하고 많은 농민이 농토를 맡아

---

94) 이와 유사한 해석은 다음 문헌에도 보인다. 李景植, 「16세기 場市의 성립과 그 기반」『한국사연구』57, 1987.

농사에 힘쓰도록 한다면 곧 재물이 풍족해지고 먹을 것이 넉넉해져 孝悌를
일으키게 될 것입니다. 나라를 다스리는 요체는 이보다 우선하는 것이 없습니
다."95)

(4) 大同法의 실시와 市場의 활성화

상업과 장시에 대한 정부의 부정적인 생각은 18세기 후반까지 계
속되었다. 그러나 임진·병자의 양란이 끝난 후에는 대동법의 실시로
유통경제가 발전하고 신분질서의 동요로 사회분위기가 바뀌면서 장
시의 금지를 더 이상 주장할 수 없게 상황이 바뀌었다. 양란의 피해
가 회복되면서 토지의 사적 소유가 강화되고 대동법의 실시로 인한
독립적 수공업자의 시장 참여 그리고 화폐의 통용 등으로 상·공업이
활성화 되고 이에 따라 장시가 더욱 번성하게 되었다.

상업이 활기를 띠게 된 직접적인 원인은 대동법의 실시로 인한 자유공
장인의 등장과, 도시인구의 증가로 인한 자유상인들의 증가에 있었다. 자
유상인들의 증가는 자연히 난전亂廛(자유시장)의 발생을 유도하였고 난전
의 규모확대는 시전의 독점권을 가진 특권적 기존 상인들의 힘만으로는
막을 수 없었다. 결국 18세기 말 正租에 의해 금난전권禁亂廛權이 폐지되
자 상업은 자유경쟁체제로 들어가게 되고 이는 유통의 발전을 촉진시켰
다. 18세기 말 5일장 체제는 전국으로 확산되었고 매 5일마다 전국의
군·현에서 1,000개가 넘는 5일장이 열렸다.

그러나 18세기의 상·공업의 발전에는 한계가 있었다. 이는 생산력의
발전이 근대화되지 못하고 가내공업의 수준에 머물러 물산이 풍부하게
공급되지 못하였고 교통과 운송수단의 미발달로 상품의 이동이 제약을
받은 데 큰 원인이 있었다고 할 수 있다.

유학자들의 상·공업에 대한 부정적인 인식은 조선 건국 시부터 18세

---

95) 『中宗實錄』 중종 12년 1월 11일 丁亥.

기 후반에 이르기까지 상·공업에 대한 억제정책으로 표출되었다. 상공업에 대한 부정적인 견해는 19세기에 들어와서야 일부 북학파 실학자들에 의해 긍정적인 평가를 받게 되었고 외세에 의해 국권이 흔들릴 때가 되어서야 상·공업의 육성을 통해 경제를 발전시키고 부국강병의 기틀을 마련해야 한다는 정도로 인식이 바뀌었다.

2) 防穀令과 抑商主義

(1) 미곡상인의 貿穀억제

조선시대에는 곡가의 가격 결정은 원칙적으로 시장기능에 맡겨져 있었다. 추수기에는 쌀과 콩, 기장 등 곡물이 한꺼번에 시장에 나오기 때문에 가격이 떨어졌고 춘궁기에는 공급량이 줄어들어 가격이 급등하였다. 또 풍년과 흉년에는 쌀값이 더욱 큰 폭으로 하락하고 상승하였다.

이 시대에는 3~4년에 한 번 꼴로 큰 흉년이 찾아왔다. 그러나 전국적인 흉년보다는 지역적으로 편재하는 흉년은 더욱 많아 거의 매년 어느 한 지역에서는 기근문제가 일어나다시피 하였다. 일부 지역에 흉년이 오면 곡물가격의 지역차를 노리는 상인들의 활동이 활발하게 일어났다. 상인들은 운송수단과 자본만 있으면 큰 이익을 낼 수 있었다. 예를 들면 세조 6년 경기, 황해, 평안도 지역에 흉년이 들자 상인들이 배를 이용하여 전라도에 가 쌀을 사다가 판매하여 수 배의 이익을 취하였다.

그러나 다른 한편으로는 흉작인 지역의 수령들이 관내의 곡물 유출을 방지하고자 외부 상인의 통행을 금지시키고 곡식의 매입을 막는 조치가 종종 취해졌다. 이와 같은 조치는 처음에는 함경도와 평안도 등 식량 생산이 부족한 지역에서 많이 일어났는데 외지의 상인들이 들어와서 불요불급한 물건으로 어리석은 백성들을 꼬여 쌀을 사가므로 흉년에 큰 문제가 될 것이라며 상인들의 출입을 막아 줄 것을 요청하는 데서 비롯되었다. 심한 경우에는 상인들이 기근을 악화시킨다는 이유로 이듬해 추수기까지 선상船商과 상인의 출입을 막는 일도 있었다. 세종 때부터 중종 때까지 이런 일이 함길도, 평안도, 전라도, 경상도 등 각 지역에서 벌어졌다.96)

세종도 민본주의와 왕도주의의 실현에 누구보다도 열심히 노력한 임금이었지만 그도 유학을 공부하였기 때문인지 상업의 기능에 대해서는 매우 부정적으로 생각하였다. 세종은 흉년에 양곡을 무역하여 이익을 보는 상인들을 엄하게 단속하라는 지시를 여러 차례 반복하여 내렸다. 그는 전라도에 흉년이 들었을 때 장사치들이 시골마을을 돌아다니며 감언이설로 긴요하지 않은 물건을 팔고 곡식을 받아가는 일이 증가하고 있으니 흉작에 대비하기 어렵다는 전라감사의 보고를 받고 정사년까지 행상을 금지시키도록 조치하였다.

세종은 또 함길도에 흉년이 들자 함길도의 곡물이 역외로 반출될 것을 염려하여 상인들의 왕래를 금지시켜 달라는 함경감사의 요청을 허가하여 주었고 함길도·평안도·황해도·강원도에는 외지의 상인들이 들어오는 것을 금하는 법령을 강화하였다.97)

이와 같은 조처는 초기 형태의 방곡령防穀令으로 볼 수 있는데 유학을 배운 관리와 식자들이 상인의 경제적 기능과 유통에 대한 인식이 미흡하고 관리들이 갖고 있는 유학적 억상주의抑商主義 관념에서 비롯된 것으로 보인다.

18세기에 들어와 상업의 역할에 대한 부정적인 인식이 다소 줄어들었으나 18세기 후반에 들어오면 기근을 당했을 때 양반 식자층에서 시장의

---

96) 『世宗實錄』세종 4년 11월 21일 임오 ; 세종 17년 2월 갑자 ; 세종 18년 8월 경신 ; 세종 28년 8월 을미 ; 『成宗實錄』성종 6년 8월 19일 을미 ; 성종 12년 9월 18일 기축 ; 『中宗實錄』중종 7년 7월 19일 경인.

97) 『世宗實錄』세종 4년 11월 21일 임인 ; 11년 10월 21일 갑오 ; 17년 8월 13일 ; 18년 7월 27일 경신.

역할과 유통의 기능을 해 더욱 회의적으로 보는 시각이 다시 나타났다. 이는 사회통합적 역할을 해오던 정부의 기근 구제기능이 무력하게 되자 일어난 현상으로 보인다.[98]

정조 19년(1795) 쌀값 안정화 대책을 논의하는 자리에서 좌의정 유언호가 "시중 쌀값이 오르는 것은 부유한 상인들이 사재기를 해놓고 쌀을 시장에 내놓지 않는 데 원인이 있으므로 관에서 몇 년 동안의 평균으로 공시가격을 정해서 쌀을 팔도록 강제하고 한강에 있는 미곡 선상들의 동향을 엄중히 사찰하여 마곡상들의 농간을 막아야 한다"고 대책을 제시하였다.

이에 대해 정조는 "물건 가격이 때에 따라 다른 것이 물건의 속성이고 장사꾼들은 이익을 추구하는 것이 속성인데 만일 그들이 도성 내에서 이익을 얻지 못한다면 곡식을 싣고 온 배의 방향을 돌려 다른 데로 가지 않는다고 어떻게 보장할 수 있겠는가"라고 물으면서 "이런 말을 하는 의도는 좋으나 현실사정에 어두운 서생의 주장과 같다"[99] 고 평하면서 그 대책의 비현실성을 지적하였다. 정조가 신하들보다 경제가 돌아가는 원리를 더 잘 알고 있다는 대목이다.

정조 23년 양주유학 안성탁安聖鐸은 "곡식을 갖고 있는 지주나 상인이 다른 지방 사람에 곡물을 매매하지 못하게 하고 본 고을에서만 팔도록 하면 돈이 없는 사람도 걱정 없이 곡식을 구입할 수 있고 돈이 없어 빌리려는 사람도 형편이 좋아지니 부자들의 곡식을 타 지방으로 판매하는 것을 법령을 만들어 금지시키자"[100]고 정부에 건의하였다. 장령 이현옥李鉉玉은 "부상富商으로 하여금 곡식을 다른 곳으로 유출시키지 못하도록 하고 관내에서만 팔도록 하여 춘궁기에 그 지역 주민들이 사먹을 수 있도

---

98) 吳浩成, 『朝鮮時代의 米穀流通시스템』, 국학자료원, 2007.
99) 『正祖實錄』 정조 19년 2월 10일 임술.
100) 『日省錄』 정조 23년 3월 19일, 楊州幼學 安聖鐸 所陳農書.

록 하여야 한다"[101]고 주장하여 당시 식자들의 유통에 대한 인식을 보여주고 있다.

심지어 정조 때 경상도 힘양현咸陽縣은 풍년이 들었는 데도 불구하고 흉년 대비 곡물 저축책의 일환으로 각 마을에 전령을 보내 장시에서 사사로운 쌀의 매매를 금지하고 한 되의 쌀이라도 다른 고을의 관민에게 판매하는 자는 엄중 처벌할 것을 관내 행정관들에게 지시하였다.[102]

함경도 홍원洪原에서는 외지 상인들의 곡물 매입을 금지하지 말라는 함경도 감영의 지시에 대해 "작년 본 읍에 흉년이 들었을 때 이웃 통천읍이 방곡防穀을 하여 곤궁한 처지를 당했다. 금년에 본 읍의 곡식이 타지에 팔려나가도록 허용하면 본 읍에 흉년이 들 경우 빈농들이 굶어 죽을 수밖에 없다"[103]며 방곡의 필요성을 주장하는 정도였다.

(2) 방곡령과 기근피해의 확대

당시 유생들은 환곡還穀제도의 기능 상실로 인한 정부차원의 대책을 기대할 수 없는 상황에서 지역 단위의 자급자족식 폐쇄경제만이 흉년 기근문제를 해결할 수 있는 것으로 생각한 듯하다. 결국 이런 사정으로 타지역 상인들의 시장접근 금지와 방곡령을 경쟁적으로 내린 배경으로 보인다.

정부는 방곡령을 법적으로 공인한 것은 아니었으나 각 지방 수령들이 각자의 고을에서 구황의 한 방법으로 방곡령을 수령들의 재량권으로 인정하는 태도를 보였다. 그러나 수령들은 흉풍을 가리지 않고 상인들의 미곡매매를 금지하거나 상인들의 무곡선貿穀船을 압류함으로써 한성을 비롯한 소비지의 곡가 상승을 초래하는 일이 잦자 상인들의 곡물구입을 막지

---

101) 『承政院日記』 영조 40년 1월 9일 신유.
102) 牒草, 정조 5년 8월 29일.
103) 『公移占錄』 李永世, 「18·19세기 곡물시장의 형성과 유통구조의 변동」 『한국사론』 9, 1983.

말고 선박을 압류하지 말 것을 지시하였다.[104] 그래도 폐단이 그치지 않
자 정부는 수령들의 방곡령은 불법이라는 것을 환기시키고 방곡령의 발
동을 금지시켰다.[105]

정부는 방곡령을 법령으로 제정하지 않고 수령들이 내리는 방곡령을
금지하였지만 수령들의 자위적 태도가 미곡의 원활한 유통을 어렵게 하
고 흉년으로 인한 피해를 더욱 크게 만들었다. 19세기부터 정부의 관곡
매매에 의한 곡가 조절능력은 거의 실종되었다.

이 당시 정약용은 흉년에는 미곡상인들의 출입을 금지해야 한다는 유
학자들의 일반적인 생각과는 반대되는 생각을 가지고 있었다. 그는『목
민심서牧民心書』를 통해 수령들이 남발하는 방곡령을 반대하며 "이웃 고
을에 곡식이 있으면 비록 나라에서 금한다 할지라도 사사로이 사들여야
한다. 강이나 바다의 어귀에서는 모름지기 저점邸店(여각)을 살펴서 그들
의 횡포를 금하고 상선商船으로 하여금 모여들게 하여 무곡을 자유롭게
하게 하여야 한다"[106]고 주장하였다.

3) 鑛工業 억제정책

조선 전기의 가내공업 또는 수공업을 위주로 한 공업은 자유업이 아니
었다. 이 당시 공업은 실질적으로 관장제官匠制 수공업으로 만 존재할 수
있었다. 공인들은 정부의 각 기관에 예속되어 정부가 필요로 하는 물품을
생산하였다. 공조를 비롯한 중앙관서에 예속된 장인을 내공장內工匠이라
하였고 지방관서에 예속된 장인을 외공장外工匠이라고 불렀다.

장인은 양인과 공천公賤으로 구성되어 소속 관부에 등록시킨 다음 각
관아에서 필요로 하는 물품을 생산하기 위한 부역노동에 종사시켰다. 장

---

104)『承政院日記』영조 7년 10월 8일 무술.
105)『備邊司謄錄』순조 22년 2월 11일.
106) 丁若鏞,『牧民心書』賑荒六條.

인들은 관용 수공업제품을 생산한 후 여가시간에 자기 제품을 만들 수 있었는데 자기제품을 만들기 위한 노동에 대해서는 별도로 과세하였다.

정부는 각 관부에 예속된 장인들을 감독하고 생산을 독려하기 위해 소수의 관리를 두었으나 이들은 양반직과 구분하여 별정직인 잡직雜職으로 보임하고 7품 이하의 관리에 임명하였다.

농민들도 집에서 수공예품을 생산할 수 있었다. 농민들은 대체로 자급 자족 체제를 갖추어 필요한 물건을 스스로 생산하였으나 생산할 수 없는 물건은 상인들을 통하여 구입하였다. 농민들이 생산하는 가내공업의 대표적인 상품은 면직물, 마직물, 모시, 명주 등으로 생산물의 일부를 공물 貢物로 정부에 바쳤다.

조선전기의 관장제 수공업은 생산성이 낮고 기술개발의 유인이 적어 발전이 별로 없었다. 조선후기 대동법이 실시되고 대부분의 관장제 공업이 철폐되고 난 후 수공업은 시장을 상대로 제품을 생산하였다.

광업도 민간의 광산활동을 불허하고 국영광업체제를 유지하였다. 광업활동은 조선 말기 고종 때까지 민간의 채광금지와 여기에서 비롯된 야금기술의 미발달 등으로 극도로 제약되었다.

조선 전기에는 금·은·동·연·철과 같은 주요 광석의 민간채굴을 금지시키고 정부에서 농민들을 부역으로 동원하여 필요한 만큼만 채굴하여 제련하였다. 환언하면 해당 광물의 산지 수령이 관내의 백성들을 동원하여 광석을 채굴하여 제련한 다음 이를 해당 지역의 관납공물官納貢物로 중앙에 상납하였다.

광물의 채굴은 조선 후기 숙종 때부터 약간의 변화가 있었다. 즉 평안도 자산에 있는 금광에 대해서만 민간의 채굴이 허용되었고 은광은 효종 때 파주, 교하, 춘천, 곡산, 공주 소재의 것만 민간에 개방되었다. 우리나라에는 금·은·동·철 등이 산출되는 광산이 많은데 정부에서는 엄한 금령을 내려 관에서 채굴하는 것도 허가하지 않는다.

정약용은 그 까닭을 첫째 중국에서 알면 광물을 보내달라는 요구가 끊이지 않을 것이고, 둘째 무뢰배들이 몰려들어서 풍속을 해치고 반란을 도모할까 염려스럽다는 것이며, 셋째 군자는 이利를 물리치고 재물을 가벼이 여기는데 소인들은 이를 탐한다는 것이요, 넷째 백성들이 농사를 버리고 금·은점으로 몰려들 우려가 크고 또 농사에 힘쓰는 집에서 일꾼을 얻기가 힘들다는 것이라고 설명하고 있다.[107] 금·은을 비롯한 일반 광물의 민간 채굴은 고종 때가 되어서야 허가되었다.

4) 해외무역 금지정책

(1) 私貿易의 금지

조선왕조는 개국 초부터 19세기 말 개항 때까지 일관되게 사대교린의 외교원칙에 입각하여 조공朝貢과 같은 정부간의 거래만 인정하고 일체의 민간에 의한 무역은 금지하거나 제한된 범위에 한해서 만 묵시적으로 인정하였다. 조공이란 형식적으로 볼 때 종속적 위치에 있는 나라가 종주국에 대해 예물을 보내는 것을 말하지만 내용적으로 볼 때 조공품과 사여賜與형식의 답례품을 주고받기 전에 서로 필요한 물품과 수량에 대해 상의하여 결정하였기 때문에 사실상 조공무역은 국영무역이라고 볼 수 있다.

조선정부가 민간의 무역행위를 금지시킨 것은 명·청나라가 대외교역을 금지하고 조공무역으로 한정시킨 데에도 원인이 있지만 조선정부도 무본억말務本抑末의 유학적 경제관 아래 모든 상업활동을 국가적 통제 아래 두고 억제하려고 하였고 또 무역을 사치와 낭비를 조장하는 원천으로 보았기 때문이었다. 유학은 사치와 낭비를 배격하고 검소와 절약을 미덕

---

107) 丁若鏞, 『經世遺表』 地官修制, 田制 9.

으로 생각하였다.

조선의 무역 상대는 명·청·일본·여진 등이었다. 중국에 대하여서는 조공무역과 사신 수행원에 의한 사무역, 일본의 경우 통신사와 왜관무역, 여진의 야인들에 대한 경원慶源, 경성鏡城, 회령會寧 등지에서의 개시開市, 조선 중기 이후에는 압록강 변 중강中江과 책문冊門에서의 개시 등을 통해 교역이 이루어졌다.

압록강 변에서의 개시는 조·중 쌍방의 합의 아래 무역의 총량과 대상 물품의 종류를 정해 놓고 일 년에 2~4회씩 쌍방의 감시 아래 이루어졌다. 사신 수행자들의 물화 종류와 소지량 등도 법으로 정하였고 외국 상인들과의 밀무역은 엄격하게 금하였다. 민간인들의 국경부근에서의 밀무역은 모두 금지되었다. 이 규정을 어길 경우 최고 사형을 비롯한 엄벌이 따랐다.[108] 사신 수행자의 금지 물품은 시대마다 달랐는데 대체로 포·인삼·은화 등으로 일정량 이상의 소지를 금지하였다.

중국과의 조공무역은 세폐歲幣와 년례 방물方物, 별편방물別便方物 등으로 상대방의 요구에 따른 물품이 대부분이었다. 중국은 조선 초기 태조 5년부터 세종 32년 간 50년 동안에 말 4만 필, 소 2만 필을 요구하여 조선 우마의 씨가 마를 정도였다. 병자호란 직후에는 중원을 차지한 청은 수 10만 석의 쌀을 세폐로 가져갔는데 그 대가는 주로 라사羅紗와 능단綾緞 같은 고급 비단과 약재와 옥, 서적 등이 주종을 이루었다.

중국과 일본에 대한 수출품은 소, 말, 쌀, 면포, 저포, 인삼, 등 대개 생필품이었는데 수입품은 주로 라사와 능단 같은 고급 비단과 옥, 약재, 후추, 서각犀角 등 사치품을 도입하였다. 특히 중국에서 들어오는 각종 고급 비단과 옥을 비롯한 장식물들은 왕가와 서울 사대부가의 사치를 조장한다는 비판이 많아 무역을 부정적으로 보는 원인을 제공하였다.

해외무역에 대한 국가의 통제는 불법적인 사무역私貿易 또는 밀무역을

---

108) 『經國大典』; 『續大典』; 『大典通編』 刑典, 禁制.

조장하는 결과를 가져왔다. 중국과의 사무역은 주로 중국으로 가는 사신단의 구성원들에 의해 행해졌다. 이들은 중국에서 값비싸게 팔 수 있는 인삼과 우피 등을 가져다 팔고 조선에서 인기있는 중국의 비단과 사치품을 구입, 판매하여 막대한 이익을 얻었다.

사무역은 통역을 맡은 역관들이 주도하였다. 조선 후기 사행단을 수행하는 역관이 사무역을 통해 많은 수입을 얻자 무역로에 접한 의주, 평양, 개성, 서울의 상인들이 관아에 청탁을 넣어 사행단에 무역별장을 동행시키기 시작하였다. 예산 부족에 어려움을 겪던 지방 관아들도 무역별장을 딸려 보내 이들에게 무역에 종사하도록 하기도 하였다.[109]

일본과의 무역도 공무역과 사무역으로 구성되었다. 공무역은 일본 특히 대마번對馬藩의 진상과 이에 대한 조선의 회사로 이루어졌고 사무역은 조선으로부터 허가를 받은 소수의 일본 상인들과 동래 상인들 사이의 거래를 말한다. 사행무역使行貿易에 종사하는 의주와 개성상인 그리고 왜관에 나와 있는 일본상인들과 거래를 할 수 있는 동래상인들은 청과 일본 사이에서 중계무역을 통해 많은 부를 축적하기도 하였다.

(2) 독점무역의 폐해

18세기 초 대청무역에 큰 변화가 일어났다. 청나라는 개국 초기부터 외국과의 해외무역을 엄격히 금지하였는데 숙종 말경인 1730년경에 해금령을 해제하였다. 이 결과 청나라의 상선들은 일본의 나가사끼에 상관商館을 설치하고 직접 일본에 드나들며 무역을 하기 시작하였다.

일본 상인들은 그 동안 중국의 사치품을 구하기 위해 조선의 왜관에 드나들었으나 청상과의 직거래가 가능하게 되자 조선의 중계무역은 쇠퇴하게 되었다. 18세기 초 중국과 일본은 민간인의 해외무역을 금지하는 규정을 철폐하여 해외무역에 종사할 수 있게 되었으나 조선의 해금령은

---

109) 국사편찬위원회,『한국사』 33, 1997.

19세기 말 외압에 의한 개항 때까지 계속되었다.

무역의 제한은 외국에 갈수 있었던 기회를 가진 사람들에게 제한되어 있었기 때문에 이들은 독점적 지위를 누릴 수 있었고 그로 인해 백성들은 자유로운 무역거래에 비해 비싼 값에 수입품을 구입해야 하였다. 국경을 건너는 권리와 관련하여 뇌물이 오가면서 부정부패가 발생하였고 이것이 고착화되어 국가기강을 문란하게 하였다.

더욱이 문제가 되는 것은 제한된 해외교류는 정보의 흐름을 막아 세계정세를 두루 파악하는 것을 불가능하게 하였고 이것은 조선의 경제발전을 막는 결과를 초래하였으며 19세기 말 조선을 열강들의 각축장으로 만들었다.

제 7 장

農本主義 社會政策

1. 救恤政策

1) 賑貸制度와 賑濟制度

조선시대는 유학의 정치이념인 왕도주의와 민본주의에 따라 백성 가운데 한 사람이라도 굶주리는 사람이 있으면 이것은 국왕의 책임이라는 인식이 강하였다. 유학은 사회복지문제는 기본적으로 가족차원에서 해결하고 가족이 없는 사람은 국가가 해결함으로써 모든 인간은 사람다운 삶을 누리도록 해야 한다는 주장을 갖고 있었다.

이것은 요·순 이래 삼대의 전통을 따른 것으로 맹자는 주 문왕의 고사를 들어 환鰥·과寡·고孤·독獨을 먼저 보살피는 것이 인정仁政의 첫걸음이라고 가르쳤다. 『예기禮記』에는 가족이 있는 사람은 가장에 의해 사랑을 누리고 가족이 없는 곤궁한 사람은 국가가 돌본다고 기록하고 있다.

조선은 농업을 기본으로 하는 사회였기 때문에 한해·수해·충해·전염병 등의 천재지변으로 농사를 망치는 일을 가장 두려워하였다. 자연재해로 인한 실농은 대량의 유민을 만들어내고 일단 유민이 생기면 다음해의 농사에도 막대한 지장을 줄 뿐만 아니라 정부의 세수와 국방에도 큰 차질을 가져왔다.

민본정치를 국정이념으로 삼은 정부는 자연재해가 일어나 식량이 고갈되면 구호활동을 통하여 백성들의 긴급한 위기를 극복할 수 있도록 도와주는 것을 왕정의 중요한 부분으로 생각하였다. 어려움을 당했을 때는 백성들도 상부상조하며 서로 도와 위기를 극복하는 것이 인륜의 도리라고 생각하였다.

조선시대에는 백성들의 의식을 충족시키기 위해 농사를 장려하고, 재해를 당하였을 때 왕이 공구수성恐懼修省하고 이재민들을 진휼하는 것, 그리고 기곡제와 기우제를 지내 백성들과 고난을 같이 하려고 하였던 것 등은 별도의 정책개념이 아니라 농본주의 정책패케이지 안에 포함된 하나의 정책 프로그램이었다.

조선은 국초부터 어려움에 봉착한 백성들을 구휼하기 위해 진대제도賑貸制度와 진제제도賑濟制度를 운영하였다. 진대제도 또는 환상還上제도란 식량이 떨어진 농가에게 정부가 보유한 양곡을 빌려 주었다가 추수기에 또는 작황이 좋을 때 돌려받는 제도를 말하는데 이때의 양곡을 진대곡 또는 환상곡이라고 하였다. 진제제도란 흉년을 맞아 굶주리는 기민에게 무상으로 식량을 주는 것을 의미하고 이때 무상으로 주는 식량을 진제곡賑濟穀이라 불렀다.

정부는 흉년이나 춘궁기에 빈민과 의지할 곳 없는 백성들을 구휼하기 위한 기관으로서 의창義倉과 진휼청賑恤廳을 운영하고 물가안정을 위해 상평창常平倉을, 향촌에서의 상부상조와 풍속의 순화를 위해서는 사창社倉과 향약鄕約을 장려하였다. 그리고 굶주리며 떠도는 급박한 상황에 있는 백성들을 구호하기 위해서는 진제소賑濟所를 설치하여 죽을 쑤어 먹이거나 구호식량을 지급하는 일을 하였다.

기민과 난민들에 대한 구호는 주로 일선 행정기관과 구휼을 담당하는 기구에서 담당하고 중앙정부는 예산의 조달과 구휼행정의 지휘 감독을 담당하였다.

진제사업은 태조 때부터 실시되었는데 기민이 발생하여 긴급 구호의 필요성이 생기면 지방 수령은 정부의 명령을 받아 진제장을 설치하여 운영하였다. 정부는 평상시에도 기근에 대비하여 농업생산의 증가를 독려하고 식량을 비축하여두는 한편 양곡의 절약을 위한 여러 가지 정책을 실시하였다. 가난한 병자를 돕기 위해서는 태조 때부터 혜민서惠民署, 활인서活人署, 제생원濟生院 같은 의료기관을 만들어 병을 치료해주고 약재를 수집·판매하는 기구를 운영하였다.

정부는 백성들로 하여금 먹고 살 수 있도록 각종 권농정책을 취하지만 홍수와 한발, 전염병 등은 천도天道가 운행하는 과정에서 가끔 생기는 것이므로 이로 인한 기근은 백성들의 힘만으로 해결할 수 없고 나라에서 구제하지 않으면 안 된다고 보았다.

2) 구휼정책의 집행자: 守令

태조와 정종은 즉위교서에서 외롭고 의지할 곳 없는 사궁四窮(환·과·고·독)과 폐질자를 구호하고 부역을 면제시켜주는 것을 왕정의 우선 사로 삼을 것을 지시하였다.1) 조선 개국 당시의 과전법 관련 토지개혁은 토지의 집중을 방지하고 소작농민들의 생활보호를 위해 토지의 매매와 병작반수제를 금지시켰는데 태종은 환·과·고·독의 경우 이들을 사회적 약자로 보고 구호의 대상으로 인정하여 이들이 토지를 임대하여 수확량의 절반을 받는 것을 예외로 허용하였다.2)

정부는 백성들이 어려움에 빠졌을 때 정부가 마땅히 백성들을 구조해야 한다고 천명하였지만 그 일차적 책임은 지방관에게 맡겼다. 특히 태종과 세종 때에는 권농과 함께 흉년으로 고통을 받는 백성들의 어려움을 덜어주는 것을 지방 수령의 중요한 임무의 하나로 생각하였다. 이에 따라 정부는 재해를 당한 농민들에게는 전세田稅를 감면해주고 공물과 부역도 감면해주었다. 또한 대부한 환곡의 반납을 연기해주거나 이자를 연기 또는 감면해주는 조치를 취하였다.

태조와 태종은 시정방침을 통해 흉년에 구황을 잘못하여 아사자가 발생하면 수령에게 책임을 물어 퇴출시키도록 지시하였고3) 세종도 구황민

---

1) 『太祖實錄』 태조 원년 7월 28일, 태조즉위교서 ; 『太祖實錄』 태조 7년 9월 12일 갑신, 정종즉위교서.
2) 『太宗實錄』 태종 16년 11월 을묘.

의 발생 책임은 백성들을 직접 다스리는 수령들에게 있다고 보고 유랑민이나 걸인이 발생하지 않도록 조치하고 특히 굶어 죽는 사람이 생기지 않도록 하라고 독려하였다.[4] 정부는 흉년을 당하면 진휼사賑恤使를 파견하여 구호 상황을 순행 시찰하고 수령이 진휼에 태만하거나 비위사실이 있으면 적발하여 보고하도록 하였다.

조선 전기의 이와 같은 방침은 『경국대전』과 『속대전續大典』에도 수록되어 있다. 『경국대전』은 수령이 백성이 굶주려 죽었는데도 이를 은폐하여 보고하지 않을 경우 엄중 처벌한다는 규정을 두었고 『속대전』은 수령으로서 구호행정을 소홀히 한 자는 통훈通訓 이하는 관찰사가 장형杖刑을 집행하고 통정通政 이상은 파직한다는 규정을 두었다.[5]

혹심한 흉년으로 관내에서 아사자가 발생하는 것이 수령 혼자만의 책임이 될 수는 없는 일이다. 그러나 이와 같은 방침 때문에 실제로는 관내에서 아사자가 발생할 정도의 대 기근임에도 불구하고 수령들은 문책을 두려워하여 정부에 기근의 실상을 사실대로 보고하지 않고 은폐 내지 축소 보고하는 일이 자주 있었다.

세종은 즉위 다음 해인 원년(1419) 여름에 흉년을 맞아 진휼에 힘쓰지 않고 허위보고를 한 책임을 물어 화주목사和州牧使, 철원도호부사鐵原都護府使, 진성현감, 합천陜川감고 등 30여 명의 지방관에게 장杖 1백 대에서 50대를 때리고 그 밖의 사안이 경미한 수령 70여 명에 대해서는 경고 조치하였다.[6]

세종 5년에도 마찬가지 이유로 홍천현감, 곡산군 지사, 고양목사, 정주목사, 임강현감, 정녕현령 등에게 장형·파직·유배형을 내렸다.[7] 세종은

---

3) 『太祖實錄』 태조 4년 7월 30일 신유 ; 『太宗實錄』 태종 15년 7월 10일 을사.
4) 『世宗實錄』 세종 16년 1월 12일 庚寅.
5) 『經國大典』 戶典. 備荒 ; 『續大典』 禮典, 惠恤.
6) 『世宗實錄』 세종 원년 8월 14일 丙戌.
7) 『世宗實錄』 세종 5년 6월 을묘, 정사 무오, 기미, 갑자.

세종 17년 흉년으로 유랑민들이 도성에 들어와 3일 동안 걸식을 하였는데도 진제賑濟하지 않았다고 한성부윤漢城府尹 김맹성과 한성부 판사判事 전흥을 파직시켰다.[8]

3) 義倉과 社倉

의창義倉은 빈민구제를 목적으로 설립한 국가기관으로 조선의 건국과 더불어 태조 원년(1392)에 창설하였다.[9] 의창은 흉년 또는 봄철 춘궁기에 가난한 백성들에게 양곡과 종자곡을 무이자로 대출해 주고 가을에 원본을 회수하는 역할을 하였다. 의창은 고려의 제도를 그대로 이어받았다. 의창은 진대賑貸를 수행하는 기관인데 진賑은 흉년에 기아상태에 있는 백성들에게 곡식을 나누어 주는 것을 뜻하고 대貸는 봄철 춘궁기에 양곡을 빌려주고 가을 추수기에 거두어들인다는 뜻이다.[10]

의창은 빈민 구제와 동시 농민들의 재생산기능을 유지하기 위한 목적도 있었으며 또 부유한 통치계급과 빈한한 백성들 사이의 대립과 반목을 완화해주는 사회통합적 기능도 갖고 있었다.

빈한한 농민들은 기근이 심하면 거주지역을 떠나 형편이 나은 지역으로 이동하거나 왕래하며 식량을 구하여 목숨을 부지하였다. 기근의 정도가 심할수록 인구 이동과 떠도는 사람이 많았다.

건국 초 의창은 농시에 맞추어 종자곡을 빌려줄 수 있게 하기 위하여 지방 수령이 직접 관할하였다. 그러나 의창의 운영은 큰 흉년일수록 농민들이 종자곡을 먹어버리고 대출곡이 제대로 회수되지 않는 특성이 있기 때문에 비축해야 할 원곡이 감소하여 의창의 운영이 부실해지는 문제점

---

8) 『世宗實錄』 세종 17년 7월 26일 을미.
9) 『太祖實錄』 태조 1년 9월 24일 壬寅.
10) 진대제도는 고구려 고국천왕 16년(194)에 잠시 실시된 賑貸法으로부터 비롯되었다. 고려시대에는 성종 5년(986)에 義倉을 설립하여 국가 비축곡을 대여해주고 굶주리는 백성들에게는 무상으로 곡식을 나누어주는 일도 담당하였다.

이 있었다. 이 때문에 세종대에 이르러 수령의 자치권을 회수하고 수령이 감사에게 진대를 요청하면 감사는 호조에 보고하여 승인을 받은 다음 대출이 이루어지도록 운영제도를 변경하였다.

의창의 설립 초기에는 대출곡의 회수가 부진하여 어려움에 빠지게 되어도 국가로부터 지속적인 보충이 이루어졌다. 세종 5년(1423)에는 경영난에 빠진 의창을 위해 군량으로 비축하는 군자곡軍資穀 약 107만 석을 이관해주고 세종 15년에도 군자곡 125만 석을 의창에 빌려주었다. 또 원본이 줄어드는 것을 보충할 수 있도록 대출곡 1석에 대해 3승씩의 이자 (모곡耗穀)를 받도록 허용하였다.

조선 초기에는 군자곡의 비축량이 많았다. 함경도와 평안도의 국경지방이 불안하여 상시 국방에 대비하기 위해서였다. 조선 초기 의창이 운영될 수 있었던 것은 군자곡의 비축량이 많았고 의창의 곡식이 모자를 때는 이를 끌어 쓸 수 있었기 때문이었다.

15세기 중반부터 농민들의 생활이 다시 어려워지자 대출곡이 늘어나기 시작하였다. 의창의 원곡이 부족해지는 구조적 문제가 해결되지 않자 군자곡을 끌어다 의창곡을 메우는 악순환이 계속되었다. 결과적으로 군자곡과 의창곡이 모두 고갈되는 상황에 이르게 되었다.

큰 흉년을 만나면 기민飢民이 대량 발생하고 유랑하는 백성들이 많이 생기기 때문에 대출곡은 회수할 수 없어 결손 처분할 수밖에 없게 되고 의창제도의 지속적 운영은 난관에 빠진다. 의창의 대여곡은 이자가 시세에 비해 대단히 싸기 때문에 부패한 관리나 심지어는 부자까지 대출을 받아가 항상 원곡이 부족한 문제에 직면하였다.

문종 2년(1452) 호조에서 운영해오던 의창이 운영난에 봉착하고 군자곡의 감소를 더 이상 감내할 수 없는 처지가 되자 정부는 일부 지역에 민간이 운영하면서 이자를 더 받을 수 있는 사창社倉을 운영하도록 종용하였다.

사창제도는 민간인이 운영주체가 되어 민간인의 곡식을 저축하여 두었다가 흉년에 대비하도록 하는 제도인데 정부는 사창의 원곡에 보태도록 한 마을에 의창곡을 200석씩 출연하여 주었다. 사창곡은 매 석당 3두씩의 이자를 받고 빈민들에게 대출하였다. 그러나 사창제 역시 대부곡의 회수부진으로 곧 폐지되었다. 의창은 사창제가 시행됨에 따라 한동안 활동을 중지하다가 중종 20년(1525)에 의창제도를 폐지하고 일체의 구휼사업을 구휼청賑恤廳으로 넘겼다.

4) 常平廳과 賑恤廳

조선 건국 초 의지할 곳이 없어 굶주리는 백성들을 구호하기 위한 구호사업은 호조에서 담당하였다. 세종은 구호행정을 활성화하기 위하여 의창과는 별도의 기관인 구황청救荒廳을 설립하여 운영하였다. 그러나 구황청은 상시 기구가 아닌 임시기구였다. 그 후 중종 20년 심한 흉년이 들어 기민이 많이 발생하자 이들을 구호하기 위하여 진휼청을 설치하여 운영하였으나 임진왜란 이후 재정부족으로 폐쇄되었다.

상평청常平廳은 원래 세조 4년(1458)에 설치된 물가조절 기관이었다. 상평常平이란 상시평준常時平準의 약자이다. 풍년이 들어 곡가가 내리면 정부가 곡식을 사들여 곡가를 끌어 올리고 흉년이 들어 곡가가 폭등하면 국가는 상평창에 비축해두었던 곡식을 방출하여 곡가를 떨어뜨려 물가를 항상 고르게 유지한다는 뜻이다.

상평청은 흉년과 풍년에만 운영하는 것이 아니라 평년에도 수확기에 쌀을 사들이고 단경기에 쌀을 방출하여 곡가의 변동 폭을 조절하려는 목적도 있었다. 조선정부는 상평의 대상 곡물을 쌀로 하되 포布를 운용수단으로 삼았다. 쌀은 가장 중요한 식량이면서 쌀값이 물가의 대표적인 기능을 하고 있었기 때문에 쌀값의 안정을 도모하는 것이 물가정책의 핵심이었다.

상평창은 시중의 쌀값이 오르면 창고에 비축해 두었던 쌀을 방출하여 포를 사들이고 반대로 쌀값이 내리면 포를 팔아 그 돈으로 쌀을 사들여 물가를 조절하였다. 그러나 건국 초기의 상평청도 진휼청과 마찬가지로 상설기관이 아니라 수시로 설치하는 임시적 기구였다. 상평곡이 별도로 있는 것이 아니고 의창곡, 군자곡 등을 전용하였다.

상평청과 진휼청은 임진왜란 이후 한때 폐쇄상태에 있었으나 인조 26년(1648) 다시 개설되었다. 그러나 두 기관은 하나의 기구로 평상시는 상평창이라는 이름으로 물가조절을 하고 흉년에 진대사업을 하게 되면 진휼청이라고 칭하였다. 상평창은 평시에 모곡을 판매하여 물가를 조절하는 일을 하다가 흉년에는 진대사업을 하였다.[11] 그 후 현종과 숙종 초기에 대기근이 연이어 발생, 빈민구호사업의 상시적 필요성이 커지자 숙종 13년(1687) 상평청과 진휼청을 선혜청 소속으로 이관시켜 각각 별도의 기구로 독립시켰다.

이후 진휼청은 빈민과 사궁四窮을 구호하는 진대사업에 중점을 두었다. 상평창은 곡가가 오르거나 내리면 쌀을 사들이거나 시중에 방출하여 곡가를 조절하는 역할은 하지 못하고 다만 흉년으로 도성의 쌀값이 오르면 빈민들에게 소량의 쌀을 시가보다 싼 가격으로 쌀을 판매하였다.

미곡상인들은 이럴 때마다 관리들과 공모하여 빈민을 가장하여 방출곡을 저가로 구입한 후 시가로 판매하여 많은 이익을 챙겼다. 이와 같은 일이 발생하는 것은 상평창이 곡가를 조절할 수 있을 만큼 충분한 양의 미곡을 확보하지 못해 제 기능을 발휘하지 못하는 데 있었다.

진휼청과 상평청은 정부의 만성적인 세수의 부족으로 정상적인 정부의 예산을 받을 수 없게 되자 환곡을 설치하여 이자를 받고 벼슬(공명첩空名帖)을 팔거나 둔전屯田을 설정하여 소작료를 받고 또는 동전을 주조하

---

11) 환곡운영으로 얻는 10%의 모곡(이자) 가운데 30%를 호조에 회록하였는데 호조는 이중의 일부를 상평창에 주어 쌀값의 안정과 빈민구호에 사용할 수 있게 하였다.

여 구호재원을 마련하기도 하였다. 대 기근이 닥치면 진휼청의 비축미는 모두 고갈되고 기근이 끝나면 다시 재원확보에 노력하였다.

진휼청은 18세기 전반 영조英祖 때 가장 활발한 활동을 하였는데 흉년 시 신속한 구호를 위해 해운이 편리한 동·서·남해의 바닷가에 제민창濟 民倉, 교제창交際倉, 포항창浦項倉 등 7개의 곡물 비축창고를 세워 운영하였 다. 진휼청이 관할하는 곡물 비축창고는 평안도와 황해도를 제외한 6도 에 있었고 도성에도 별도의 진청창賑廳倉을 갖고 있었다.

상평창은 조선 후기부터 물가조절기관으로서의 의미를 상실하고 빈민 구휼기관으로서 활동에 치중하였다. 환상곡도 18세기 후반부터 재고 부 족과 대출곡의 회수 불가능으로 정상적인 운영이 어려워져 빈민구제 기 능을 거의 상실, 구휼은 물론 비상시의 종자곡의 공급도 사실상 불가능한 상태에 빠졌다.

빈민구제를 위한 의창이나 사창, 진휼청 제도는 원본의 계속적인 보충 이 없는 한 재고 감소와 대출농민의 파산과 유망流亡으로 인한 미수곡의 증가로 적자를 모면할 수 없게 되는 자기파괴적 장치를 내장하고 있다. 따라서 상평창과 환곡제도를 중심으로 한 농민의 재생산 보호기능은 정 부의 지속적인 예산투입이 없는 한 조만간 부실화 할 수밖에 없는 제도 적 한계를 갖고 있다.

정약용은 상평창이 예전에는 풍년에는 값을 더해 쌀을 사들이고 흉년 에는 값을 내려 팔았으나 근래에는 값을 깎아 내려 파는 일은 있어도 값 을 더 주고 사들이는 일은 없다고 말해 18세기 말경부터 상평창의 원래 기능이 상실되었음을 알려주고 있다. 정약용은 상평창이 제 기능을 하기 위해서는 300만 석의 비축곡이 필요하다고 보았으나 상평창에 곡가를 조 절할 수 있는 비축곡은 거의 없었다.[12)]

---

12) 정약용, 『경세유표』, 창름지저, 상평창.

2. 賑濟場의 설치와 운영

흉년을 맞아 굶주리는 기민飢民에게 무상으로 식량을 주는 것을 진제賑濟라고 하는데 진제사업은 태조 때부터 실시되었다. 기민이 발생하여 긴급 구호의 필요성이 생기면 지방 수령은 정부의 명령을 받아 진제장賑濟場을 설치하여 운영하였다.

예를 들면 세종 19년(1437)에 전국적인 흉년을 맞아 진제소를 모든 도에 설치하였는데 경상도와 충청도에는 3개소씩, 경기도, 전라도, 강원도에는 2개소씩을 운영하여 기민들을 먹이고 구호하였다. 세종 때는 기민들이 산초山草를 잘못 먹어 생명을 잃는 것을 방지하기 위하여 대용식물로 적당한 것을 골라 처방한 책『구황방문救荒方文』을 만들어 민간에 반포하기도 하였다.

정부는 잦은 흉년에 따른 이재민 대책으로 17세기 말경 설진設賑 규정을 만들어 시행하였다. 설진이란 흉년을 만나 굶주리는 백성들을 구제하기 위해 식량을 무료로 나누어주거나 빌려주고 죽을 끓여 무상으로 배급하는 행사장을 설치하는 것을 말한다. 대체로 토지가 있는 사람은 식량을 대여해 주고 토지가 없고 의지할 데가 없는 사람에게는 설죽設粥과 함께 건량(마른 곡식)을 주었다.

정부는 한 해의 농사가 흉년으로 판명되면 흉년이 가장 심한 읍에 대해 설진을 명령하였다. 17세기의 현종과 숙종 연간의 경신庚辛 및 을병乙丙 대기근 때 실시된 설진 규정에는 발매, 백급 등 여러 가지 종류의 프로그램이 있었다.

경중설진은 수도인 한성부에 구호소를 차리는 것을 말하고 외읍설진은 지방에 구호소를 설치하는 것을 의미한다. 경청발매식은 서울에서 식량을 싼 값으로 판매하는 것을, 최빈궁백급식은 가난한 사람에게 식량을 무료

로 배급하는 것을, 외읍분진식은 지방에서 식량을 무료로 주는 것을 말한
다. 이 당시 실시되었던 설진과 분진分賑의 방법은 다음과 같다.13)

① 경중설진京中設賑

○ 서울에 설진 할 때는 행사를 지휘감독할 감독관으로 호조의 당상
관과 낭관을 따로 임명한다.

○ 곡물은 본청에 있는 것을 사용하고 잡물은 대가를 지불하고 구입
하여 사용한다.

○ 한성부에 통지하여 기민을 모으고 진휼 날자를 정한다.

○ 식량을 발매할 경우 가구를 4등급으로 나누어 쌀을 받게 한다.

○ 설진 할 때 전염병이 돌면 호조에서 병막病幕을 만들고 활인서活人署에
서 진료하도록 하며 병자에게는 마른 곡식, 미역, 장醬을 분급한다.

○ 마른 곡식을 줄 때면 5일 간격으로 준다.

② 외읍설진外邑設賑

○ 지방의 읍에 설진 할 때는 각도의 감사 또는 수령이 행사를 관장한다.

○ 굶주리는 가호를 추려내어 명단을 작성하고 순번을 나누어 진휼한다.

○ 곡물은 상진곡常賑穀을 사용하거나 다른 공곡公穀을 빌려 쓴다.

○ 진휼이 끝난 다음 결과를 진휼청을 경유하여 정부에 보고하고 재
가를 받는다.

③ 경청발매식京廳發賣式

○ 한성부가 흉년을 맞아 곡식을 염가로 빈민에게 판매할 때는 정부

---

13) 『萬機要覽』, 財用編, 救荒.

의 지시를 받아서 행하며 한성부는 빈한한 가호를 추려내어 명부를 작성하여 진휼청에 보고한다.

○ 순번을 나누어 빈민들에게 쌀을 판매하되 쌀 가격은 시세보다 싼 진휼청 발매가로 한다. 발매가격은 쌀 1석에 3냥, 좁쌀은 1석에 2냥 7전 기준으로 한다. 판매 상한은 식구가 많은 대호大戶는 쌀 5두, 중호中戶는 4두, 소호小戶는 3두, 혼자 사는 독호獨戶는 2두로 한다.

④ **최빈궁백급식**最貧窮白給式

○ 빈민에 대한 무료구호(백급白給)는 국왕의 특별 지시가 있을 때만 실시한다.

○ 3인 이상의 가호家戶에게는 쌀 3두, 2인 가구에는 2두, 1인 가호에는 1두이며 양반가호는 여기에다 1두를 추가로 준다.

○ 홀아비鰥, 과부寡, 자식이 없는 노인孤, 고아獨 등에게 주는 백급도 상부의 지시에 의해 실시하되 매 호에 1두를 지급한다.

⑤ **외읍분진식**外邑分賑式

○ 지방의 읍에서 실시하는 무료급식은 1개월에 3회 실시한다.

○ 남자 장정(16~50세)에게는 매 순旬에 쌀 5승(매일 5홉), 장정이 아닌 남자와 여자에게는 매 순 4승(매일 4홉), 어린이에게는 매 순 3승을 지급한다. 소금, 미역, 장은 실정에 따라 적량을 준다.

○ 진휼의 실시는 정월 초순에 시작하여 3월 하순에 그치되 경우에 따라서는 4월 중순까지 연장할 수 있다.

　외읍분진外邑分賑은 원래 죽을 끓여 주었으나 죽을 얻어먹기 위해 쇠약해진 몸을 이끌고 조석으로 먼 길을 다니고 또 죽을 배급 받는 장소에 사람이 많이 모여들어 전염병에 걸려 죽는 등의 폐단이 있

어 죽을 주는 대신에 집에서 죽을 쑬 수 있도록 마른 곡식을 주었
다.[14]

3. 恤典

정부는 진대와 진제 이외에도 화재, 수해 등으로 인하여 가옥이 소실
되거나 유실된 자, 시기가 지나도록 미혼인 자, 집안이 가난하여 장례를
치르지 못하는 사람 등을 도와주고 흉년으로 유기遺棄한 아동 등을 구제
하기 위해 휼전恤典제도를 두어 운영하였다. 휼전의 시행은 서울의 경우
호조와 진휼청에서 시행하고 지방은 각 도에서 거행하고 발생한 비용은
사후에 진휼청에 청구하였다.

조선 후기 휼전에 의한 구호의 대상과 금액은 다음과 같다. 화재로 집
이 모두 소실되었을 경우 대호大戶는 쌀 9두, 중호는 8두, 소호는 7두를
지급한다. 홍수로 집이 모두 떠내려갔을 경우 벼 1석; 집이 무너져 내렸
을 경우 벼 7두를 지급한다. 또 화재로 사람이 죽었을 경우, 물에 빠져
죽었을 경우, 호랑이에게 물려 죽었을 경우, 흙더미에 압사하였을 경우
벼 1석씩을 준다.

집안이 어려워 혼인을 못한 경우에는 돈 5냥과 무명 2필을 주고; 장사를
못 지내는 경우 돈 2냥과 속포 1필; 빈한한 종실의 자녀가 미혼인 경우
쌀 1석, 무명 2필, 돈 4냥; 민가가 무너져 내려 완파된 경우 돈 2냥; 반파
4승포 1필; 행걸아行乞兒는 10세 미만으로 한정하되 10세에서 7세 까지는
매일 쌀 7홉, 장 2홉, 미역 2립立; 6세부터 4세까지는 쌀 5홉, 장 1홉,
미역 1립; 유기아遺棄兒의 유양료乳養料는 3세까지로 한정하되 매일 쌀 1

---

14) 『비변사등록』 숙종 9년 정월 23일.

되, 장 2홉, 미역 2립立 값 3푼을 지급한다.[15]

　행걸아는 흉년에 보리를 주되 가을에 한정하여 구호하며 유기아는 풍·흉년을 불구하고 떠돌아다니며 빌어먹는 여인 중에서 젖이 있는 자를 선택하여 매 1인에 두 아이를 돌보게 한다. 젖먹이는 여인이 의복이 없으면 관에서 만들어 준다.[16]

4. 기근 종합대책

　17세기 후반의 현종과 숙종 연간에 일어난 기근은 일찍이 경험하지 못한 참혹한 기근이었다. 경신庚辛대기근은 현종 10년(1669)부터 3년 동안 계속되었고 을병乙丙 대기근은 숙종 21년(1695)부터 5개년에 걸쳐 일어난 미증유의 기근이었다.

　경신과 을병 대기근[17] 동안에는 전국의 농사가 연이어 폐농되자 먹을 것이 없어 이루 헤아릴 수도 없는 많은 사람들이 기아와 전염병으로 죽었다. 정부는 온 힘을 기울여 진휼에 나섰으나 장기간의 기근에는 뚜렷한 대책이 없었다. 숙종 연간의 을병기근은 조선정부가 실시한 호구 통계에도 전 인구의 25%인 약 200백만 명에 가까운 인구 감소가 잡힐 정도의 대 참화였다.[18] 경신기근에는 약 47만 명이 목숨을 잃은 것으로 추정된다.

---

15) 『萬機要覽』 재용편 5, 휼전.
16) 『經國大典』 禮典, 恤典.
17) 기근이 심했던 현종 11년이 庚戌년이고 현종12년이 申亥년이었으므로 경술과 신해의 한 자씩을 취하여 庚申기근이라 하고 마찬가지로 기근이 심했던 숙종 21년 乙亥와 숙종 22년의 丙子년의 한 자씩을 따서 乙丙기근이라 한다.
18) 경신·을병기근의 참화에 대해서는 吳浩成, 『朝鮮時代의 米穀流通시스템』, 국학자료원, 2007. 참고할 것. 기근으로 인한 사망자 수는 李圭根이 숙종실록에 나오는 호구총수를 기반으로 추산함, 李圭根, 「조선후기 질병사연구」 『國史館論叢』 96 : 8-20.

경신기근의 원인은 봄철 파종기에 냉해와 한발이 계속되다가 늦여름에 폭우와 강풍이 불어 홍수피해를 일으킨 다음 결실기에 이른 서리와 우박이 차례로 엄습하여 농사를 완전히 결단내는 이상기후가 원인이었다. 똑 같은 패턴의 재해가 조선 8도를 동시에 엄습하였고 내리 3년을 계속하였다.[19) 경신기근은 사실상 현종 9년(1668)의 가을 농사를 망친 데서부터 시작하여 현종 13년 가을에 가서야 끝이 났다.

숙종 연간에 있었던 을병대기근도 경신대기근의 참상을 훨씬 웃도는 조선왕조 역사상 최대 규모의 재난이었다. 이때의 자연 재해의 형태도 경신기근 때의 현상과 비슷하게 나타났다. 봄철 파종기를 넘겨 초여름까지 냉해가 가시지 않고 서리가 내리는가 하면 한여름에는 비 한 방울 내리지 않고 불볕이 계속 되다가 가을에 들어 엄청난 폭우가 쏟아지고 강풍이 몰아쳐 모든 작물을 휩쓸어가고 곧이어 결실기에는 이른 서리와 추위가 엄습하는 형태의 재난이 3년 동안 똑같이 반복되었다.[20) 그리고는 2년간 전염병이 돌아 농사를 제대로 지을 수 없었다.

정부는 이 기근을 극복하기 위하여 가능한 모든 수단을 동원하였다. 재원이 다 떨어지고 방법이 없게 되자 청나라에 긴급구호 요청을 하게 되었다. 청나라는 숙종 24년(1698) 미곡 3만 석을 보내주었는데 이 가운데 1만 석은 무상원조로 나머지 2만 석은 쌀값을 안정시키기 위한 것으로 유상이었다.[21)

경신기근과 을병기근의 경험은 이후 영조, 순조 때의 대 기근에 대처하는데 중요한 교훈이 되었다. 경신, 을병대기근 때 사용한 정부의 주요 대처수단은 다음과 같은 것들이 있다.[22)

---

19) 『顯宗實錄』 현종 11년 10월 을해.

20) 『肅宗實錄』 숙종 24년 1월 8일 갑신, 숙종 備忘記.

21) 淸國의 미곡원조는 吳浩成, 『朝鮮時代의 米穀流通시스템』, 국학자료원, 2007. 제9장에서 다루고 있다.

22) 吳浩成, 『朝鮮時代의 米穀流通시스템』, 국학자료원, 2007.

〈표 7-1〉 17~18세기 정부의 기근대책 수단

공급대책	수요대책	기타대책
○ 代播 ○ 해외 원조곡의 도입 ○ 구황식물의 소개 ○ 종자곡의 확보 ○ 空名帖의 발행과 納粟 ○ 전세·대동세의 감면 ○ 환곡 미납 탕감·연기 ○ 耗穀의 징수금지·연기 ○ 모곡의 일정분 구호곡으로 전용 ○ 이앙법의 금지 ○ 국내의 모든 창고에 있는 양곡의 재고조사 ○ 防穀令발령의 금지 ○ 自備穀과 富民勸分 강화 ○ 設賑 및 分賑 ○ 미곡의 수입 ○ 진황전의 개간 장려 ○ 내탕금의 지급 ○ 屯田의 설정 ○ 社倉의 권장 ○ 구호곡의 긴급수송 위해 해안 창고의 건립	○ 왕실과 各司의 경비감축 ○ 녹봉의 감축 및 지급중지 ○ 군사훈련의 중지 ○ 금주령 ○ 미곡 수송선의 징발과 운임 삭감지불 ○ 왕궁 수비병의 감축 ○ 동전 화폐의 발행 ○ 미가단속, 물가통제 ○ 진상과 공물 면제·연기 ○ 軍布의 경감 ○ 부역의 연기 ○ 각종 공사의 연기·중단	○ 기곡제, 기우제, 기청제, 酺祭 ○ 고아 또는 遺棄兒 구출 시 노비로 인정 ○ 구휼사·경차관·암행어사의 파견 ○ 죄수의 방면 및 형벌의 완화

제8장

조선후기 箕子井田의 발견과 國政改革 논의

1. 조선전기 井田法과 限田法개혁 논의

1) 세종의 井田法 실험과 貢法 세제개혁

(1) 高阜에서의 정전제 실험

조선은 개국과 동시 토지의 사유를 부정하고 토지매매와 병작제도의 금지 등을 주요 내용으로 하는 과전법 전제개혁을 실시하였으나 그 성과는 1세대도 지속하지 못하였다. 토지매매를 금지하는 규정은 처음부터 제대로 지켜지지 않자 세종 6년(1423)에 금지규정을 폐지하지 않을 수 없었다.[1]

병작반수제도는 고래로부터 내려오는 뿌리깊은 관행으로 단순한 금지 법령으로 없어지지 않았다. 정부는 환·과·고·독과 자식이나 노비가 없는 자로 3~4결 이하의 소유지를 가진 경우는 병작을 허용한다는 예외규정을 두었을 뿐 아니라 노비를 시켜 경작하는 것은 상한도 없이 허용하는 모순적인 법을 만들었다.[2] 궁가나 양반 관리 또는 향리의 부자들이 광대한 토지를 점유하고 이를 양인들에게 빌려주고 노비로 가장하면 적발하기 어려웠다. 병작제도의 금지는 처음부터 지킬 수 없는 법이었다.

건국 시 채택한 조선의 전세田稅제도는 정전법의 세법과 같은 10분의 1세 제도였다. 그러나 이 10분의 1세 제도는 공전公田을 경작하여 그 수확물을 정부에 세금으로 바치는 조법助法[3]이 아니라 백성들의 생산물 가운데

10분의 1을 과세하는 세제였다. 정부는 과전법개혁 당시 비록 정전법을 실시하지는 못하지만 백성들에게 토지를 나누어주고 10분의 1세를 받으면 이것이 정전법의 공법貢法과 같은 효과를 가진 제도라고 생각하였다.[4] 그러나 10분의 1세는 작황이 가장 좋은 해의 최고세액이고 실제 과세액의 결정은 손실답험법損失踏驗法을 통해 세액을 결정하는 방식을 채택하였다.

손실답험법은 매년 개별 농가의 농지를 일일이 답사하여 그 해의 흉·풍의 정도를 판단하는 것으로 원래 지방수령이 담당하게 되어 있으나 실제로는 서원書員이나 권농관들로 하여금 농가를 방문하여 손실의 정도를 판단하도록 하였다. 이 방법은 조사과정에서 담당자들이 뇌물을 받고 세액을 마음대로 결정하는 등 많은 폐해를 가져왔다.

세종은 과전법 전제개혁의 골격과 정신이 사라지고 세제에 대한 백성들의 불만이 커지자 유교적 이상국가의 기반이 되었던 삼대의 토지제도와 그에 따른 세제의 개혁에 대해서 큰 관심을 가졌다.

세종은 즉위 초 전라도 고부高阜지방에 있는 큰 저수지 눌제訥堤가 홍수로 터져있던 것을 장정 1만여 명을 동원하여 제방을 수축하고 얻은 농지 1만여 결을 인근 백성들에게 나누어 주었다. 이 때 토지의 분배방식은 정전제를 모방하여 10결씩 구획한 후 9인의 경작자들에게 1결씩 분배하고 나머지 1결의 토지는 공전으로 지정하여 9인의 경작자들로 하여금 공동으로 경작하도록 하였다.[5] 이 방법은 경작자들이 1결의 공전을 공동경작하여 그곳에서 나오는 생산물을 세금으로 정부에 바치는 10·1세법으로 원래의 정전법의 조법助法세제를 현지 실정에 맞도록 수정한 정전제도

간주하고 수년 간의 평균 생산량을 납부하는 방법을 의미한다. 제3장 주 20) 참조.
4) 『世宗實錄』 세종 12년 8월 10일 지돈영부사 安壽山 등은 "私田에 10분의 1세를 부과하는 것은 삼대의 貢法을 본뜬 것"이라고 주장하였다 ; 『增補文獻備考』 田賦考 1 ; 지두환, 「조선초기의 정전론 논의」 『東洋學』 28, 1998 참고.
5) 『世宗實錄』 세종 1년 2월 20일 을미 ; 세종 3년 정월 16일 을묘. "依古者井田什一之法 盡爲經界 受私田九結者 同養公田一結."

라고 말할 수 있다.

눌제에서의 정전법 실험은 얼마나 계속되었는 지 알 수 없으나 이 일을 계기로 정부에서는 정전법의 시행에 지대한 관심을 가지게 되었다.[6] 세종 3년 5월 영의정 유정현柳廷顯이 고려 말과 국초의 정전법적 토지제도를 채택하려 했던 초심으로 돌아가기 위해 균전제均田制나 한전제限田制를 마련하여 실시할 것을 임금에게 건의하였다.[7] 세종은 이를 받아들여 정전제를 비롯한 고대의 전제와 세제가 실현 가능한지의 여부를 집현전을 중심으로 연구하도록 하였다.

(2) 貢法의 제정

정전법의 가능성에 대한 연구와 논의는 세종 9년경에 실시 불가능하다는 결론을 얻은 것으로 보인다. 우리나라는 산천이 험준하고 고원과 습지가 많으며 꼬불꼬불한 논과 밭이 섞여있어 정전을 만들기가 어렵다고 보았다. 그 대신 과전법에서 규정한 10분의 1세법과 손실답험법을 개선하여 매년 평균생산량의 10분의 1을 고정적으로 받는 정전법식 공법을 채택하는 것을 검토하기로 하였다.[8]

정부는 공법貢法을 도입하기 위해 공법상정소貢法詳定所와 전제상정소田制詳定所를 설치하고 16년 동안 여러 차례의 시안 작성과 여론조사[9] 등 시행착오를 거쳐 세종 26년(1444) 공법을 만들어 공포하였다. 세종의 공법은 수년 간의 평균생산량을 납부하는 원래의 공법이 흉년에는 백성들이 어려워지는 문제점을 보완하기 위한 대책도 세웠다. 즉 토지의 비옥도

---

6) 눌제는 수축 된지 2년 만에 홍수로 다시 제방이 무너졌는데 아마도 이때 정전으로 구획했던 농지가 토사에 매몰되어 정전의 실험이 끝나지 않았는가 보인다.

7)『世宗實錄』세종 3년 5월 11일 임신. 영의정 柳廷顯이 限田과 均田의 제도를 다시 마련할 것을 청하자 세종이 찬성하였다.

8)『世宗實錄』세종 9년 3월 16일 갑진.

9)『世宗實錄』세종 12년 8월 10일 무인.

를 6등급(전분육등제田分六等制)으로 나누고 흉·풍에 따른 생산량의 정도
를 9등급(연분구등제年分九等制)으로 구분하되 해마다 흉·풍의 연분을 조
사하여 최고의 풍년인 상상년上上年에 1결당 현미 20두를 과세하는 것으
로 하였다. 작황이 좋지 않은 해는 연분의 정도에 따라 세금을 차감하도
록 하였다.10) 세율은 상상년의 경우 종전의 10분의 1세에서 20분의 1세
로 대폭 줄었다.

그러나 오랜 진통 끝에 탄생한 공법貢法은 처음 의도와는 달리 이름만
공법인 채 그 실제 내용은 변질되어 과거보다 개선된 것이 별로 없었다.
전품과 연분을 지나치게 세분한데다가 매년 연분을 결정하는 관리들의
농간이 더 심해졌다는 원망을 듣게 되었다.

새로 채택한 세법은 농민들의 토지 등급을 상향 조정하고 1결의 면적
을 평균 50%를 늘린 다음 결당 기준 생산량을 300두에서 400두로 만들
었기 때문에 새 공법의 20분의 1세는 사실상 과전법의 10분의 1세에 비
해 줄어든 것이 없다는 지적을 받았다.11) 새 공법의 시행 결과 수세액收
稅額이 종전보다 증가한 것으로 보아 공법을 통한 감세조치는 숫자 놀음
에 불과한 것으로 평가 받았다.12)

2) 中宗 때의 限田法 개혁논의

과전법 토지개혁 이후 시간이 흐르면서 공신과 관리의 수는 늘어나고
일단 지급한 과전은 상속성을 띄게 되어 회수가 어려웠다. 과전은 개인에
게 지급한 땅이라는 인식이 강하게 자리잡은 결과 과전으로 지급할 토지
가 부족하게 되었다.

세조 11년(1465) 정부는 과전제도를 폐지하고 현직관료에게 재직 중

---

10) 『世宗實錄』 세종 26년 11월 13일 戊子.
11) 박극채, 「조선봉건사회의 정체적 본질-전결제 연구」 『李朝社會經濟史』, 노농사, 1946.
12) 金玉根, 『朝鮮王朝財政史硏究』 I, 일조각, 1984.

에만 토지를 지급하는 직전제職田制를 도입하였다. 직전제 아래서 관료들
이 퇴직 후의 생계를 보장할 수 없는 상황이 벌어지게 되자 재직 중에
농민을 심하게 수탈하는 폐단이 생겼다. 이 문제를 해결하기 위해 성종
12년(1471) 정부는 직전제를 폐지하고 수조권 대신 현물로 녹봉을 지급
하는 관수관급제官收官給制를 도입하였다.13)

성종 때부터 녹봉의 관수관급제가 실시되자 양반 관료들은 다투어 토
지를 사들이고 농장農莊을 설치하는 자구적 조치를 취하기 시작하였다.
이들은 노비를 이용하여 농장을 경작하거나 또는 토지를 잃고 몰락한 농
민들로 하여금 병작경영을 시킴으로써 자신들의 경제적 기반을 구축하려
하였다. 이로 인해 15세기 후반부터 소수인에 의한 토지의 집중현상이
다시 일어났고 중종 때부터 '부익부 빈익빈' 문제가 다시 사회문제로 거
론되기 시작하였다.

중종 10년(1515) 좌참찬 신용개申用漑가 백성들의 빈곤의 원인이 세력
가의 토지겸병에 있으니 문제를 해결하기 위해서는 옛날의 정전법으로
돌아가거나 형편상 시행하기 어려우면 부자들의 토지 소유면적을 제한하
는 한전제限田制를 도입하자는 주장을 폈다.14)

이 문제는 왕도정치를 주장하는 조광조趙光祖 등의 사림파士林派가 요직
에 등용되면서 더욱 탄력을 받게 되었다. 중종 13년(1518)에 정부는 앞으
로 50결 이상의 토지를 갖고 있는 사람은 토지를 더 가질 수 없으며 남의
이름으로 갖는 것도 금지한다는 요지의 한전법限田法을 실시한다고 발표
하였다.15)

그러나 이와 같은 한전정책은 소유상한이 50결로 너무 큰데다가 이왕
에 50결 이상을 가진 사람은 합법화시켜 주어 토지의 재분배 효과는 기

---

13) 과전법과 직전법이 완전히 폐지되고 관수관급제가 전면적으로 실시된 것은 명종
   11년(1556)이다.
14) 『中宗實錄』 중종 10년 2월 12일 경자.
15) 『中宗實錄』 중종 13년 2월 21일 경인.

대할 수 없는 형식적인 법이 되고 말았다. 당시 50결 소유자는 큰 부호였을 뿐만 아니라 50결을 초과 취득하여도 벌칙이 없어 한전법은 처음부터 유명무실한 법이 되고 말았다. 중종시대의 한전법은 중종 14년(1519) 기묘사화를 통해 개혁세력인 조광조와 그를 따르는 사림파가 숙청된 다음에는 다시 거론되지 않았다.

2. 韓百謙의 箕子井田 발견

1) 箕子井田과 箕田遺制說

(1) 殷나라의 정전유적

조선 최초의 역사지리서인『동국지리지東國地理志』를 지은 구암久菴 한백겸韓百謙(1552~1615)은 선조 때 호조참의戶曹參議였다. 그는 임진왜란이 끝난 후 9년이 지난 선조 40년(1607) 그의 아우인 평안감사 한준겸韓浚謙을 방문하였다가 소문으로 듣던 평양성 밖의 정전유적을 답사하여 그 실체를 확인하였다.[16] 그는 유적을 측량한 다음 그것을 도면으로 그렸다. <그림 2 참고>

---

16) 기자정전의 존재는 고려 때부터 알려져 왔다.『高麗史』地理志에는 "箕子時所築城內區劃 用井田制"라는 문구가 있는데 기자가 평양성을 축조할 때 성내의 구획을 정전제처럼 하였다는 것이다.『世宗實錄』地理志, 平壤府 항목에는 평양에는 옛 성터가 둘이 있는데 하나는 기자 때 쌓은 것으로 둘레가 6,767보이며 城內를 구획하여 8 가구가 같은 정전을 경작(八家同井)하게 하였다. 다른 하나는 고려 성종 때 쌓은 것으로 지름이 944보라는 설명이 있다. 조선 성종 때 간행된『東國輿地勝覽』의 평양의 고적 부분에 "在外城內 箕子井田遺跡宛然"이라는 글이 실려있다. 같은 책 平壤의 경관에는 성종 때 明나라의 사신 董越이 임무를 마치고 귀국하는 길에 평안도 관찰사 成俔의 안내로 기자의 유적인 정전을 살펴보았다는 기록이 있다. 또 명나라의 王圻가 지은『三才圖會』조선편에 평양부 외성에 기자가 구획한 정전의 자취가 완연하다는 기록이 있다. 선조 23년에 발간된 平壤志에는 외성 안에 있는

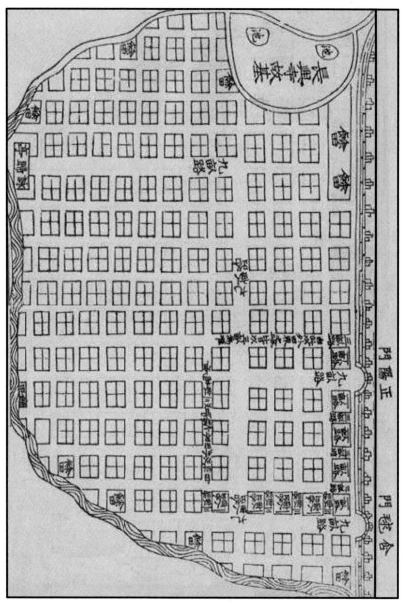

〈그림 2〉 선조 40년(1607) 한백겸이 그린 箕田圖

기자정전의 구획이 겸병하거나 천맥을 헐므로 말미암아 거의 옛 모습을 잃었는데
을유년(선조 18년, 1585)에 庶尹 金敏善이 수리하였다는 기록이 있다.

한백겸은 『기전도箕田圖』로 명명한 이 실측조사를 바탕으로 각종 문헌을 조사 연구한 후 『기전유제설箕田遺制說』을 지어 발표하였다.

한백겸은 『기전도』와 『기전유제설』을 통해 평양성 밖에 정전 유적이 실제로 존재하고 있으며 이 정전 유적은 우물 井자 형태로 만들어진 것이 아니라 밭 田자 형태로 구획되어 있고 1부夫의 크기가 70무畝인 것으로 보아 이것은 은殷나라의 기자가 조선에 들어와서 실시하였다는 은나라의 정전제도 즉 기자정전箕子井田의 유적이 틀림없다고 주장하였다.[17] 구암은 『기전유제설』을 통해 다음과 같이 주장하였다.

"箕子田 가운데 그 흔적이 가장 뚜렷하게 남아 있는 곳은 평양성의 含毬門과 正陽門 밖에 있는 것인데 우물 井자가 아닌 밭 田자형의 정방형 밭이 규칙적으로 배열되어 있다. 田자형 밭은 4區로 나뉘어져 있는데 한 구의 면적

---

17) 기자정전의 실체가 무엇인지에 대해서는 오늘날까지 분명하게 밝혀진 것은 없다. 평양의 유적이 정전이 아닐지 모른다고 처음 의문을 제기한 사람은 丁若鏞이다. 그는 唐나라의 장군 李世勣이 고구려를 멸망시킨 후 평양에 안동도호부를 세우고 군사들을 주둔시켰는데 이때 당나라 군사들의 屯田터일 가능성이 있다고 보았다. 丁若鏞, 『經世遺表』 지관수제, 전제고 6 ; 20세기 초 일본인 미술사학자 겸 건축사학자 세끼노 다다시(關野 貞)가 평양에 와서 기전의 밭 터와 도로를 실측하였는데 도로의 폭이 농로로서는 너무 크기 때문에 정전이 아닌 것 같고 고구려시대 도성의 도시계획과 도로의 유적으로 보인다고 추론하였다. 그는 그 근거로서 隋나라의 大興城(唐의 長安城이 됨)이 종횡으로 된 대소의 도로망을 갖추고 있었는데 고구려인들이 평양성을 건설하면서 수나라의 대흥성을 참고하여 도시계획을 하였을 것이라고 보았다. 關野 貞, 「高句麗の平壤城及長安城に就て」 『朝鮮』 1925(朝鮮總督府) ; 기전은 일제시대에 시가지를 건설하여 원형이 많이 훼손되었다. 일본인은 기전이 있던 자리에 병기창과 일군 사단사령부를 설치하였고 제사공장이 들어섰다. 북한은 기전이 있던 곳을 시가지화하여 평양시 평천구역平川區域에 편입하고 평양역사와 공산대학 교사를 건설하는 등 지금은 기전의 모양이 완전히 없어진 것으로 보인다. 북한의 리화선, 한인호·리호 등은 기전도에 나오는 정전의 면적을 고구려 시대의 도시구획인 里와 坊으로 계산해 보면 150개의 방으로 구성된 6개의 리가 있던 것으로 추정되며 한백겸의 기전도와 대체로 일치된다는 연구결과를 발표하였다. 민덕식, 「高句麗 平壤城의 都市形態와 設計」 『高句麗 研究』 15, 2003.

은 정확히 70畝씩이다. 큰 길에서 가로로 바라보면 田자형 밭이 8개가 있고
세로로 보아도 전자형 밭이 8개가 있어 8 x 8=64, 총 64區가 정방형으로 배
치되어 있다. …구의 경계는 폭 1무의 소로로 나뉘어져 있고 단지의 경계는
폭 3무의 길을 내고 전체 단지의 주위 사방에 폭 9무의 대로 3조가 나있다.
대로 가운데 성문으로부터 詠歸亭 나루터에 이르는 것은 왕래하는 도로로 만
든 것 같다. … 맹자는 은나라의 전제에 대해 殷人은 70무씩의 농지를 받고
이를 助라 하였는데 지금 여기에 있는 田자형 농지의 각 구는 70무씩으로 구
획되어 있다. 기자는 원래 殷나라 사람이니 그가 가져온 제도는 당연히 殷나
라의 정전제도일 것이다."[18]

한백겸의 기자전 발견은 조선의 유학자들에게 큰 파문을 일으켰다. 맹
자가 가장 이상적인 재정제도이며 요순시대를 재현시킬 수 있는 수단으
로 극찬한 정전제도의 유적이 조선에서 온전한 형태로 발견되었다는 소
식은 유생들을 흥분시키는 데 충분하였다. 중국에서 삼대의 이상사회를
건설하는데 기반이 되었던 정전제도가 조선에서도 실시되었다는 것은 조
선에서도 왕도정치가 실시되었다는 증거이며 조선의 유학자들도 기자를
통해 유학의 정통성을 확보할수 있다고 보기 때문이었다.

(2) 기전유제설에 대한 유생들의 호응

한백겸이 『기전유제설』을 발표한 이후 많은 유학자들이 한백겸의 기
전 발견과 전형설田形設을 지지하거나 또는 한백겸의 주장을 반박하고
수정 의견을 내는 글을 연달아 발표하였다. 한백겸의 친구인 유근柳根은
「기전도설후어箕田圖設後語」를 지어 한백겸의 주장을 지지하고 보충하였
다. 허성許筬도 「기전도설후서」를 통해 주나라의 정전과 은나라의 기전은
사실상 같은 것이라고 한백겸의 주장을 인정하면서 평범한 밭을 보고 그
것이 기전임을 알아본 구암의 재주와 능력을 칭찬하였다.

이익李瀷도 숙종 때 기자전을 보고 감동하여 「기전속설箕田續說」을 썼

---

18) 韓百謙, 『箕田巧』(李家煥·李義駿 輯), 北京, 中華書局, 1985.

다. 그는 기자가 구획한 정전은 井자가 아니고 전자형田字形이라는 한백겸의 주장에 동조하면서 경주慶州에도 평양의 4구와 비슷한 같은 것이 있었는데 지금은 없어졌다며 애석해 하였다.

숙종 때의 문신 남구만南九萬도 평양 기전을 둘러보고 그의 『약천집藥泉集』을 통해 그것이 전자형임을 확인하였다.[19] 영조 때에 평안감사를 지낸 서명응徐命膺은 기자전을 견학하고 『기자외기箕子外記』를 지었다. 그는 이 책에 「정전도」와 「낙서위정연원도洛西爲井田淵源圖」도 포함시켰다. 서명응은 이 저술을 통해 기전箕田 전형설田形設을 부정하고 정형설井形設을 주장하였다. 그는 전자구획 9개를 놓고 보면 井자가 된다면서 한백겸이 정자 구획을 너무 작게 관찰하여 전자로 잘못 본 것이라며 기전은 원래 우물 井자로 구획된 것이라고 주장하였다.[20] 정조 때 이가환李家煥과 이의준李義駿은 한백겸의 「기전유제설」과 「기전도」, 유근의 「기전도설후어」, 허성의 「기전도설후서」, 이익의 「기전속설」을 한 권에 묶어 『기전고箕田攷』라는 책을 발간하였다.

청淸나라에서도 조선에서 기전이 발견되었다는 소식에 관심을 보였다. 청국은 글로만 전해오던 3천 년 전 은殷의 정전이 조선에서 발견되어 논의가 무성하다는 소문을 듣자 건륭 말에 황지皇旨를 보내 기전설에 대한 자료를 보내라고 요청하였다.[21] 조선에서는 이가환·이의준이 편찬한 『기전고箕田攷』를 보냈다.

유생들은 기자정전을 자기들이 꿈꾸고 있는 대동사회의 건설이라는 정치 이상을 실현시킬 수 있는 전범이라고 믿고 줄을 이어 평양의 기자전을 견학하였고 기자의 행적과 가르침을 되돌아보고 찬양하는 저술이 끊이지 않고 세상에 나왔다.

---

19) 南九萬, 『藥泉集』 雜著, 東史辨證, 箕子.
20) 徐命膺, 『箕子外記』.
21) 丁若鏞, 『經世遺表』지관수제, 전제고 6.

2) 기자정전 순례

평양의 기자정전은 조선 후기 유생들과 관리들의 단골 견학 코스가 되었다. 현종 때 유형원柳馨遠[22], 숙종 때 남구만南九萬, 영조 때 서명응徐命膺, 정조 때 박지원朴趾源 등 수많은 문신과 학자들이 기자전을 방문하였다. 해마다 서너 차례씩 청나라에 가는 사행단使行團에 참가한 관리와 유생들도 평양에 들러 기자전을 찾아보고 그 감회를 『연행록燕行錄』 등을 통해 남겼다.[23] 순조 때 평안도 암행어사 박래겸도 어사 임무를 마치고 한성으로 귀환하는 도중에 평양에 들러 기전을 방문한 감흥을 그의 일기인 『서수록西繡錄』에 남겼다.

한백겸이 기자정전을 발견한지 195년 후인 순조 3년(1803) 사행단을 따라 북경에 다녀온 성명 미상의 자제군관子弟軍官이 기자정전을 둘러본후 그 모습을 자신의 연행기인 『계산기정薊山紀程』에 남겼다.

"평양은 옛 성인 기자의 도읍이다. 그 유품과 발자취가 아직도 남아있는 것이 있으니 그 기이한 구경거리를 샅샅이 찾아보지 않을 수 없다. 마침내 朱雀·含毬 2개의 문을 통해 길을 나섰다. 성은 내성과 외성이 있는데 각각 성 1개에 문이 1개씩 있었다. 외성으로 가는 길에 정전의 옛터를 보았다. 밭

---

22) 유형원은 전국 각지를 두루 여행하여 조선의 산천과 지리에 밝았다. 유형원은 그의 고모부인 김세렴이 평안도 관찰사로 있을 때 평양과 평안도를 두루 섭렵하였는데 이때 평양의 기전을 관찰할 기회가 있었을 것으로 보인다. 정구복, 「반계 유형원의 사회개혁사상」 『역사학보』 45, 1970. 유형원은 그의 『반계수록』을 통해 여러 차례 한백겸의 저작을 인용하였으며 기자전은 옛날의 경계를 보수하여 고적으로 보존해야 한다고 말하여 그가 기자전을 방문한 것으로 인정된다. 『반계수록』 전제, 분전정세절목.

23) 조선시대에 청나라의 연경(북경)에 가는 使行團을 따라 갔던 사람들이 남긴 기행문의 일종인 『燕行錄』은 100여 개가 넘는다. 그 가운데 평양의 기전을 방문하고 그 기록을 남긴 대표적인 『연행록』에는 효종 때 이요가 쓴 『燕途紀行』, 영조 때 김순협의 『燕行錄』, 순조 때 박사호가 지은 『燕薊紀程』, 같은 시기 작자 미상의 『薊山紀程』, 『往還日記』 등이 있다.

길은 많은 사람들이 왕래하였고, 질서 정연한 구역은 그린 것과 같았으며 사방은 언덕이 없이 탁 트여 있었다. 모퉁이에 석물을 세워 1井의 한계를 표시하고 있었다. 밭 두덩에는 箕子宮이 우뚝 서있다. 洞口에 仁賢里란 비석이 세워져 있었고 궁전 문에는 八敎門이라는 현판이 걸려 있었다. 동구를 경유해서 문으로 들어가면 제단이 설치되어 있고 거기에 돌을 쌓아 한 면에 九疇壇이라 새겼다. 또 비석이 세워져 있었는데 箕子宮舊基라는 5글자가 새겨져 있었다.

그 비석에는 음각으로 기록한 글이 있었는데, 옛 관찰사 李廷濟가 지은 것이다. 여기서부터 앞으로 얼마쯤 가면 기자의 우물이 있고 우물 옆에 돌을 세워 箕子井이라 새겨 놓았다. 우물의 깊이는 대략 10길 가량되는데 우물 난간에서 굽어 보면 푸른 물빛만 보일 뿐이다. 九三門을 지나서 내전으로 들어가니 그 堂級의 제도는 서울의 학교와 같아 북쪽은 三益齋, 남쪽은 養正齋, 좌우의 재방은 依仁齋·志道室이었다. 재실에는 經義生이 있어 1개의 큰 족자를 들고 나와 펼쳐 보여주었는데 이것이 바로 井田溝洫圖였다."

『계산기정』의 저자가 본 정전의 모습은 200년 전 한백겸이 관찰한 것과 비교하여 얼마나 달라졌는지는 자세히 알 수 없으나 크게 변한 것으로는 보이지 않는다. 그러나 그 동안 정전을 보호하고 기념하기 위하여 기자궁을 세운 것을 비롯하여 여러 가지 석물을 배치한 상황이 확인된다.

3) 평양지도에 묘사된 기전

한백겸의 기자정전 발견은 지도제작을 담당하는 관리들과 화원들에게도 큰 영향을 미쳤다. 17세기 이후에 제작된 평양지도 및 평양 풍경도에는 하나 같이 평양성 서남쪽 대동강변의 외성外城과 내성內城 사이에 기자정전과 기자정의 흔적을 뚜렷하게 묘사하기 시작하였다. 특히 19세기 후반에 회화체로 그린 서경전도西京全圖와 기성의 모습을 병풍에 그린 기성도병과 평양전도 등은 바둑판처럼 네모 반듯하게 구획된 정전을 사실적으로 그리고 있다.[24]

고려대 박물관이 소장하고 있는 서경전도는 평양의 내성 부분에 비해 기전 유적이 있는 외성부분을 과장하여 기전을 크고 자세하게 그리고 기전의 한 가운데 기자궁을 그린 점이 특색이다.[25]

조선 말 광무 7년(1903) 고종도 기자정전에 관심을 가지고 평양을 방문하고 돌아온 의정부 의정 이명근李根命에게 기전의 현황에 대해 묻고 구주단九疇壇과 기자정이 정말로 기자의 유적이냐고 질문하였다. 이근명은 아래와 같이 복명하였다.

> "외성지역은 지면이 평탄하여 농토 가운데 도랑물이 흐르고 수목 사이로 즐비하게 집이 늘어서 있고 집집마다 글 읽는 소리가 들리며 풍속이 순박하고 아름다움으로 대대로 거주하는 지방관리와 선비가 많이 있습니다. 연전에 감사 한태원이 기자궁을 건립하고 黃州의 鐵島에 있는 기자의 遺像을 옮겨와 봉안하고 봄과 가을에 제사를 드립니다."
>
> "구주단과 기자정의 소재지는 터만 전해지고 있습니다. 구주단은 영조 때 평안감사 이정제가 쌓았고 기자정은 비석이 남아있는데 서명응이 비문을 지었습니다. 기전은 옛날 정전의 자취인 듯 한데 처음에는 그 터의 네 귀퉁이에 標木을 심어 두고 法樹라고 부르다가 뒤에 石標로 바뀌었다고 합니다."[26]

기자정전의 모습은 조선 말기에 와서 상당히 변형된 것으로 보인다. 한백겸이 그린 『기전도』에는 구획된 밭만 있을 뿐 수목과 민가는 보이지 않는다. 19세기 후반에 그려진 기성도 그림과 병풍에는 네모 반듯하게 구획된 정전유적 안에 수로水路도 보이고 수목과 집이 많이 그려져 있는

---

24) 1770년에 그린 平壤官府圖에도 정전의 구획이 뚜렷이 그려져 있다. 18세기 중엽에 그린 것으로 보이는 海東地圖, 東興備攷 등에도 箕田과 箕子井이 표시되어 있다. 李燦, 『韓國의 古地圖』, 범우사, 1997, 참고. 19세기에 그린 것으로 보이는 병풍으로 된 평양 풍경도는 여러 개가 남아 있는데 규장각, 서울대 박물관, 고려대 박물관, 서울시 역사박물관 등에 소장되어 있다. 이 가운데 8폭짜리 병풍 箕城圖와 서경전도에는 기전을 구획하고 있는 농로, 나무, 연못, 집, 사당 등이 사실적으로 크게 묘사되어 있다.
25) 고려대박물관, 『조선시대 기록화의 세계』, 2001,
26) 『承政院日記』 고종 40년 10월 22일 임신.

데 이것은 고종의 질문에 답한 이근명의 보고와 일치한다. 조선 말 기자
정전의 모습은 기자정도 없어지고 구주단도 사라져 조선 중기 때의 모습
과는 상당히 바뀌었으나 기자전의 유적은 일제시대 초까지 존재했던 것
으로 보인다. <그림 3>, <그림 4> 참조.

〈그림 3〉 평양성의 모습을 8폭짜리 병풍에 그린 箕城圖. 반타원형으로 箕田이 묘사되어
있다. 19세기 후반에 그린 것으로 추정된다. (서울역사박물관 소장)

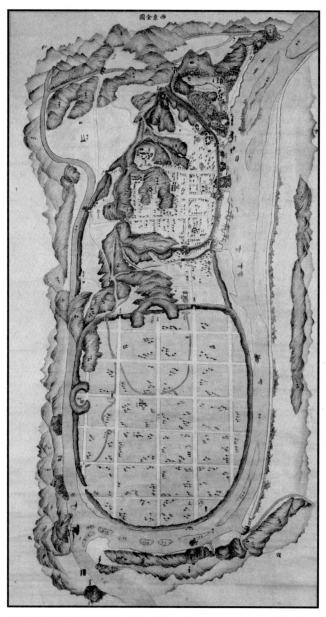

〈그림 4〉 19세기 평양시가지의 모습을 그린 西京全圖. 箕田부분이 평양의
구시가지에 비해 과장되게 그려져 있다.(고려대학교 박물관 소장)

4) 기자정전의 보호

기자전의 발견은 조정에서도 중요한 화두話頭가 되었다. 기자전의 발견을 계기로 관리들은 만성적인 재정난을 타개하고 토지집중과 빈부의 격차를 해소하기 위해 정전제도 또는 균전제도를 실시하자는 주장이 조선 말까지 이어졌고 기자 유적의 보호에 관한 논의가 활발하게 일어났다.

선조 때 평안감사 정종영은 기자전의 발견을 기념하기 위해 정부의 허락을 얻어 정전의 북쪽에 홍범서원洪範書院을 열었다.[27] 광해군 때에는 예조판서 이정귀李廷龜가 "우리 조선은 기자의 8조의 가르침에 힘입어 오랑캐에서 중화中華로 변하여 미개인이 되는 것을 면할 수 있었음은 물론 예의와 문명의 성대함이 천하의 칭송을 받게 되었으니 중국에서 공자를 높이는 것처럼 기자의 지위를 높여 은혜에 보답해야 한다"[28] 고 주장하였다.

광해군 4년(1612) 평양에 고려 숙종 때부터 내려오던 기자사箕子祠를 숭인전崇仁殿으로 개칭하여 기자의 지위를 높이는 한편 기자의 후손이라고 알려진 선우鮮于씨를 전감殿監으로 임명하고 병역을 면제시켜주고 전각을 돌보도록 하였다.[29]

인조 때는 평양성의 별칭을 기성箕城이라고 명명하는 한편 정전의 한 모퉁이에 있는 홍범서원(나중에 인현서원仁賢書院으로 개명하였다.)에 기자의 화상을 봉안하도록 하고 축문과 향을 보내는 한편 정전이 있는 곳에 석물을 세우고 비석을 건립하였다.[30]

유형원柳馨遠도 그의 저서 『반계수록磻溪隨錄』을 통하여 기자도 공자와

---

27) 『仁祖實錄』 인조 11년 10월 9일 무진.
28) 『光海君日記』 광해군 4년 4월 27일 신묘.
29) 『光海君日記』 광해군 4년 4월 27일 신묘.
30) 『仁祖實錄』 인조 11년 10월 9일 무진.

같이 우리나라에서 만대를 두고 융성하게 모셔야 할 대상이므로 사당에
따로 제전祭田을 두지 말고 국가의 경비로 제사비용을 지출해야 한다고
주장하였다.31)

조정에서는 기자전에서 제사를 지낼 때에는 평안감사로 하여금 제
사를 주관하도록 하였고 숙종 때는 도승지를 보내 기자를 공자의 예로
제사를 지내도록 지시하는 한편 대제학으로 하여금 제문을 짓도록 하
였다.32)

영조 때 평안감사 이정제李廷濟는 정전 한가운데 있었던 기자궁의 옛터
를 백성들이 밭으로 사용하는 것을 보고 공금을 들여 그 터를 매입한 후
담을 치고 구주단九疇壇을 쌓았다. 영조 8년에는 기전을 대동강의 범람으
로부터 보호하기 위하여 외성으로 불리는 토성을 증축하였다.

영조 32년에는 경기·충청·전라·함경·평안·황해도 등 6도의 유생들이
서울에 기자묘를 세우고 전국의 각 도에도 하나씩 기자 사당을 건립하자
는 상서를 올렸으나 채택되지 않았다.33) 정조 3년에는 경기유생 안발 등
이 서울의 문묘 옆에다 기자묘를 별도로 세우고 공자와 똑같이 높여 제
사를 지내고 평양의 숭인전에 있는 기자의 초상을 옮겨다 봉안하자는 상
소를 올렸으나 역시 채택되지 않았다.34)

조정은 기자정전에 이상이 있으면 중앙에 보고 하도록 지시하는 한편
기자정전의 구획이 무너지거나 불분명하게 되면 구획을 바로 잡는 보수
공사를 실시하였다. 예를 들면 숙종 33년 기자정의 물이 뒤집혀 누렇게
혼탁해졌다는 평안감사의 보고가 있었다.35)

숙종 17년과 영조 원년 그리고 영조 52년에 조정의 명령에 의한 보수

---

31) 柳馨遠, 『磻溪隨錄』 田制 上, 분전정세절목.
32) 『肅宗實錄』 숙종 5년 11월 10일 신축.
33) 『英祖實錄』 영조 32년 3월 17일 을유.
34) 『正祖實錄』 정조 3년 2월 15일 경오.
35) 『肅宗實錄』 숙종 37년 6월 27일 무신.

공사가 있었다. 특히 영조 52년에 평안감사로 발령을 받은 서명응徐命膺은 부임하자 바로 훼손되어 경계가 불분명한 기자정전의 구획을 다시 수리하는 한편 기자정도 보수하고 이를 기념하는 비석을 세웠다.

기자전은 그 후에도 지방관에 의해 보수공사가 가끔 시행되었다.[36] 고종 때는 평안감사 한계원韓啓源이 정전 가운데 기자궁箕子宮을 건립하고 황주黃州에 있던 기자상箕子像을 옮겨 봉안하였다.[37]

5) 箕子朝鮮의 재조명과 箕子崇慕思想

(1) 조선에서의 王道政治와 箕子

한백겸의 기전 발견 주장은 비슷한 시기에 간행된 이이李珥(1536~1584)의 『기자실기箕子實記』에 의해 더욱 영향력을 증폭하게 되었다.[38] 이율곡은 『기자실기』를 통해 기자가 조선에 도래하여 홍범팔조洪範八條를 시행하고 백성들에게 예절과 농사를 가르치면서 정전제를 시행하였는데 이것이 바로 왕도정치이며 교화정치이고 성인의 행적이라고 주장하였다.[39]

『기자실기』는 이율곡이 45세 때인 선조 14년(1581)에 지은 것이다. 한백겸의 『기자유제설』보다 20여 년 앞선 것이나 두 저술 모두 병자호란 이후에 주목을 받게 되었다. 이율곡은 『기자실기』를 통해 조선이 오랑캐의 풍습을 따르지 않고 중국과 같게 된 것은 기자의 덕이라고 다음과 같

---

36) 朴時亨, 「箕田論始末」 『李朝社會經濟史』(조선과학자동맹 편), 노농사, 1946.

37) 『承政院日記』 고종 40년 10월 22일 임신.

38) 이율곡은 선조 때 尹斗壽가 지은 『箕子志』를 읽고 기자의 중요성에 비해 그 내용이 매우 부족하다고 생각하여 『箕子實記』를 저술하게 되었다. 윤두수는 明에 사신으로 갔을 때 명의 관리가 제기한 기자에 대한 질문에 제대로 답변을 못한 것을 부끄럽게 생각하여 귀국 후 각종 사서를 조사하여 『箕子志』를 저술하였다. 그가 평안도 관찰사로 재직시에 평양선비들이 편찬한 『平壤志』에 기자는 조선의 시조이고 그가 실시한 정전의 옛터가 평양에 남아있다는 요지의 서문을 썼다.

39) 한영우, 『다시 찾는 우리역사』, 경세원, 2004.

이 칭송하였다.

> "기자는 殷나라 사람이다. 은의 紂(주)왕이 잔학하고 음난함이 날로 심하
> 여 기자가 간하였으나 듣지 않고 기자를 감옥에 가두어 버렸다. 周 武王이 은
> 나라를 멸하고 기자를 풀어 준 다음 세상을 다스리는 방법에 대해 물었다. 기
> 자는 무왕에게 洪範九疇를 전해주었다. 기자는 무왕을 위해 治道를 가르쳐주
> 었으나 주나라의 벼슬은 하려 하지 않았고 무왕도 강요하지 않았다.
> 　기자는 주나라를 피해 동쪽 조선에 들어왔는데 따라온 중국인이 5천 명이
> 었다. 詩·書·禮·樂·醫·巫·陰陽·卜筮(복서)의 무리와 百工技藝의 무리가 모
> 두 따라왔다. 무왕이 이 소식을 듣고는 그를 조선에 봉하여 평양에 도읍하게
> 하였다. 처음 와서는 말이 통하지 않으므로 통역을 해서 알 수 있었다.
> 　기자는 백성들에게 예의와 농업·잠업·직조를 가르치고 경계를 계획하여
> 井田制度를 시행하였다. 기자는 질서를 잡기 위해 금법 8조를 시행하였다.
> … 이로써 조선의 백성들은 대문을 닫지 않았고, 부인들은 마음이 곧고 신의
> 가 있게 되어 사특하지 않게 되었고, 음식을 먹을 때 변두(나무로 만든 그릇)
> 를 사용하게 되었으며, 신의와 겸양을 숭상하고 유학에 전념하여 중국의 풍습
> 을 따르게 되었다."[40]

(2) 조선후기의 歷史書와 기자정전

　이율곡의 『기자실기』 이후 조선에서는 기자의 행적을 밝히고 그의
업적을 찬양하는 기자 관련서가 여러 권 간행되었다. 숙종 때 박세채朴
世采는 『범학전편範學全篇』, 허목許穆은 『기자세가箕子世家』를, 영조 때 이
원곤李源坤이 『기범연의箕範衍義』를, 이민곤李民坤은 『황극연의皇極衍義』를
저술하였다. 고종 때에는 정인기鄭璘基·이손영 등은 『기자지箕子志』를
저술하였다.

　박세채는 『전학전편』에 기자의 화상을 싣고 홍범의 원조는 기자이며 기
자는 조선의 시조라는 점을 강조하였다. 고종 때의 『기자지』는 원래 평양의
선비들이 윤두수의 『기자지』와 이율곡의 『기자실기』를 합본하여 발행한 책

---

40) 李珥, 『栗谷全書』 雜著 1, 箕子實記.

이었는데 정인기 등이 한백겸의 자료 등을 보충하여 다시 펴낸 것이다.

『기자지』를 비롯한 기자관련 저작의 내용은 거의 중국의 사서에 실린 기자의 중국과 조선에서의 행적, 그가 조선에서 실시한 홍범의 내용에 대한 설명, 기자에 대한 제사와 기자를 칭송하는 시문 등을 나열한 것으로 윤두수의 『기자지』나 이율곡의 『기자실기』 내용을 전재한 것으로 새로운 연구의 추가는 없었으나 조선 후기 기자 숭모사상의 재현에 일조를 하였다.

조선 후기에는 조선의 역사를 새로 쓴 사찬私撰 역사서가 여러 권 간행되었다. 광해군 때 문신 오운吳澐은 『동사찬요東史纂要』(1606)라는 역사책을 쓰면서 그 동안의 관찬官撰 사서史書에서 외기外紀로 만 처리되어 오던 단군과 기자를 본기를 통해 조선역사의 시작으로 기술하였다. 그는 기자를 중시하여 그가 중국의 문물을 가져와 조선의 풍속을 교화시킨 사람으로 칭송하였다.

숙종 때의 문신 홍여하洪汝河는 『동국통감제강東國通鑑提綱』(1672)이라는 역사책을 쓰면서 처음으로 기자조선을 조선 역사의 시작이며 정통으로 취급하면서 단군을 전설로 부기하였다. 그는 이 책에서 한백겸의 기전설을 사실로 인정하면서 평양의 기전을 은나라의 전제라고 기술하였다.

영조 때 안정복安鼎福은 『동사강목東史綱目』(1778)에서 기자조선을 조선역사의 시작으로 기술하였다. 그는 평양의 기자전을 사실로 받아드리면서 한백겸이 쓴 『기전유제설』 전문을 『동사강목』에 전재하였다. 그는 또 조선 백성이 흰 옷을 즐겨 입는 것은 기자가 가져온 습속이라고 설명하였다.

영조 때 양명학자로 공주판관公州判官을 지낸 이종휘李種徽도 그의 문집에 실은 역사책 『동사東史』에서 기자 이후 기箕씨 왕의 세계世系를 처음으로 기록하고 평양의 기전은 은나라의 유적이라고 주장하였다. 그는 기자가 평양에 와서 정전법을 실시하였는데 주나라의 정전제도와는 달리 田자 형으로 구획하였는데 1구의 면적은 70무였으며 10분의 1세를 받았다[41]고 기술하여 한백겸의 주장을 그대로 따랐다. 이종휘는 기자조선을 중국문화를 계승한 동이東夷계의 독립국으로 보고 고구려는 기자조선의 옛 땅에서 일어나 유교적 예악과 문물을 갖춘 나라로 보았다.

정조 때 이긍익李肯翊이 편찬한 야사모음의 역사서『연려실기술燃藜室記述』도 한백겸의『기전유제설』을 그대로 수록하여 평양기전을 실재하는 것으로 보았다.[42]

한백겸의 기자정전 발견과 이율곡의『기자실기』같은 저작은 조선 후기의 유생들 사이에 널리 퍼진 기자숭모사상과 소중화사상小中華思想을 합리화 시키는데 중요한 영향을 끼쳤다. 조선의 선비들은 조선의 기원은 단군에 의해 개창되었으나 기자에 의해 문화민족이 되었다는 역사인식을 당연한 것으로 받아들였다. 유생들은 이 과정에서 유학의 도통은 명나라가 멸망한 후 청나라가 아닌 조선으로 옮겨왔다는 인식을 강화하면서 기자에 의해 조선 땅에서도 왕도정치王道政治가 시행되었다는 역사적 사실에 대해 강한 자부심을 가지게 되었다.

6) 정전제도의 복원실험

(1) 籍田의 井田化

기자정전의 발견은 조정에서도 정전법의 재현과 한전법 또는 균전법의 시행 가능성에 관한 관심을 불러 일으켰다. 인조 때 지사 정엽鄭曄이 백성들이 부담하는 세금과 부역이 너무 많아 정전법을 실시하여 9분의 1 조세만 받아야 한다고 건의하였으나 논의가 더 이상 진척되지 않았다.[43] 성균관 유생 김시준金時準도 영조에게 정전법의 시행을 건의

---

41) 李種徽,『修山集』11,『東史』箕子本紀.
42) 李肯翊,『燃藜室記述』별집 11권, 田制에 이가환·이의준이 편찬한『箕田攷』의 일부분이 전재되어 있다.

하였다.

영조 16년(1740) 검토관檢討官 서명신徐命臣이 토호들의 토지의 집중으로 인한 빈부격차를 해소하기 위해 정전법을 시행하는 것이 좋으나 이것이 어려우면 한나라 때의 한전법限田法을 시행하면 좋겠다는 건의를 하였다.

영조는 "한전법을 시행하여 한외限外의 전토를 무작정 빼앗아 가난한 백성에게 줄 수도 없고 국가에서 토지를 모두 사서 줄 수 없다면 가난한 백성들이 어떻게 스스로 토지를 살 수 있겠는가. 겸병을 하는 사람들은 토호들뿐 아니라 사대부들도 한다. 내가 얼마 전에 교하交河에 있는 능陵에 갔을 때 앞뜰이 대단히 넓은 것을 보고 누구의 것인가를 물었더니 모두 사대부의 가전家田이었다. 이로서 미루어 보건대 팔도가 다 그러할 것이니 백성들만 불쌍하다"44) 며 한전법의 시행이 말처럼 쉬운 것이 아니라 현실적으로는 시행하기 어려운 난제임을 토로하였다.

숙종과 영조 및 정조 때는 평양의 기전 문제가 거론되면서 정전의 시행 가능성에 관한 논의와 함께 친경행사를 위해 마련된 동대문 밖 적전籍田을 정전井田으로 만들어 운영하자는 건의가 있었다. 적전을 정전으로 만들어 운영하자는 제안은 유형원의 『반계수록』에서도 보인다.45)

영조 22년(1746) 영조는 기전箕田에 대한 보고를 듣고 평양의 정전을 복원하여 전국적으로 실시하는 것은 어려우나 이 기회에 동대문 밖의 적전을 다시 구획하여 井자형으로 만들고 여덟 가구에게 한 구역 씩 면세전으로 분급하고 나머지 공전公田 한 구역은 서로 도와 경작하여 그 수확을 거두어 나라에 바치면 이것이 정전제를 본뜨는 것이라면서 봉상시奉常寺로 하여금 시행계획을 만들어 올리게 하였다.46)

---

43) 『仁祖實錄』 인조 2년 9월 30일 신사.
44) 『英祖實錄』 영조 16년 5월 13일 갑신.
45) 柳馨遠, 『磻溪隨錄』 田制 上.
46) 『英祖實錄』 부록, 英祖大王行狀, 영조 22년 11월조.

봉상시가 만든 시행안은 동대문 밖 10리 전농에 있는 동적전東籍田의 친경전 100무를 공전으로 만들고 주위의 위전位田 가운데 11일 갈이(경 耕)의 토지를 백성들에게 나누어 주어 농사를 짓도록 하고 전세를 면제시 켜주는 것이었다.47)

봉상시의 계획은 백성들에게 나누어준 사전의 면적이 공전에 비해 10 분의 2정도로 너무 적어 백성들에게 돌아가는 혜택이 거의 없자 잘 시행 되지 않았다. 이에 도제조都提調 김재로金在魯는 공전의 면적이 100무(8일 갈이)인데 백성들에게 11일 갈이(경耕)만 면세전으로 주고 공전을 경작하 여 생산물을 바치도록 한다면 아무도 원하지 않을 것이라며 면세전은 공 전의 8배가 되어야 하나 토지가 없다면 최소한 공전의 2배인 16일 갈이 는 주어야 원하는 사람이 있을 것이라면서 봉상시가 만든 조례를 수정하 도록 건의하였다.48)

영조 38년(1762) 영조가 선농단에 거동하여 추수행사를 관람할 때 이 세택李世澤이 임금에게 정전법은 천하에서 없어진 지 오래인데 오직 우리 나라의 평양에만 기자가 만든 정전이 남아있는데 지금 없어지려고 하고 있다며 적전을 정식 정전제로 만들어 옛 제도를 부활하자고 건의하였다. 임금이 신하들의 의견을 구하자 홍봉한洪鳳漢이 지세가 좁아서 이곳에서 정전제도를 시행하기 어렵다는 의견을 내었고 이 일은 더 이상 논의되지 않았다49) 이로 미루어 볼 때 영조 22년에 시행되었던 적전의 정전화는 얼마 가지 못하고 실패한 것으로 보인다.

(2) 기전의 冒耕방지

정조 24년(1800) 규장각 신하인 김순근이 정조와 맹자의 정전법 문제 를 토론하는 과정에서 왕정의 가장 시급한 일이 정전법을 시행하는 것이

---

47) 『英祖實錄』 영조 22년 12월 6일 정묘 ; 『萬機要覽』 財用篇 2, 籍田.
48) 같은 책, 영조 23년 12월 10일 병인.
49) 『英祖實錄』 영조 38년 8월 20일 경술.

라면서 "정전법을 시행하지 않기 때문에 부자들이 토지를 겸병하여도 막지 못하고 가난한 사람은 송곳 하나 꼽을 땅도 없습니다. 우리나라에는 기자가 실행한 옛 정전제도의 유적도 남아있으므로 결단만 하면 실행 가능합니다"50) 라며 '계구수전計口授田'하는 정전법의 시행을 주장하였다.

이에 대해 정조는 "우리나라의 지형상 정전을 구획하기도 어렵지만 모든 사람에게 토지를 나누어 주자면 토지면적과 호구 수를 정확하게 알아야 하는데 그 것도 모르면서 어떻게 인구를 계산해서 모든 사람에게 토지를 지급하자고 할 수 있는가" 라며 정전제의 실시가 불가능함을 설명하였다.51)

정조도 기자전의 보존에는 특별한 관심을 보였다. 그는 평양의 기자전이 허물어져 없어지지 않을까 우려하여 관서지방으로 나가는 모든 암행어사들은 기자정전을 허물어 모경冒耕하고 있는지 각별히 조사하고 그 결과를 문서로 보고할 것을 지시하고 있다. 만일 이 지시를 소홀이 하거나 어긴 수령이 있으면 엄중히 논죄할 것을 관서어사사목關西御使事目에 기록하여 평안도 지방으로 나가는 암행어사들에게 주도록 비변사에 지시하였다.52)

3. 箕子井田과 國政 및 經濟改革 논의

1) 17세기의 정치적 위기

조선은 임진왜란壬辰倭亂과 병자호란丙子胡亂을 치루고 난 후 오랫동안

---

50) 『弘齋全書』 鄒書春記, 盡心篇, 西伯善養老章.
51) 정전제의 실시 불가능에 대한 정조의 자세한 답변은 제10장 요약과 결론에 실려 있다.
52) 『正祖實錄』 정조 7년 10월 29일 정해, 비변사 관서어사사목.

심각한 패배감과 후유증에 시달렸다. 동시에 17세기 조선은 거듭되는 정치적 위기와 경제·사회적 혼란과 무질서 속에서 국정이 방향을 잃고 표류하고 있었다.

조선은 임진왜란(1592~1598)이 끝난 지 29년 만에 정묘호란(1627)을 맞아 또다시 국토가 외적에 의해 유린되었고 왕이 강화도로 피난하는 수모를 겪었다. 이로부터 9년 후 병자호란(1636)을 당해 조선은 압록강을 건너온 청병에게 일주일 만에 수도를 내어주고 남한산성으로 피난하였다가 한 달도 버티지 못하고 항복하는 치욕을 당했다.

이에 앞서 명과 청(후금後金)이 요동지방에서 건곤일척의 결전을 벌일 때 조선은 명나라의 요청으로 청을 요격하기 위해 강홍립姜弘立에게 1만 3천 명을 주어 파병하였고 또 다른 한편으로는 청나라의 강요로 명군을 치기 위해 임경업林慶業이 지휘하는 구원병을 보내지 않을 수 없는 난감한 상황을 겪었다.

병자호란 이후 명에 대한 의리를 좇아 친명親明정책을 주장하는 일부 신하들은 청과 우호관계를 유지하려는 광해군을 못마땅하게 생각하였다. 서인인 이귀·김류 등은 남인의 협조를 얻어 광해군이 아우인 영창대군을 죽이고 계모인 인목대비를 유폐시키는 등 인륜을 어기는 불효를 저질렀다는 명분을 찾아 인조반정을 일으켰다.

연이어 인조반정의 공신 책정에 불만을 품은 이괄李适이 반란을 일으켜 군사를 이끌고 남하하여 수도를 점령하는 바람에 왕이 공주公州로 피난해야 하는 등 정국은 바람잘 날이 없었다. 인조 24년(1644) 청이 북경을 함락하고 이곳을 수도로 정하면서 명은 멸망하였다.

17세기는 조선 역사상 당쟁이 가장 치열한 시기였다. 선조 때부터 싹트기 시작한 당파싸움은 인조 반정을 통해 집권 북인이 몰락하고 서인과 남인이 득세하는 계기가 되었다. 현종과 숙종 때는 두 차례에 걸친 예송논쟁禮訟論爭과 장희빈의 등장과 몰락을 계기로 일어난 세 차례의

환국을 통해 서인과 남인, 노론과 남인 간에 정권 쟁탈전이 치열하게 전개되었다.[53]

이 당시 정쟁에서 패배한 당파는 관직에서 무더기로 축출되었고 수많은 사람들이 목숨을 잃었다. 뿐만 아니라 아직 벼슬길에 오르지 못한 선비들도 당파가 다르면 처음부터 출사의 길이 막히는 것이 상례가 되었다.

2) 17세기의 경제적 피폐

17세기와 18세기는 경제적으로도 대단히 어려운 시대였다. 임진·병자의 양란으로 수많은 백성들이 죽고, 다치고, 포로가 되어 잡혀 갔으며, 마을은 불타고, 전답은 황폐화 되었다.[54]

전쟁이 끝난 후 백성들은 장기간 전후 복구사업에 동원되고 여기에 필요한 재원을 조달하지 않으면 안 되었다. 불타버린 궁궐과 관아의 재건축, 국방시스템을 재구축하기 위한 병제의 개혁과 5군영軍營의 창설[55], 신무

---

53) 왕실의 복상문제로 촉발된 현종 때의 己亥禮訟(1659)의 결과 서인의 정치적 위상이 강화되었다. 숙종 때의 甲寅禮訟(1674)으로 서인이 몰락하고 남인이 집권하였다. 무고로 판명된 역모사건을 조사하는 과정에서 일어난 庚申換局(1680)으로 남인이 축출되고 서인이 재집권하였고, 己巳換局(1689)을 통해 장희빈의 아들을 세자로 책봉시키고 중전 민씨를 폐비시킨 공으로 남인이 다시 돌아왔다. 폐비 민씨가 복위되고 중전 장씨가 다시 빈으로 강등되면서 일어난 甲戌換局(1694)을 통해 서인에서 분화된 노론과 소론이 집권하고 남인은 몰락하였다. 이후 남인은 정치적으로 재기하지 못하였다.

54) 임진왜란 전 경지면적을 나타내는 전국의 田結 수는 총 150여만 결이었으나 임진란 직후 30여만 결로 감소하였다. 전결수는 효종때 인구 수는 숙종때 전전수준을 회복한 것으로 보인다.

55) 임진왜란 때 효과적인 대응에 실패한 기존의 군사제도인 5衛가 폐지되고 5軍營제도가 신설되었다. 5군영은 도성과 수도권 외각의 방어를 담당하는 중앙군으로 訓鍊都監(선조 31년 창설), 總戎廳(인조 2년), 守禦廳(인조 4년), 御營廳(효종 3년), 禁衛營(숙종 8년)을 말한다. 지방군은 束伍軍으로 편제하였다.

기의 조달과 훈련도감에 소속된 직업군인에 대한 급료의 지급, 성곽의 신
축과 개축, 청국에 대한 조공과 세폐의 증가 등으로 재정수요가 팽창하고
있었다. 정부는 심각한 재정부족을 이유로 관리들에게 주던 녹봉을 절반
이하로 삭감하는 한편 지방관청에 근무하는 이서吏胥·복예僕隸·군교軍校의
급여는 없애버렸다.56)

정부는 또 재정부족을 해결하기 위한 수단의 하나로 내수사內需司를 비
롯하여 종반宗班과 영·아문, 지방관청 등에 전란으로 황폐된 진황지와 임
야를 떼주고 주인이 없는 땅을 절수折受하여 농지개간을 장려하였다. 이
과정에서 내수사와 궁방 등은 주인이 있는 토지도 강제로 궁방전 등에
편입시켜 광대한 면적의 면세전인 궁방전·관둔전·둔전 등이 생겨났
다.57) 또 각종 세금과 신역에 시달리는 백성들도 세금 등을 피하기 위해
스스로 자기의 토지를 궁방전, 둔전 등에 투탁하여 면세전으로 만들었다.

재정부족 문제가 해결되지 않자 정부는 17세기부터 춘궁기에 빈민구
호를 목적으로 운영되던 환상還上(환곡還穀)제도를 정부기관의 예산을 조
달하는 수단으로 이용하기 시작하였다. 특히 지방관청과 병영·수영은 풍
년·흉년을 가릴 것 없이 매년 백성들에게 강제로 환곡을 할당하여 빌려
주고 6개월에 10% 정도의 이자를 받아 기관 운영비로 사용하기 시작하
면서 각종 부정을 저지르기 시작하였다.

환상제도는 시간이 흐를수록 본래의 목적을 이탈하여 지방관과 일선
군·현의 아전 등이 농민들을 수탈하는 수단으로 변질하였다. 이들은 환

---

56) 임진왜란 이전 정2품 판서의 연평균 녹봉은 쌀과 콩 등 곡물 82석, 견포와 마포
   등 옷감 15필을 받았다. 종4품 군수는 곡물 51석, 옷감 6필을 받았다. 임란 이후
   에는 정2품의 녹봉이 곡물 41석, 종4품은 24석으로 감소하였다. 『經國大典』과
   『續大典』의 호전, 녹과표에서 계산.

57) 宗班은 왕족을 의미한다. 종반의 면세전은 시간이 지날수록 확대되었다. 『경국대
   전』에는 면세전의 한도를 대군·공주 225결, 왕자·옹주 180결, 현종 때는 대군·공
   주 500결, 왕자·옹주 350결, 『속대전』에는 대군·공주 850결, 왕자·옹주 800결, 사
   후 祭田으로 대군·공주 250결, 왕자·옹주 200결(4대까지 세습)로 규정되어 있다.

곡의 수납과정에서 온갖 기상천외한 방법으로 부정을 저질렀으며 또 토지대장을 허위로 꾸며 상당한 면적의 은결隱結과 여결餘結을 만들어 세금을 포탈하였다. 이와 같은 전정의 혼란은 다시 정부의 전세수입의 감소를 초래하였고 이는 정부의 재정부족으로 악순환하였다.

임진왜란 이후 녹봉이 절반 이하로 줄어든 관리들은 녹봉만으로 일가를 꾸려나가기 어렵게 되자 탐학의 풍조가 점점 확대되면서 농지의 확보에 큰 관심을 갖게 되었다. 녹봉이 모두 없어진 지방관청의 향리들은 백성들을 쥐어짜거나 부정을 저질러 생활을 유지할 수밖에 없는 상황에 이르게 되었다.

17세기 후반부터는 논농사의 중심기술이 직파농법으로부터 이앙농법으로 바뀌기 시작하였다. 이앙법은 논농사에 필요한 제초 노동력을 크게 감소시켰고 삼남에서는 이모작까지 가능하게 하여 농업생산력이 증가하게 되었다.

이앙법을 통한 생산력의 발전은 양반가를 비롯하여 신흥 상인과 여유 있는 농가의 이윤추구 의욕을 자극하여 경작지의 규모를 확장하고 이를 여러 사람에게 소작을 주어 경영하는 이른바 광작廣作이라는 이름의 대경영을 가능하게 하였다.

반면 18세기 초까지 대동법이 전국에 실시됨에 따라 관장수공업체제가 해체되고 개인이 운영하는 수공업과 상업이 활기를 띠게 되었다. 숙종 4년(1678)부터 통용시킨 금속화폐제도가 정착됨에 따라 농촌에서는 자급자족적 생산체제가 흔들리고 상품경제가 사회생활 곳곳에 침투하기 시작하였다. 상업 활동의 증대로 부를 축적한 상인들이 새로운 사회세력으로 등장하기 시작하였다. 이들은 부를 유지하기 위한 수단으로 농지를 사들여 신흥지주가 되었다.

이 결과 토지의 집중이 일어나고 농촌 내부에서 지주와 전호佃戶(소작인) 또는 부농과 빈농으로의 분화 현상이 촉진되면서 50%의 소작료가

공공연한 관행이 되었다.

18세기 말 남부지방 농민들의 경제적 여건이 얼마나 가혹했는 지는 정약용의 설명 한 줄로 요약할 수 있다.

"남쪽 지방에서는 대체로 논에 종자 10두를 뿌리면 쌀 20석을 수확하는데 그 중 10석은 지주에게 소작료로 내고, 2석은 종자로, 2석은 환상곡으로, 2석 은 자잘한 명목의 잡부금으로 들어가니 농부한테 돌아오는 것은 기껏 3~4석 에 불과하다."[58]

3) 17세기의 사회적 혼란

지주-소작제의 확대와 상품-화폐제도의 심화는 사회적 신분관계에 도 영향을 미치기 시작하였다. 양인층 가운데 토지를 집적하여 지주가 되 거나 상인으로 성공하여 상대적 신분이 상승하는 사람도 있었지만 반대 로 양반층 가운데는 가세가 몰락하여 평민보다 가난하게 사는 경우도 많 이 나타났다. 또한 이 시기 격화한 정쟁으로 당파싸움에서 패한 당파의 후손들은 과거에 합격해도 벼슬길이 열리지 않아 정부에 큰 불만을 갖게 되었다.

정부는 임진왜란부터 경신 대기근에 이르기까지 부족한 전비와 전후 복구비용, 구휼예산을 확보하기 위해 벼슬을 파는 공명첩空名帖을 남발하 였다. 그 결과 쌀을 바치면 누구든지 벼슬을 살 수 있어 조선 전기 엄격 하게 운용되던 신분제가 밑바탕부터 동요하였다.

신분제도의 동요는 노비의 세습제도를 통해서도 나타났다. 백성들의 혼인에 있어서 사회신분보다는 경제력이 작용하는 풍조가 생기면서 양인 良人의 딸이 노비의 처가 되는 경우가 늘어났다. 이 결혼에서 태어나는 아이는 자동적으로 노비가 되어 병역과 부역에서 제외되므로 양역良役 인

---

58) 정약용, 『經世遺表』 춘관호조, 평부사.

구가 감소하게 되었다. 신분제도의 문란은 병역과 부역을 면제 받는 양반과 노비의 수가 늘어나고 병역을 담당하는 양인의 수는 감소하는 결과를 초래하였다. 이로 인해 군역과 부역의 부담이 농민층인 양인에게 집중되었다.

정부는 임란과 호란 이후 성벽의 수축과 병선의 건조, 새로운 병영의 창설과 무기체계 등을 위해 많은 국방비용이 필요하자 군에 소집되지 않은 16세 이상 60세까지의 양인 남자들에게 연간 군포軍布 2필씩을 부과하기 시작하였다. 양인 인구의 감소로 국방비가 부족해지자 어린아이들과 죽은 사람에게도 군포를 부과하여 군포는 세금 가운데 가장 무거운 부담이 되었다.[59]

농민들은 날로 무거워지는 군역과 부역의 부담으로 고통을 받고 있는데 흉년이 들어 세금과 군포 또는 보포保布 등을 내지 못하거나 병이 들어 빚을 지게 되면 땅을 팔고 남의 땅을 지어주는 소작농이 되거나 품팔이꾼으로 전락하지 않을 수 없었다. 대다수의 농민들은 평시에도 생계의 유지가 어려울 정도였고 흉년이 들면 대량의 유망자가 발생하여 빈민층의 인구이동이 늘어났다. 농촌에서 밀려나온 유랑민들은 서울 등 큰 도시에서 품팔이꾼이 되거나 잠채광산潛採鑛山으로 흘러들어 광산 노동자가 되기도 하였다.

17세기 후반에는 거의 해마다 발생하는 지진과 한발, 냉해와 홍수 피해로 국가의 정상적인 재정운영이 불가능하였다. 특히 현종과 숙종 연간에 있었던 을병 대기근과 경신 대기근은 역사상 유례를 찾기 어려울 정

---

59) 軍布제도는 16세기부터 사람을 고용하여 군역을 대신 치루게 하는 代立제도가 생기면서부터 나타났다. 대립제는 처음에는 개인간의 거래로 성립하였는데 대립가가 폭등하고 말썽이 생기자 정부는 개인간의 대립행위를 금지하고 정부에 일정액의 포를 내면 정부가 대립자를 고용하여 비용을 지불하는 제도를 채택하였다. 이에 따라 군역 의무자는 正軍이나 保人을 막론하고 국가에 布를 내는 것으로 군역의무를 대신하게 하였다. 군포납부제도는 17세기부터 전면적으로 확대되었다.

도의 참혹한 재앙이었다. 을병과 경신기근은 각각 3년과 5년 동안 계속된 흉년과 함께 전염병이 창궐하여 수십만 명에서 1백만 명이 넘는 아사자를 내었다. 이로 인해 17세기 후반에는 빈부의 격차는 더욱 벌어지고 유동인구가 증가하는 한편 탐관오리들의 가렴주구로 장길산張吉山을 비롯한 도적패가 사방에 출몰하여 정부를 긴장시켰다. 이와 같은 상황은 18세기에도 개선되지 않았다.

4) 國家再造論의 대두와 經濟·社會개혁론

병자호란 때 조선이 청나라에 항복하고 이어 유학의 본고장이며 중화문명의 기둥으로 생각하던 명나라가 변방의 오랑캐에 의해 멸망하자 조선의 유생들은 심한 충격을 받았다. 효종이 왕위에 오르면서 유생들은 병자호란의 치욕을 씻고 또 명나라가 임진왜란 때 파병하여 조선을 구해주었다는 '재조지은再造之恩'에 보답하기 위해 북벌北伐을 주장하였다.

효종 때 북벌정책이 국론으로 채택되면서 청국을 징벌하기 위한 전쟁준비가 시작되었다. 그러나 효종의 죽음으로 북벌론이 좌절되면서 조선의 국력으로는 북벌이 사실상 불가능하다는 것이 분명해졌다. 유생들은 의리와 명분을 강조하는 시대적 분위기 속에서 예학禮學의 연구와 종법宗法질서 및 강상윤리綱常倫理를 기초로 하는 사회기강의 확립에 많은 관심을 가지는 한편 북벌준비에 기울였던 정력을 국가재조운동國家再造運動으로 방향을 돌렸다.

이 시기에는 조선 전기에 마련된 국가 통치시스템이 양란 이후 급속하게 변하는 사회·경제적 변화를 따르지 못해 사방에서 마찰음이 들리고 있었다. 유생들 사이에는 실추한 국가위신을 바로잡고 양반적 지배체제를 재건하는 한편 도탄에 빠진 백성들을 구출하기 위해서는 광범한 국정의 개혁이 필요하다는 생각을 공유하게 되었다.

이와 같은 생각은 재조在朝·재야在野와 당색 또는 출신지역에 관계없이

17세기 중반부터 19세기 후반까지 중단 없이 계속되었는데 이는 조선의 정치·경제적 위기상황이 개선되지 않고 민생이 계속 악화되는 상황을 맞았기 때문이었다.

17세기 중반부터 수많은 선비와 관리들은 조선이 처한 난국을 타개하기 위한 방안을 국왕에게 상소하거나 또는 경연의 기회를 이용하여 왕에게 직접 건의하였다. 학자들은 저서를 통해 조선의 국정을 개혁하기 위한 방안을 제시하였다.

예를 들면 이원익李原翼, 김육金堉, 송시열宋時烈, 한원진韓元震, 유형원柳馨遠, 이익李瀷, 한태동韓泰東, 정제두鄭齊斗, 유수환柳壽垣, 윤휴尹鑴, 김시준金時準, 서명응徐命膺, 홍대용洪大容, 유정원柳正源, 안정복安鼎福, 박치원朴致遠, 정상기鄭尙驥, 강위姜瑋, 이세택李世澤, 서명신徐命臣, 김순근金純根, 정지성丁志宬, 이가환李家煥, 박지원朴趾源, 박제가朴齊家, 서유구徐有榘, 정약용丁若鏞, 이대규李大圭, 임박유林博儒, 허전許傳, 이광한李光漢, 이기李沂, 이지연李止淵 등을 비롯한 수많은 유생과 관리들은 전제개혁, 세제개혁, 병제개혁 등을 실시하여 조선이 당면하고 있는 난국을 헤쳐 나가자고 주장하였다.[60]

이들의 주장 가운데는 대동법大同法과 균역법均役法의 실시 및 노비세습제의 확산을 줄이기 위한 종모법從母法의 제정 같은 개혁 프로그램이 성사되어 실시되기도 하였으나 난마와 같이 얽혀 기능이 마비된 조선의 통치시스템을 근본적으로 치유할 수 없었다.[61]

---

[60] 해당 인물의 文集 및 그들이 활동하던 시대의 『朝鮮王朝實錄』; 金容燮, 「朝鮮後期 土地改革論의 推移」『東方學志』62, 1989; 지두환, 『한국사상사』1999; 최윤오, 「조선후기 소유론과 토지론」『韓國實學思想研究』, 혜안, 2006 등 참고.

[61] 광해군과 효종 때 이원익과 김육 등은 현물세인 貢物의 防納으로 인한 폐해를 시정하기 위해 공물세를 토지에 부가하는 대동법 개혁을 위해 진력하였다. 대동법은 이해 계층의 반대로 전국적으로 시행되기까지는 약 1백 년이 걸렸다. 영조 26년(1750)에는 백성들의 원성의 대상이었던 과중한 軍布 부담을 줄여주기 위한 均役法의 제정이 있었다. 이로 인해 군포의 부담이 2필에서 1필로 줄었으나 군포부담자의 수는 늘어났다. 대동법이 실시된 후 상공업이 활기를 띠었으나 농촌의 경

유생들 사이에는 국정의 근본적인 개혁과 농촌의 재건을 위해서는 맹자가 강조한 정전법의 재현이나 균전 또는 한전제도의 실시 같은 전제개혁이 가장 바람직한 개혁수단이라고 보는 견해가 주류를 이루었다.

고대 중국에서 실시된 정전제도 또는 이와 유사한 전제의 도입이 가능하다는 생각은 조선에서도 기자에 의해 정전법이 실시되고 왕도정치가 구현된 경험이 있었다는 믿음에 바탕을 둔 것이었는데 특히 한백겸의 기자전 연구는 유형원, 이익, 박지원, 정약용 등 조선 후기의 대표적인 학자들의 경세론에 직접적이고 심대한 영향을 끼쳤다.[62]

이들은 공통적으로 대형 저작을 통해 농본주의적 시각에서 농업과 농촌을 기반으로 하는 이상국가의 건설을 추구하였다. 이들은 기자정전의 정신을 조선사회에서 어떻게 구현할 수 있는가 하는 문제를 놓고 그 실현 방안을 강구하게 되었다. 이들은 강조점은 다르나 대체로 전제개혁을 통해 토지를 농민들에게 맡기고 자영하는 농민과 농촌을 기반으로, 세제개혁, 병제개혁, 신분개혁과 교육기회의 균등 등을 역설하였는데 이와 같은 주장은 삼대의 정전제도를 바탕으로 한 농본주의 사상에서 파생된 것이었다.

제사정은 토지 없는 농민이 증가하면서 빈부의 격차가 심화되고 빈농의 생활수준은 개선되지 않았다. 노비從母法은 노비세습제의 확산을 줄이고 良役 인구를 확보하기 위해 송시열 등 서인들이 주도하여 현종 10년(1669)에 만들었다. 이 법은 아비가 노비이고 어미가 양인인 경우 그 자식은 어미를 따라 양인이 되도록 하는 법이다. 남인들은 종모법을 반대하고 있었는데 집권하자 무효화 시켰다. 서인과 남인간에 정권이 교체될 때마다 종량과 환천이 반복되다가 영조 7년(1731)에 從母法으로 확정되었다.

62) 정종구, 「구암 한백겸」 『이호을 정년기념실학논총』, 1975 ; 천관우, 「반계 유형원 연구」 『역사학보』 3, 1952 ; 한우근, 『성호 이익연구』, 서울대 출판부, 1980 ; 이기백, 『한국사신론』, 일조각, 1999.

제 9 장

조선후기의 改革思想과 農本主義

1. 柳馨遠의 均田論

1) 유형원과 『반계수록』

유형원柳馨遠(1622-1673)은 17세기 후반 효종과 현종 때 활동한 대표적 개혁 사상가이다. 그는 조선을 위한 농본주의적 경세론을 체계적으로 발전시킨 최초의 학자이다. 유형원은 서울의 양반가에서 출생하였는데 어렸을 때 아버지를 여의고 외가에서 자랐다. 그는 진사시험에 합격하였으나 날로 어지러워지는 정치에 뜻을 두지 않고 전라도 부안의 우반동이란 농촌마을로 이사하여 농사를 짓는 한편 평생을 독서와 저작활동에 몰두하였다.

유형원이 살던 17세기는 임지왜란과 병자호란의 상처가 채 아물지 않아 농촌사회가 극도로 피폐했던 시기였다. 양란 후 전후 처리와 복구로 정부의 재정수요는 급증하였고 정부의 각 기관과 궁방은 환상제도의 운영과 토지 절수를 통해 재정을 확보하였다. 이 과정에서 권력자들에 의한 토지집중 현상이 심화 되었다. 이 때문에 농민들은 고율의 소작료 이외에도 각종 명목의 세부담과 계속되는 요역으로 허리를 펼 수 없었고 거의 해마다 계속되는 흉작으로 백성들의 생활은 빈한하였다.

유형원은 17세기 후반 조선의 농촌이 당면한 난제를 해결하고 근본적인 정치와 경제의 개혁방안을 마련하기 위한 저작활동에 몰두하였다. 그는 이 과정에서 이율곡, 조중봉, 이원익, 한백겸 등의 저작을 공부하였는데 특히 이율곡과 한백겸으로부터 많은 영향을 받았다.

유형원의 대표작인 『반계수록磻溪隨錄』은 31세 때인 효종 3년(1652)부터 집필을 시작하여 52세 때인 현종 11년(1670)에 완성하였다. 반계는 모두 26권과 속편으로 구성된 이 책을 탈고한 지 3년 후에 작고하였다.

『반계수록』은 유형원의 제자들과 지인에 의해 그 내용이 조정에 알려지고 반계의 개혁안을 논의에 부칠 것을 건의하였으나 채택되지 않았다. 그의 혁신적인 개혁사상이 세상에 널리 알려진 것은 그의 사후 97년 만인 영조 26년(1770) 왕명에 의해 『반계수록』이 목판 인쇄로 간행된 다음부터였다. 유형원은 『반계수록』 이외에도 경서의 해설과 역사, 지리 및 군사에 관한 저서 10여 권을 남겼으나 모두 망실되어 전해지지 않는다.

2) 토지문제는 만사의 근본

유형원은 조선이 혼란과 위기에 빠진 것은 전제田制와 세제稅制 그리고 병제兵制가 잘못 운영되고 있는 데 큰 원인이 있다고 보았다. 그는 이 세 가지 병폐의 뿌리는 토지문제에 연결되어 있고 토지문제의 시작은 토지의 사유화로부터 출발하였다고 단언하였다.

유형원은 『반계수록』을 통해 토지는 천하의 근본이므로 근본이 바로 서면 모든 제도가 온당하게 되며 근본이 문란하면 온갖 제도가 마땅함을 잃게 된다며 백 가지 문제의 원인이 토지제도에 있다고 역설하였다. 그는 토지제도에 민산, 부역, 호구, 형벌, 풍속, 군역 등 제반 문제가 결부되어 있으므로 토지문제를 해결하면 제반 국정이 바로 잡힌다고 보았다. 그는 토지의 소유문제를 해결하지 않는 한 백성들의 생활을 안정시킬 수 없고 병역과 부세를 공정하게 처리할 수 없고 뇌물을 막고 풍속을 다스릴 수 없다며 전제개혁을 가장 중요한 개혁정책으로 정립하였다.[1]

유형원은 이상적인 토지제도의 모형을 주대周代의 정전법에서 구했다. 그는 정전법이 폐지되자 여러가지 폐해가 한꺼번에 생겼다고 주장하였다.

---

1) 柳馨遠, 『磻溪隨錄』 田制 上.

"토지의 사유제도가 도입되면서 부역의 절제가 없어지고, 빈부의 차가 심해지고, 토지를 겸병하고 이익을 독차지하며, 양민들이 생활기반을 잃게 되고, 인구가 줄어들고, 소송이 번다해지고, 귀천의 분별이 없어 분수가 분명하지 못하고, 도의가 땅에 떨어지고, 뇌물이 횡행하게 되고, 인심이 들뜨고 풍속이 각박해졌다. 뿐만 아니라 토지제도와 군사제도가 분리되어 백성들이 병역을 기피하는 일이 생기고, 부유한 자들은 갖은 계략을 써서 병역을 회피하니, 병적에는 가난하고 약한 사람들만 등재되었다. 그러므로 이들은 생활이 어렵고 마음도 안정되지 않아 전쟁에 나가면 쉽게 흩어질 뿐이다."[2]

유형원은 『반계수록』에서 통치자가 인심仁心을 가지는 것이 정치를 세우는 근본이고 백성들의 토지소유를 고르게 하는 것이 정치의 으뜸되는 과업이라고 보았다. 그는 옛날의 정전제도로 돌아가는 것이 인정仁政의 요체라고 생각하였다.[3] 반계는 조선도 정전제도를 실시하면 태평성대였던 하·은·주 삼대와 같은 이상사회를 만들 수 있다고 보고 그 구체적인 구상을 『반계수록』을 통해 제시하였다.

3) 토지의 國有化와 均田制

유형원은 17세기 조선의 백성들이 가난하게 된 원인을 토지제도의 문란에서 찾았다. 그는 당시 생산수단으로서 가장 중요한 토지가 종반과 사족에게 광대하게 점유되어 일반 농민은 대부분 병작인(소작인)으로 전락하였고 왕실과 종반이 차지한 토지는 대부분 면세전이 되어 국가의 세부담과 병역과 요역은 양인 계급이 전담하게 되었다고 보았다.

반계는 17세기 농촌사회의 불균형을 "부자들의 토지는 끝을 모를 정도로 이어져 있으나 가난한 농민들은 송곳 하나 꽂을 땅이 없고 부자는

---

2) 柳馨遠, 『磻溪隨錄』 田制攷論.
3) 柳馨遠, 『磻溪隨錄』 田制攷論. "又曰仁心立政之本也 均田爲政之先也 田里不均 雖有仁心 而民不被其 井田者聖人均田之要法也."

더욱 부자가 되고 가난한 사람은 처자를 이끌고 떠돌아다니거나 머슴으로 전락한다"고 표현하고 있다. 반계는 이와 같은 현상이 일어나는 원인을 토지의 사적 소유를 가능하게 함으로써 비롯된 것이라고 생각하였다. 유형원은 정치의 근본은 백성들이 생업을 갖고 먹고 살 수 있도록 하는 것(제민지산制民之産)에 있다고 보고 이를 실현시키기 위한 방도를 전제의 개혁에서 찾았다.

유형원은 주周대의 정전제井田制를 실시하는 것이 가장 바람직하나 고대의 정전법은 조선의 여건에 적합하지 않아 그대로 실시하기 어렵다고 보았다. 그는 조선의 지세는 정전을 구획할 수 있을 만큼 평탄하지 않고, 8가구가 공전을 공동경작 하여 그 소출을 세금으로 내는 방식은 부정의 소지가 많아 관리하기 어렵고, 조선은 봉건제가 아니므로 녹봉이나 채지采地(식읍食邑)가 없는 대부大夫와 사士에 대한 대책이 필요하기 때문에 옛날의 정전제를 똑같이 실시하기 어렵다고 판단하였다.

유형원은 산과 계곡이 많고 좁은 농지가 많기 때문에 정전을 구획할 수 없는 조선에서 정전법과 같은 효과를 낼 수 있는 새로운 형태의 전지 구획을 구상하였다. 반계는 조선에서 정전을 만들 때는 반드시 주대의 井자형으로 경지를 정리할 필요는 없고 평양의 기전처럼 田자형으로 구획하여 4농가로 하여금 1 구역씩 나누어 경작하도록 하는 것도 정전과 같은 의미를 가지는 것이라고 보았다. 반계의 田자형 농지 구획은 한백겸의 기자전에서 아이디어를 얻은 것이 분명하다.

4) 箕子井田식 농지구획

반계는 전제개혁을 위해서는 먼저 전 국토를 국유화한 후 토지를 평양의 기자전과 같은 田자 모양으로 구획하고 경자유전의 원칙을 세워 모든 농가에게 토지를 한 구역씩 균등하게 분배할 것을 제안하였다. 반계는 이 제도를 공전제公田制라 칭하였다. 반계는 공전제를 대체로 북위

北魏와 수隋·당唐때 실시하던 균전제均田制와 비슷한 것이라고 설명하였다.[4]

반계는 토지를 분배하기 전에 먼저 양전量田을 실시하여 정확한 토지의 면적과 등급을 확인하고 모든 농지는 1구역이 1경頃(100무畝)이 되도록 만들며 4경의 농지가 한 집합을 이루어 田자 형태가 되도록 구획하여 이것을 1전佃으로 한다는 것이다.

환언하면 농지는 모두 1경(100무) 단위로 정리하고 이를 4경으로 구성되는 전佃을 만들되 전의 가운데는 +자 모양으로 고랑을 파거나 수로를 만들어 경계를 삼고 전佃 간의 경계는 더 큰 농로 또는 수로를 만들어 경계를 분명하게 만들자는 것이다.[5]

지형상 사각형으로 만들 수 없는 곳은 지형의 형태에 따라 보충전을 만들고 도로, 하천 등은 모두 경계로 이용한다. 즉 산기슭과 시냇가의 땅이 좁아 사각형을 만들 수 없는 곳은 그 지형에 따라 여전餘田을 만들되 다른 곳의 여전과 합하여 1경(대략 논 40두락의 면적, 밭을 기준으로 하면 소 4일경의 크기) 단위가 되도록 한다는 것이다. 구획된 농지는 모든 농민(농가)에게 1경씩 균등하게 분배하되 4경을 1전으로 하여 4명이 1조가 되어 농사를 짓는다는 아이디어를 생각해냈다.[6]

그는 1경의 토지는 한 농가가 자영농으로 자립할 수 있는 규모라고 보았다. 1경의 토지는 논을 기준으로 할 때 5~8 식구의 생활을 유지할 수 있고 부모 상사 시 장례를 치르고 국세를 납부할 수 있다고 판단하였다. 유형원은 경작자 4명이 1조가 되어 경작하는 것은 평양의 기전에서 이미 실시한 바 있어 이것은 조선의 실정에 맞는 것으로 실시에 별 문제

---

4) 유형원, 『磻溪隨錄』 전제 상.
5) 평양기전의 한 구의 면적은 70무였는데 유형원은 이를 周대의 정전법과 동일하게 100무로 수정하였다.
6) 柳馨遠, 『磻溪隨錄』 田制 上. "凡百步爲一畝 百畝爲一頃 四頃爲一佃 每一夫占受一頃."

가 없다고 생각하였다.

유형원은 균전제도를 실시하기 위해서는 토지의 측정법을 기존의 결부법結負法을 폐지하고 경무법頃畝法으로 바꾸어 양전하지 않으면 안 된다는 것을 강조하였다. 결부법은 징세의 편리를 위해 만든 법으로 일정한 수확량을 생산하는 토지를 단위로 하는 셈법이다. 토지의 비옥도에 근거하는 결부법의 면적은 시간과 장소에 따라 양전의 기준이 다르기 때문에 일선 관리들이 뇌물을 받고 등급을 낮추는 일이 비일비재하였다. 반면에 경무법은 토지의 면적을 단위로 한 계량법이므로 토지의 측량이나 관리, 분배 등에 보다 합리적이라고 보았다.

5) 토지의 분배와 제도의 운영

유형원은 보통 한 농가의 남자가 20세가 되면 농지를 1경씩 무상으로 분배하고 분배받은 자가 사망하면 100일 후에 토지를 관청에 반납하고 절차에 따라 다른 사람에게 다시 분배하자고 제안하였다. 그러나 사망한 농민의 자식이 어리거나 처만 남으면 일정한 면적을 상속할 수 있도록 하였다. 군인은 60세가 되어 제대하면 토지를 반환하되 보인保人이 되면 70세까지 그 농토를 경작할 수 있도록 하였다. 농사를 짓는 사람은 양인이나 노비를 막론하고 모두 전지분배의 대상으로 평등하게 취급하자는 것이다.

국가기관에게는 일정한 면적의 토지를 우선 배정하고 양반은 관리가 되면 품계에 따라 9품에서 7품까지는 6경의 토지를 지급하고 그 이상의 품계에 대해서는 최고 12경을 지급하되 퇴임한 후에도 계속 경작할 수 있게 하였다. 왕실의 대군부터 옹주는 모두 12경을 주고 벼슬길에 나가지 못한 양반(사士)은 고등교육기관인 태학에 입학하면 2경을 지급하고 지방관아의 이서吏胥, 복예僕隸에게는 반은 녹으로 지급하고 절반은 토지를 0.5경(50무)씩 준다. 그 대신 토지를 지급받은 사족이나 관리들도 자

기의 노동력이나 노비를 이용하여 직접 경작해야 하며 소작과 겸병은 금
지할 것을 주장하였다.

반계는 승려, 무당, 창기, 도사, 상인과 공인, 유민 등 비농민에게는 토
지를 분배하지 않으나 전업으로 생활이 불가능한 지방의 상인과 공인에
대해서는 반 경씩을 주는 것이 바람직하다고 보았다.

균전제의 실시와 토지의 재분배를 위해서는 사유지를 수용해야 하는
데 유형원은 사유 토지의 몰수는 국왕이 결심만 하면 실행하는 것은 어
렵지 않다고 보았다. 부자들 가운데 자기의 이익을 잃지 않으려 난을 일
으킬 염려가 없지 않으나 이 자들은 인욕人慾에 따르는 자들이고 균전제
를 실시하기 위한 국유화는 천리天理에 따르는 것이므로 백성들은 명령하
고 인도하는대로 따를 것이므로 문제될 것이 없다고 주장하였다.7)

그는 균전제를 실시하는 것은 군주의 과감한 결심과 실천만 있으면 가
능하다고 낙관적으로 생각하였다. 그러나 정전제 또는 균전제를 실시하
기 위해서는 먼저 수백 년을 이어오던 농지의 사유재산 제도를 철폐하고
이를 무상으로 몰수하여 국유화 하는 문제가 가장 중요한 걸림돌임에도
불구하고 반계는 이 문제에 대해서는 충분한 검토와 구체적인 절차와 방
안을 제시하지 못하였다.

6) 10분의 1세 세제개혁

유형원은 맹자가 가장 이상적인 세제라고 추천하였던 10분의 1세 제
도를 채택할 것을 강력하게 주장하였다. 그는 모든 경지는 그 비옥도와
소출에 따라 9등급(田分九等制)으로 나누고 또 흉·풍은 3등급(年分三等制)으
로 나누어 농민들은 결정된 토지등급과 연분에 따라 그 해 생산량의 10
분의 1세만 내면 충분하다고 보았다. 이때 논은 쌀로, 밭은 콩이나 조로

---

7) 柳馨遠, 『磻溪隨錄』田制 하, 전제잡의부.

세금을 낸다.

유형원은 기자전식 균전제 아래서도 정전제에서 실시하는 세법과 똑같은 효과를 내는 10분의 1세법을 실시할 수 있다고 보았다. 그는 농민들이 공전을 경작하여 그 수확량을 정부에 바치는 대신 각자의 생산물 가운데 10분의 1을 세금으로 내는데 10분의 1세가 가장 공정한 것이며 이보다 더 받아도 안 되고 이보다 덜 받아도 안 된다고 주장하였다.[8]

반계는 공전제를 실시할 경우 농지에 부과되는 전세는 종반과 관료, 농민과 상공인 등 개인에게 지급한 모든 토지에 대해서 수확량의 10분의 1세로 통일하고 공납, 진상을 비롯한 모든 잡역과 말을 빌리는 비용 등은 지금 일부지방에서 실시하고 있는 대동법으로 통일하여 시행하고 기타 모든 잡세는 철폐하자고 제안하였다.[9]

그는 국가의 모든 경비는 경상적으로 거두어들이는 원세原稅에 의해서만 충당되어야 한다는 점을 강조하였다. 반계는 당시 확대 실시를 두고 논란이 많았던 대동법에 대해서는 긍정적으로 보았으나 환상법還上法에 대해서는 그 해독을 나열하고 폐지할 것을 요구하였다.[10] 반계는 사농공상士農工商에 편입되지 않고 일정한 직업이 없거나 농지를 분배받지 못한 자는 한호閑戶로 편입하여 1년에 3일씩 부역에 동원하도록 할 것을 구상하였다.

7) 兵農一致와 병제개혁

유형원은 원래 삼대의 병제와 세제는 농민들에게 일정한 면적의 토지를 똑같이 나누어주고 토지를 기준으로 세제와 병역을 운영하였는데 정전제가 없어진 후 사람을 표준으로 하여 병제를 운영하면서 모순이 심화

---

8) 柳馨遠, 『磻溪隨錄』 田制 上, 分田定稅節目.
9) 유형원, 같은 책, 田制後錄.
10) 유형원, 같은 책, 田制後錄, 경비.

된 것이라고 보았다.[11] 지금의 제도는 토지와 병역이 서로 무관하고 백성의 인구를 대상으로 병력을 차출하기 때문에 불공평하고 비용이 고르지 않고 편중되게 되는 것이며 병사들의 전투력도 떨어지는 것이라고 비판하였다.

유형원은 모든 병역은 농지에 부과하여 병농일치兵農一致의 원리에 맞도록 통일할 것을 제안하였다. 균전제도는 모든 백성들에게 토지를 지급하고 그 토지를 근거로 하여 병정을 차출함으로써 토지를 받은 자는 반드시 병역의 의무를 지게 되고 병역의 의무를 지는 자는 반드시 토지를 지급받게 되어 토지와 병역이 일치하는 병농일치제를 해야 한다는 것이다. 유형원은 군인의 숫자는 국가의 생산력에 맞추어 적정 수만을 보유해야 하는데 병농일치는 이런 측면에서 가장 이상적인 제도라고 보았다.

그는 균전제를 실시로 국가에서 분급한 1전佃의 농지를 경작하는 4농가 가운데서 1농가가 1명을 정군正軍(현역)으로 내보내고 나머지 3경을 경작하는 3농가는 출병자의 보인(현역으로 복무하는 대신 군비를 부담하는 사람)이 되어 호당 포 2필 또는 쌀 12두씩을 내어 현역으로 소집된 병사의 비용을 책임지도록 하였다.

유형원은 균전제 아래서 1전당 1명의 정군과 3명의 보군保軍을 내는 병농일치 제도를 실시하면 균역이 공평하게 되고 비상시에 충분히 대비할 수 있다고 보았다. 유형원은 그러나 병역은 농지를 분배받은 양인과 노비만 부과하고 종반과 사士(읍학 이상의 학교에서 공부하는 학생), 관료, 이서吏胥, 복예僕隸에게는 면제할 것을 주장하였다.

유형원은 조선의 군사력이 약화된 것은 조선시대에 들어와 점차 노비제도가 확장되고 승려의 수가 늘어나 병력자원이 줄어드는 것에 있다고 보았다. 조선시대에는 각종 신역身役 가운데 군역이 가장 괴로운 것이어서 백성들이 견디지 못하고 아들을 승적에 올리거나 노비에게 장가들도

---

11) 『반계수록』 전제후록고설, 부세.

록 하였고 또 돈을 주고 사람을 사 대신 병역을 지게 함으로 문제가 시작 되었다고 보았다. 그는 균전제를 실시하면 토지와 병역이 결부됨으로 피 역도 불균등한 부담도 있을 수 없게 된다고 주장하였다.

반계는 군軍의 대오隊伍 편성도 농사를 함께 짓는 마을(리里) 단위로 할 것을 주장하였다. 한 고향 사람들끼리 한 대오를 편성하면 어려서부터 인 정과 동정으로 서로 돕기 때문에 싸우면 이기고 방어하면 견고하게 지킬 수 있다는 것이다. 그러나 정전제가 폐지된 후부터 병제가 문란해져 사람 을 수색하여 군에 충당하기 때문에 여러 지방 사람들이 뒤섞여 대오를 편성할 수밖에 없고 이 때문에 병사들은 서로 어울리지 못하고 위급한 일을 당하면 도망친다고 설명하면서 균전제를 실시하면 군의 대오는 이 里 단위로 편성해야 한다고 주장하였다.[12)]

8) 과거제도와 교육제도의 개혁

유형원은 이상사회를 이룩하기 위해서는 정전제와 함께 향당제鄕黨制 와 공거제貢擧制를 반드시 시행해야 한다고 보았다. 향당은 마을 주민들의 자치조직이고 공거제는 향당에서 교육을 받고 능력과 도덕성을 인정받은 인재를 중앙에 추천하는 제도이다. 반계는 과거제가 글 짓는 재주만 보고 관리로서의 도덕성과 능력을 보지 않고 또한 대부분 집권세력가들의 자 제만 등용시킨다고 비판하고 과거제 대신 공거제를 통해 인재를 골고루 등용할 것을 주장하였다.

반계는 삼대시대의 교육체계와 마찬가지로 향리에 초등교육기관인 상庠 과 서書를 두고, 주현에는 읍학邑學을 두고, 도에는 영학營學을 설치하고 서 울에는 태학太學을 설치하여 운영할 것을 주장하였다. 상서를 제외한 각급 학교는 모두 기숙사를 두고 일체의 교육비용은 국가가 부담한다는 것이다.

---

12) 柳馨遠, 『磻溪隨錄』 전제 상 ; 兵制.

향토의 교육기관인 상과 서는 우수한 인재를 뽑아 읍학으로 보내고, 읍학은 영학으로, 영학은 소수의 우수한 인재를 선발하여 서울에 있는 고등 교육기관인 태학에 보내 공부시킨다. 조정에서는 태학에서 추천하는 현능자賢能者를 선발하여 진사원進士院에서 수련시킨 뒤 관료로 등용하자는 것이다. 반계는 공거제가 계통을 통해 인재를 선발하여 오랜 기간 동안 관찰하고 교육시키므로 글재주가 아닌 인품과 경서 및 정치의 도道에 대한 이해를 기준으로 인재를 선발하므로 과거제보다 훨씬 우월하다는 생각을 가졌다.

반계는 학교의 입학자격은 대부와 사士의 자제 그리고 농민의 자제로 제한하고 상인과 공장의 아들, 무당과 박수 등 잡류의 아들, 공천公賤과 사천私賤은 과거시험에 응시할 수 없도록 해야 한다고 주장하였다.13)

9) 抑商工政策

유형원도 조선 전기의 유학자들과 마찬가지로 상업과 공업이 번성하는 것을 경계하였다. 유형원은 시장문제에 대해서는 보수적인 견해를 가졌다. 그는 전국 각지에서 성행중인 장시場市를 모두 철폐할 것을 강력히 주장하였다.

그는 우리나라는 땅이 척박하고 인구도 적어서 물산의 생산이 적은데 5일에 한 번씩 장을 열어서 촌민들이 모여서 물건을 사고파는 것은 그냥 둘 수 없는 문제라고 보았다. 반계는 "장에 오는 사람들은 일정한 직업으로 하는 것이 아니고 방탕하고 부랑배 짓을 하는 자들이 대부분이다. 이들은 작당하여 소를 잡아먹고 술 마시기를 함부로 하고 싸움질을 예사로 하여 선량한 풍속을 망치고 결국은 도적이 된다"고 보았다.14)

유형원은 사설私設 5일日시장市場 대신 전국의 각 읍에는 인구에 따라

---

13) 柳馨遠, 『磻溪隨錄』 교선지제.
14) 유형원, 같은 책, 田制後錄, 쓰場.

3~4개, 각 역·진·참점에는 일정한 거리를 두고 1개씩 관官에서 마련해주는 점포를 개설하고 성실한 자를 선택하여 미곡과 기타 물품을 대부해주어 장사를 할 수 있도록 하는 일종의 관이 간여하는 공영점포를 운영할 것을 제안하였다.15)

유형원은 장인들이 물건을 만들 때 너무 거칠거나 규격에 맞지 않는 물건을 만들어서는 안 되고 또 너무 정교하거나 사치하게 만들어서는 안 된다는 주문을 하였다. 너무 거칠게 만들면 시장에서 팔지 못하고 너무 정교하고 사치스럽게 하면 사람의 마음을 유혹하고 음탕하게 만든다는 것이다.

그는 우리나라에서는 관청에서 장인들을 잡아다가 일만 시키고 아무런 보수도 주지 않으니까 장인들은 조잡하기 짝이 없는 물건만 만든다고 보았다. 이것은 장인들의 재주가 적어서 그런 것이 아니라 법률과 제도가 그렇게 만들고 있다고 보았다. 그는 장인들도 국가의 녹봉을 주고 실적에 따라 녹봉을 올려주고 내리기도 할 수 있어야 사치스런 물건도 아니고 조잡하지도 않은 규격에 맞는 상품을 만들게 할 수 있다고 보았다.16)

유형원은 공·상이 흥하면 농민들 가운데 이익을 추구하는 자가 늘어나 본업인 농사에 힘쓰지 않는 자가 많아진다며 상공업의 발전을 경계하는 다른 유학자들과 같은 생각을 가졌다. 그러나 그는 동전을 만들어 유통시키고 수레를 이용하며 도로와 교량을 제대로 만들고 관리하는 문제에 대해서는 긍정적인 생각을 갖고 있었다.

유형원은 구리로 동전을 만들어 유통해야 한다고 주장하였다. 그는 전세를 받을 때 쌀과 돈을 반반씩 섞어서 받고 왕궁의 경비로부터 백관의 녹봉도 쌀과 돈을 반반씩 섞어서 지급할 것을 주문하였다. 돈을 사용하면 아무런 쓸모가 없는 추포麤布(돈으로 사용하기 위해 아무렇게나 짠 규격

---

15) 유형원, 같은 책, 田制後錄, 錢幣.
16) 유형원, 같은 책, 續篇, 制造.

미달의 포목)가 시장에서 사라지고 구리돈은 한번 만들면 오랫동안 쓸 수 있고 국내에 구리가 생산되지 않으니 위폐도 나돌지 않을 것이라면서 동전 화폐의 사용을 적극 추전하였다.17)

10) 相扶相助와 노비제의 철폐

(1) 社倉과 鄕約을 통한 상부상조

유형원은 공전의 배분만으로 위급 시 생활을 영위할 수 없으므로 향촌 사회 내에서의 상조호혜기능을 장려하였다. 그는 기민구제를 위해 향촌 에서 사창社倉을 운영하여 국가의 상평창 기능을 보완하도록 하며 향약鄕 約을 통해 환난을 서로 구제하고 경·조사 등에 상부상조하고 계를 조직 하여 기물, 거마, 재물 등을 서로 빌려줄 것을 권장하였다.18)

반계는 향약이 수행하는 상부상조의 예로서 수해와 화재 등으로 집을 잃었을 때는 재목과 자재를 모으고 인부를 내어 집 짓는 것을 도와주고, 식량이 떨어졌을 때는 쌀을 거두어 구제하고, 도둑이 들면 함께 힘을 합 하여 잡고, 고아가 생기면 친척이나 마을의 덕 있는 사람에게 맡겨 교육 을 시키고 바르게 자랄 수 있도록 돕는 것 등을 들었다.

유형원은 양인을 기본으로 하는 소농경제에서 주인에게만 역역役과 공貢 을 바치는 노비의 존재는 모순이라고 비판하고 노비의 세습제도는 철폐 하고 당대에 한해서만 노비를 인정하고 이것도 점차 고용노동제로 대체 하여야 한다고 주장하였다.

(2) 노비제도의 철폐

유형원은 왕도정치를 하기 위해서는 노비제도를 철폐하여야 한다고

---

17) 유형원, 같은 책, 田制後錄, 錢幣.
18) 柳馨遠, 『磻溪隨錄』 敎選之制, 鄕約.

주장하였다. 그는 "노비는 원래 죄지은 자를 다스리기 위해서 생겨난 제도인데 우리나라의 노비제도는 죄의 여부와 관계없이 세습제이므로 백대가 지나가도 노비의 신세를 면할 수 없게 되어 있고, 노비 신분의 세습제는 옛날에도 없던 법이고 중국에서도 당대에 한해 노비가 되는데 이런 악습은 인간의 도리가 아니다"라며 노비제도를 비판하였다.[19]

반계는 우리나라가 천인신분에서 해방될 수 있는 길을 열어 놓지 않았기 때문에 천인이 점점 많아져서 10명중 8·9명이 천인이 되었고 양인은 점점 적어져 10명에 1·2명 밖에 되지 않게 되었다고 한탄하였다.

유형원은 우리나라는 노비신분을 세습하는 제도가 오래되고 사대부들이 모두 노비의 노동에 의해 집을 유지하고 농사를 짓기 때문에 폐지가 손쉽지 않으니 노비제도를 폐지하더라도 현재의 노비는 그대로 두고 먼저 신분 세습법을 폐지해야 한다고 주장하였다.

그는 현실적으로 머슴제도와 같은 형태의 고공제도雇工制度가 먼저 발달한 후에 노비제도의 폐지가 가능할 것이라고 내다보았다. 조선 전기에는 양반들에게 농사와 노비제도는 불가분의 관계였다. 양반들은 노비 없이는 농사를 지을 수 없었으므로 노비의 상속과 소유권을 두고 많은 송사가 벌어졌다.

반계에 의하면 조선 전기와 양란 직후에는 노동력을 고용하여 농사를 짓는 풍습이 없었기 때문에 이웃에서 품팔이를 원하는 사람이 있어도 고용관계가 이루어지지 않았고 노비가 달아나면 먼 지방까지 쫓아가 잡아오느라고 행정력을 낭비하는 등 많은 문제를 일으켰다는 것이다.

반계는 노비제도를 철폐하면 인정이 순화되고, 소송이 간략하게 되고 정사와 형벌이 깨끗해지고 풍속이 돈독해지고, 예의가 행해지고 군사력이 강화되는 효과가 있으므로 노비제도는 폐지되어야 한다고 역설하였다. 반계는 노비노동의 대안으로 고용노동제의 도입을 주장하였다.[20]

---

19) 유형원, 같은 책, 續篇, 奴隷.

유형원의 토지의 무상몰수와 무상분배에 입각한 균전제 주장은 당시로서는 혁명적이라고 할만큼 진보적인 제안이었다. 그의 토지 국유화와 田자형 농지구획의 주장은 평양의 기자정전을 보고 주대周代의 정전법을 조선의 현실에 맞도록 수정하여 구체화한 것이다. 유형원의 전제개혁 사상은 성호 이익, 연암 박지원, 다산 정약용 등에게 큰 영향을 끼쳤다.

2. 李瀷의 限田論

1) 李瀷과 18세기 전반의 시대적 상황

성호星湖 이익李瀷(1681-1763)은 숙종 때 태어났으나 주로 영조 때 활동한 사람이다. 그는 남인으로 도승지를 지낸 부친 이하응李夏鎭이 당쟁에 휘말려 평안도 운산에 유배되어 있을 때 그 곳에서 태어났다. 이익은 숙종 31년(1705) 증광문과增光文科 시험에 응시했으나 낙방하였다. 이듬해 친형이 장희빈을 옹호하는 상소를 올렸다가 역모로 몰려 취조를 받다가 옥사하자 벼슬을 단념하고 그의 선형과 전답이 있는 경기도 안산군 첨성리로 내려가 일생을 학문과 제자육성에 전념하였다.

이익이 활동하던 시대는 18세기 전반으로 병자호란이 끝난 지 약 1세기가 지난 후이다. 이 무렵에는 대동법이 전국에 걸쳐 시행되고 화폐가 사용되어 수공업과 상업활동이 활기를 띠기 시작하였다. 이 시기에는 이앙법이 유행하면서 완만하지만 농업생산량이 증가하고 있었다. 이앙법의 보급은 결과적으로 노동력의 수요를 크게 절감시켰다. 이 때문에 권력자와 부호들은 토지를 매입하여 소작인을 두고 농사를 짓는 형태의 경영규모의 확대에 나섰다.

---

20) 유형원, 같은 책, 續篇, 奴隷.

농지를 잃은 농민의 수가 늘어나면서 소작조건이 악화되었다. 소작인들은 수확량의 절반을 바치면 되는 종전의 관행에서 벗어나 지주가 부담하던 전세와 종자까지 떠맡아 내고 각종 잡세와 빈번한 부역에 시달리는 생활을 하게 되었다. 여기에다가 양곡을 강제로 빌려주고 이자를 징수하는 환곡의 폐해까지 가중되는 데다가 큰 한발과 수해가 연달아 일어나 생업을 잃고 떠도는 사람들이 많았다.[21]

사회적으로 볼 때 18세기 전반은 조선전기의 엄격한 신분제와 법질서가 양란 이후 변화한 시속과 충돌하여 붕괴되는 과정에 있었다. 천대받던 상인들의 수와 세력이 증가하고 병역과 신역의 의무는 돈을 내고 다른 사람을 고용하여 대신하는 대립제도가 유행하였다. 이 시기에는 당쟁이 격화하여 당파가 다르면 과거에 급제하고도 관직을 얻지 못하는 사람들이 많아 선비들의 불만이 많던 때였다.

이익은 주자와 퇴계를 흠모하고 그들의 경학과 해석을 그대로 수용한 그 시대의 대표적인 성리학자였다. 이익은 그러나 현실정치의 개혁과 백성들의 생활조건의 개선에도 깊은 관심을 가졌다. 그는 이율곡과 유형원을 조선 개국 이래 시무時務와 정책에 가장 뛰어난 식견을 가진 사람으로 보고 존경하였다. 이익은 유형원과 내외종 형제로 유형원의 사후 7년에 태어나 그를 만나지는 못하였지만 유형원의『반계수록』을 읽고 깊은 감명을 받았다.

이익은 한백겸에게서도 큰 영향을 받았다. 그도 한백겸의『기자유제설』을 읽고 평양의 정전유적이 은殷나라의 제도라는 한백겸의 주장에 동조하는「기전속설箕田續說」을 지었다. 이익의 한백겸에 대한 존경과 기자전이 조선역사에서 가지는 의미에 대한 강조는 그의 제자인 안정복安鼎福 (1712~1791)에게 큰 영향을 미쳤다.

안정복은 한백겸과 이익의 기자유제설을 지지하였고 그가 쓴 역사책

---

21) 이익,『星湖僿說』, 인사문, 民貧.

『동사강목東史綱目』을 통해 조선의 역사는 기자로부터 시작한다는 점을 강조하였다.[22] 안정복은 평양 4구區의 전제는 분명히 은의 제도이고 조선사람들이 흰옷을 입는 것도 기자가 가져온 은나라의 풍속이라고 주장하였다.

이익은 안산에서 칩거하는 동안 노비들을 지휘하여 농사도 짓고 양계와 양봉도 하는 한편 수많은 책을 읽고 현실 정치에 대한 문제점을 파악하고 대책을 연구하였다. 그는『곽우록藿憂錄』『성호사설星湖僿說』등의 저작물을 통해 전제, 병제, 학제, 관제, 과거제도, 지방재정, 천문, 지리, 의학 등 다방면에 걸쳐 현실비판과 이에 대한 대책 등을 제시하였다.

이익은 유형원의 학풍을 계승한 것으로 평가되고 있는데 그의 실학을 중시하는 그의 학문적 자세는 안정복·이중환·이가환·정약용 등에게 전승되었다. 성호는 영조 39년(1763) 83세를 일기로 세상을 떠났다.

2) 토지소유 下限制와 限田論

(1) 성급한 개혁은 실패

이익은 국가는 토지와 백성을 기반으로 성립하는 것이므로 토지와 민생문제가 왕정의 두 가지 기본문제라고 생각하였다. 이익은 보천지하막비왕토普天之下莫非王土라는 유학의 전통적인 토지관에 따라 원칙적으로 조선의 모든 토지는 국유라는 생각을 가졌다. 그는 현재 존재하고 있는 각종 명의의 사유지는 전주田主가 일시적으로 국가소유의 토지를 빌려서 경작하고 국가에 납세하는 것이며 백성 상호간에 토지를 매매하는 일은 사사로운 일이라고 규정하였다.

성호는 토지제도를 크게 개편할 필요가 있을 때는 개인의 소유에 구애

---

22) 安鼎福,『東史綱目』제1강.

할 것 없이 국가의 뜻대로 시행하여도 문제될 것이 없다는 견해를 가졌다. 전지에 대한 절대 처분권은 국가에 귀속되는 것이므로 왕이 결심하면 따라야 하는 것이라고 생각하였다. 이익은 그러나 한나라 때 구테타를 일으켜 신新나라를 건국한 왕망王莽이 정전법을 실시하기 위해 토지사유제를 철폐하는 명령을 내렸다가 실패한 사례를 들며 현실에 기반을 두지 않은 무리한 개혁은 성공하기 어렵다고 설명하였다.

이익은 "왕망은 변란을 일으켜 정권을 잡은 다음 천하의 전지를 모두 왕전王田이라고 선언하고 부자와 권세가의 토지를 빼앗아 가난한 자에게 주는 정책을 강제로 실시하였으나 권세가와 호족들이 협조하지 않고, 백성들은 이만 쫓고 해를 피하려고만 하여 천하가 소란하여졌고 드디어 왕망도 패하여 죽었다. 그 후 후세의 임금들이 혹 전지를 분배하는 제도를 만들었으나 의도에 불과하였을 뿐 진실된 개혁은 있지 않았다"[23]고 말하며 현실을 감안하지 않은 성급한 개혁은 성공하기 어려울 뿐만 아니라 삼대 이래 북위와 수·당시대의 전제개혁은 진정한 개혁이 아니라고 규정하였다.

성호는 정전법을 시행하던 삼대의 시대에는 토지분배가 공평하여 빈부의 차가 없었으나 토지가 사유화된 이후 관리들의 탐학과 토호들의 횡포로 평민들의 가산이 기울게 되었다고 진단하였다. 이익은 토지는 원래 국유이어야 하는데 권력자와 부자들이 토지를 사유화하고 겸병하여 부자들의 땅은 농로를 따라 사방으로 한없이 이어지고 있으나 가난한 사람은 송곳을 꽂을 땅도 없어 부자는 더욱 부유해지고 가난한 사람은 더욱 가난해진다[24]고 토지소유의 집중을 비판하였다.

이익은 전제田制의 문란과 빈부격차의 문제를 해결하기 위해서는 모든 백성들에게 농지를 균등하게 분배하는 것이 꼭 필요하다고 생각하였다.

---

23) 이익, 『星湖僿說』, 인사문, 균전.
24) 李瀷, 『藿憂錄』, 均田論.

그는 전제개혁의 가장 좋은 방법은 고대의 정전법을 다시 실시하는 것이라고 보았으나 지금의 현실에서 정전법을 실천하는 것은 불가능하다고 판단하였다.

(2) 점진적 개혁과 限田制

이익은 유형원이 주장하는 토지의 무상몰수와 무상분배를 바탕으로 하는 공전제公田制는 너무 과격하여 현실성이 부족하다고 생각하였다. 성호는 조선은 지형이 중국과 달라 평지가 적고 산지와 구릉지, 논이 많아 네모 반듯한 정전을 만들 수 없고 갑자기 농지를 국유화하는 일도 어려운 일인 만큼 토지의 사유제를 인정하는 바탕 위에서 매매를 통해 점진적으로 균전상태로 유도하는 방법을 제안하였다.

환언하면 그는 토지의 균분을 궁극적 토지제도의 목표로 삼으나 토지의 현실적 사유권을 부정하고 일시에 토지를 몰수하는 대신 사적 소유권을 일정한 범위 내에서 제한하고 토지에 대한 처분권은 원칙적으로 국가의 관리 아래 두어 점진적으로 균전상태를 이루어야 한다고 생각하였다.

이익의 방법은 기존의 토지소유를 인정한 상태에서 농가의 토지소유 상한을 정해 상한을 초과하는 부분만 매매를 허용하여 점진적인 방법으로 균전으로 이행하자는 온건 개혁론이었다.

성호의 주장은 한 농가가 생존하는 데 필요한 토지면적을 산출하여 이를 영업전永業田으로 지정하고 영업전은 상속할 수 있으나 매매할 수 없도록 하자는 것이다. 그대신 영업전의 규모를 초과한 부분에 대해서는 자유매매를 허용한다는 것이다.[25]

이익은 대체로 농지를 파는 사람은 빈농이므로 일정한 면적의 영업전을 지정하고 영업전은 팔지 못하도록 하면 원매자願賣者가 줄어들어 토지

---

25) 永業田과 口分田의 구분은 唐나라에서 실시하던 제도로 영업전은 상속이 가능하였으나 구분전은 농사를 그만두게 되면 나라에 반납하는 토지이다.

겸병이 덜해질 것이라며 공급자 규제를 주장하였다.[26] 그러나 농가의 소유규모가 영세하여 영업전의 규모보다 작아도 별도로 토지를 더 주자는 것은 아니고 반대로 한 농가의 소유규모가 영업전의 규모를 초과하여도 초과된 전지를 강제로 빼앗거나 팔도록 강요하지 않는다는 것이다.

그는 "부지런하고 능력이 있는 빈농은 열심히 일하여 농지를 더 살 수 있으므로 촌적寸尺의 농지가 쌓이되 파는 것이 없도록 하면 세월이 흐르면서 농지가 균점상태에 이르게 될 것"이라고 생각하였다.

이익은 한 농가가 필요한 영업전의 면적을 100무로 상정하였다. 이익의 균전론은 소농의 몰락을 방지하기 위한 토지소유 하한제下限制와 비슷한 개념의 한전론限田論에 가깝다. 이익의 생각은 시간이 걸리더라도 매매를 통해 모든 농민이 균등하게 토지를 소유하도록 유도하여 빈부의 차이를 없애자는 것이다.

3) 永業田의 관리와 토지거래 허가제

성호는 영업전제도를 계속 유지하기 위해서 영업전으로 지정된 농지는 원천적으로 매매를 금지하여야 한다고 주장하였다. 만약 영업전을 매매하는 자가 있으면 매매 쌍방을 처벌하고 그 거래는 무효가 되며 구입한 토지는 돌려주어야 한다는 것이다.

이익은 영업전이 아닌 모든 토지의 매매는 관에 보고하여 허가를 받은 후에 성사가 되도록 하여야 한다고 제안하였다. 관청은 매매사실을 전안田案에 기록한 후 문권文券을 만들어 교부하도록 하였다. 문권이 없는 경우 토지매매는 무효이며 분쟁이 발생할 경우 소송도 할 수 없게 한다는 것이다.[27]

성호는 토지의 균분을 위해 토지의 사적 소유권을 일정 한도 내에서

---

26) 李瀷, 『藿憂錄』, 均田論.
27) 李瀷, 『星湖全書』雜著, 論均田.

제한하고 토지에 대한 처분권은 원칙적으로 국가의 관리 아래 두어야 한
다고 생각하였다. 이익은 영업전제도와 토지거래 허가 및 세제의 개혁을
위해서는 먼저 전국적인 양전量田이 필요하다고 보았다. 그는 법에 매 20
년마다 한 번씩 양전을 실시하게 되어 있으나 국초 이래 양전을 제대로
실시한 적이 없어 기록된 전지의 비옥도와 토지면적의 크기가 현실과 크
게 다르다며 정확한 측량과 양전이 필요하다고 주장하였다.

4) 10분의 1세

이익李瀷은 농사를 지어 얻은 수입을 가지고 가족들의 생계를 충분히
해결하고 또 정부의 필요경비를 충당하고 관리들이 녹봉을 받아 잘 살
수 있도록 하기 위해서는 조세제도가 바르게 운영되어야 한다고 생각하
였다. 이익은 농민들의 생계와 관리들의 생활을 보장하는 데 10분의 1세
면 충분하며 국가의 경비도 결코 부족하지 않다고 보았다.

이익은 현재의 전세가 형식상 결당 4두로 20분의 1세에 가까운 저율
이나 전세 이외에도 대동세, 삼수미, 기타 여러 가지 잡세가 부과되므로
실제로는 10분의 1세를 훨씬 초과하고 있다고 비판하고 병역 등 신역身役
을 제외한 어떤 경우라도 10분의 1세를 초과해서는 안 된다고 하였다.
성호는 균전을 실시하기 위해서는 한전법과 함께 10분의 1세가 선행되어
야 한다고 주장하였다.

5) 兵農一致와 과거제도의 개혁

(1) 병농일치

이익은 임진왜란 중 또는 그 이후 수도와 그 주변을 방위하기 위해
훈련도감을 비롯한 5군영軍營 체제를 새로 만들었으나 신무기의 공급과

군자의 보급이 제대로 뒤따르지 못하자 군포 대납으로 병제를 운영하는
데서 문제가 시작되었다고 보았다. 이익은 16세 이상 60세 미만의 양인
남자에게 부과하는 군포의 부담이 너무 무거워 이를 감당할 수 없게 된
백성들이 공명첩空名帖을 구입하여 양반으로 변신하거나 승려로 투속하는
등의 방법으로 병역을 피하면서 남은 양인들에게 군포 부담이 고스란히
전가되어 백성들의 원성을 사고 있는 것이라고 보았다.28)

이익은 병사의 의복과 양식을 병사가 되는 사람들에게 부담을 지우는
것은 옳지 않고 전세로서 충당해야 마땅하다고 비판하였다. 그는 문란해
진 병제를 개혁하기 위해 고용병제도와 수포제도收布制度를 철폐하고 정
전법 병제와 같이 평상시 농사를 짓다가 유사시에 군사가 되는 병농일치
兵農一致의 향병제도鄕兵制度를 도입해야 한다고 주장하였다. 그는 양반층
도 병역을 부담해야 하며 양인들과 마찬가지로 평상시에는 농사를 짓고
전시에는 군역으로 동원하는 거주지 중심의 병농일치제를 채택해야 병제
를 둘러싼 각종 모순이 해소된다고 주장하였다.29)

이익은 백성들의 원성이 큰 병제와 군포문제를 해결하기 위해서는
"숙위하는 친병(금군禁軍)을 제외하고 모든 군영을 철폐하고 천인과 양인
을 가리지 말고 어영군御營軍이라는 이름 아래 옛날의 정전제와 같이 인
보조직隣保組織으로서 작대作隊해야 한다"30)는 것이다. 이익은 병제를 개
편하기 위해 먼저 철저한 호구조사를 통해 병역대상자를 파악한 후에야
양천합일良賤合一, 병농일치의 향병제도를 도입할 수 있다고 보았다.

(2) 士農合一과 科薦合一

이익은 붕당은 과거제도의 모순 때문에 발생하는 것이라고 보았다.
그는 과거를 선조宣祖 이래 너무 자주 실시하여 합격자의 수는 크게 증가

---

28) 이익, 『星湖僿說』 論兵制 ; 養兵.
29) 이익, 『星湖僿說』 學爲治生 ; 六蠧.
30) 이익, 『곽우록』병제.

하고 있는데 관원의 정원은 증가하지 않아 인사 담당자와 같은 당이 아니면 벼슬자리를 얻을 수 없게 되었다고 과거제도를 비판하였다.

그는 "관직의 자리는 하나 뿐인데 과거 합격자의 수는 8~9인이나 되어 이들은 오직 권력자에 달라붙어야 관직을 얻고 비록 문과文科라 하더라도 끌어주는 사람이 없으면 한 번 체직되면 다시는 관직에 나갈 수 없다. 좋은 집안의 자제들은 학문을 하지 않고 요행만 바라고 떼를 지어 청탁하고 다니며 재상宰相도 이에 따르니 먼 지방 출신 선비들에 대해서는 이보다 더 극심한 폐정이 없다"[31]며 당쟁의 원인이 벼슬자리를 얻기 위한 파벌조성에 있으며 또 양반들이 생업을 가지는 것을 천시하고 오로지 관직을 얻어 부귀영달을 꾀하는 양반 사족들의 생활태도를 비난하였다.

이익은 사농합일士農合一을 대안으로 생각하고 양반도 농사를 지으면서 공부를 하여 그 가운데 재능이 있는 사람을 발탁하면 백성들이 농사를 자기의 본분으로 생각하게 된다고 주장하였다.

이익은 또 문벌을 중시하고 신분을 제한하는 과거제를 개혁하고 주州·군郡에서 능력있는 사람을 천거하여 관직에 등용하는 천거를 병행하는 과천합일科薦合一제도를 통해 인재를 등용할 것을 구상하였다.

성호는 과거는 5년에 한 번씩으로 시행하여 합격자의 수를 줄이고 과거 시험과목에 국사國史도 포함할 것을 제안하면서 과거응시자에 대한 신분제한도 철폐하여 천인들도 응시할 수 있게 하여야 한다고 주장하였다.[32] 성호는 유형원과 마찬가지로 노비제도를 궁극적으로 폐지하여야 한다고 생각하였으나 현실적으로 쉽지 않은 문제이므로 노비의 소유 인원수를 제한하고 노비의 매매를 금지시키면 점차 노비의 숫자가 줄어들 것이라고 보았다.

---

31) 이익, 『星湖僿說』 공거사의 ; 고려식법.
32) 이익, 『星湖僿說』.

6) 구휼정책과 社倉

이익은 가뭄과 홍수, 바람과 서리 등의 원인으로 흉년이 크게 들고 공사간에 저축이 없으면 백성들의 아사餓死를 막기 어렵다고 생각하였다. 옛 사람들도 이 문제에 대해서는 종자와 식량을 대여하고 유무를 서로 나누어 가지는 수밖에 다른 방안이 없었다고 설명하였다. 이익은 사후의 구호보다는 사전에 미리 대비하는 것이 상책인데 이 방안의 하나로 사창社倉을 추천하였다.

이익은 주자朱子가 지방의 수령으로 있을 때 사창社倉을 운영한 것을 예로 들면서 국가에서 미리 양곡을 대여 받아 이것을 가난한 사람에게 빌려주고 해마다 10분의 1을 이자로 거두되 조금 흉년이 들면 이식의 절반을 감해주고 큰 흉년에는 이식을 모두 면제해주고 오직 창고의 운영비만 받도록 하자는 것이다.

성호는 주자의 사창 운영이 대단히 성공적이어서 사창을 운영한 지 14년 만에 국가에서 빌렸던 곡식을 모두 반환하고 5배가 넘는 곡식을 비축할 수 있었다라고 사창제를 설명하였다. 주자의 사창은 그 뒤로는 모미耗米 3승만 거둘 뿐 이식은 받지 않고 운영은 그 고장 출신의 관리와 선비에게 맡겨 사창이 있는 곳은 흉년을 만나도 밥을 굶는 사람이 없었다는 것이다. 이익은 황정荒政은 미리 대비하는 것만이 효과 있다고 주장하며 사창을 보급할 것을 역설하였다.33)

7) 重農抑商과 화폐사용의 금지

이익은 숙종 이후 화폐가 사용되기 시작한 후 농가의 생활이 더 어려워졌다고 보았다. 그는 화폐가 통용됨으로써 재물의 유통을 쉽게 하고 이는 사치를 낳고 사치는 탐욕을 가져오고 탐욕은 도둑질을 하게

---

33) 이익, 『星湖僿說』 인사문, 황정예비.

만들어 끝내는 패가망신을 하게 된다고 생각하였다. 그는 또 화폐의
사용은 백성들로 하여금 상업을 쫓고 농사에 힘쓰지 않게 만드는 폐해
가 크다고 보았다.

이익은 "화폐의 유통은 중국에 있는 물건까지 사올 수 있으며 사치
를 조장한다. 화폐는 농사일을 하기 싫어지게 만들고 이利를 쫓는데
더 관심을 갖게 만든다. 화폐의 사용이 더욱 문제가 되는 것은 토호들
의 고리대금이 횡행하여 농촌사회가 점점 부익부 빈익빈의 사회로 전
락하는 데 있다"[34]며 화폐의 기능을 부정적으로 평가하였다.

이익은 농업을 장려하기 위해서는 상업과 공업 같은 말업末業을 억제
시켜야 하는데 화폐가 유통되고 난 후부터 농업을 떠나 도시로 이농하는
인구가 많아지고 백성들이 사치품을 쉽게 구할 수 있게 되어 말업인 상업
과 수공업의 발전을 촉진시킨다며 화폐의 사용을 반대하였다.

이익은 그의 개혁사상을 전개하는 과정에서 상앙商鞅의 변법變法을 긍
정적으로 보고 왕망의 정전법 개혁 실패를 안타깝게 보는 등 정통적인
성리학자들과는 다소 다른 각도에서 평가하였으나 그의 개혁 주장은 유
학의 가르침에서 벗어나는 것은 아니었고 오히려 삼대의 제도를 이상으
로 여겨 다시 옛날의 제도로 돌아가자는 데 중점이 있었다.[35]

3. 朴趾源의 시범 井田論

1) 박지원과 利用厚生

연암燕巖 박지원朴趾源(1737~1805)은 이익보다 46년 늦게 태어나 18세

---

34) 李瀷, 『星湖全書』 5, 錢초會子.
35) 한우근, 『星湖 李瀷研究』, 서울대학교출판부, 1980.

기 후반 정조 때 활동하던 학자 겸 문필가로 북학파北學派를 이끈 리더
이다.『허생전』『양반전』『열하일기』등을 지은 박지원의 근본사상은
이용후생利用厚生이라고 할 수 있다. 연암은 백성들의 후생을 증대시키
기 위해서는 과학기술의 도입, 생산도구와 시설의 개량 등이 매우 중
요하다고 보았다. 특히 선박과 수레를 이용하여 물자의 유통을 활발하
게 하는 것이 부국의 지름길이라고 생각하였다.

그는 온갖 재화가 잘 유통되어야만 백성들의 생활이 윤택하여지고
국가의 재정이 풍족하여진다며 상업과 상인의 역할을 매우 긍정적으
로 평가하였다. 박지원은 조선의 산업과 경제가 청나라와 비교해 뒤떨
어진 것은 조정관료와 지식인들이 공리공론에 빠져 실생활에 도움을
주는 학문을 할 줄 모르는 데 있다고 주장하였다.

상·공업의 중요성을 강조한 박지원은 농업의 중요성에 대해서도 소
홀하게 생각하지 않았다. 박지원은 황해도 금천에 내려가 살 때부터
중국과 조선의 농서를 두루 연구하고 독농가들의 농사경험을 수집하
는 한편 스스로 밭을 개간하여 농사에 대한 식견을 키웠다.

박지원은 그의 말년 충청도 면천沔川군수로 있을 때 농업을 발전시
킬 수 있는 방안을 널리 구한다는 정조의 윤음綸音을 듣고 정조 23년
(1799)『과농소초課農小抄』라는 농서를 저술하여 임금에게 바쳤다. 이
책은 농사의 절기, 작목의 선택과 파종, 김매기와 거름, 해충 구제와
수확 등에 대한 방법과 개선대책을 제시하고 있다. 이 책은 깊이 갈기
및 분양법糞壤法과 수리관개의 개선으로 농업생산을 증가시킬 수 있고
농기구를 개량하면 노동력을 절감할 수 있음을 강조하고 있다.

『과농소초』는 우리나라 농서에서는 새로운 관점인 토지생산성과
노동생산성의 향상이라는 측면에서 농업기술의 개선을 강조하였으며
특히 수리水利의 중요성을 인식하여 조선농서에서는 처음으로 수리관
개 조항을 넣었다.

2) 田制개혁 사상

박지원은 토지제도의 개혁에도 큰 관심을 보여 『과농소초』의 말미에 「한민명전의限民名田議」라는 글을 부록 형식으로 추가하였다.

박지원은 백성들이 궁핍한 원인은 부자들에 의한 토지겸병이고 이로 인한 전제의 문란이 결국 병제의 혼란과 국가재정의 불실로 이어지는 것이므로 정전제를 실시하는 것이 가장 좋은 해결 방안으로 보았다. 그러나 현실적으로 갑자기 부호들의 토지를 몰수하는 것이 불가능하므로 정전제의 정신을 살려 토지의 소유를 일정한 수준에서 제한하는 한전법限田法을 시행할 것을 주장하였다.

연암은 전국의 토지면적과 호구를 조사하여 호당 평균 경지면적을 국가가 정하고 누구든지 그 이상으로 토지를 소유하는 것을 제한하는 법을 제정하되 이 법을 시행하기 이전의 토지 소유는 인정하고 새로운 매입은 금지시키자고 제안하였다.[36) 그는 한전정책을 시행하면 수십 년이 못 가서 전국의 토지는 상속, 매매 등을 통해 고르게 나누어지고 이에 따라 백성들의 생활이 안정되고 나라의 재정도 튼튼해질 것이라고 전망하였다.

박지원은 『한민명전의』에서 자작농의 몰락 과정과 농지소유의 제한의 필요성을 면천군沔川郡의 예를 들어 다음과 같이 설명하고 있다.

"자작농은 열에 한 둘 밖에 되지 않고 나머지는 모두 소작농인데 이들 농가의 평균 수확량은 전답을 합하여 1년에 약 40섬이 될 뿐이다. 공식적인 세금은 10분의 1 정도지만 수확량의 절반을 소작료로 지주에게 바치고 나면 20섬이 남는다."

"20섬의 곡식을 가지고 5식구의 1년 식량을 해야 하고, 또 여름과 겨울철에 의복을 사야 하고, 연료와 소금을 구입하고 관혼상제의 비용을 지출하고, 軍役(군역)대신 保布(보포)를 내고 身役(신역)도 곡식으로 내야 하고, 향촌에

---

36) 朴趾源, 『限民名田議』.

서의 추렴을 내고 보면 남는 게 거의 없다. 여기에다가 수재와 한재, 바람, 서리, 우박, 병충해 등을 당하면 살길이 막막하게 된다. 이리하여 궁지에 몰리면 농지야 있으나 마나 가난하기는 늘 마찬가지라고 생각하여 부자들에게 농지를 팔게 된다."

"토지를 사들이는 부자들도 강압적으로 가난한 자의 토지를 겸병하는 것은 아니다. 가만이 있어도 사방에서 전토를 팔려고 하는 사람들이 토지문서를 들고 찾아온다. 부자는 값을 후하게 주어 자기에게 오는 사람을 많게 하고 또 사들인 땅은 판 사람에게 그대로 소작하게 하여 땅을 판 농민들은 오히려 은덕으로 알게 된다. 이리하여 인근의 전토가 모두 부자집의 소유가 된다."

박지원은 토지의 소유를 제한하는 법제가 없기 때문에 온 나라의 토지가 겸병자들에게 집중되고 군읍郡邑은 엉터리로 양전量田한 허위 서류만 갖고 있게 된다고 겸병의 과정을 설명하고 있다.

3) 박지원과 箕子井田

연암 박지원은 한전제도를 주장하기 앞서 젊은 시절(정조 4년(1780)경)에 평양의 기전箕田을 방문하였다.[37] 연암은 기전을 보고 감탄하여 "기자전기箕子田記"를 지었다. 그는 이때의 감격을 『과농소초』에 다음과 같이 적어 놓았다.

"일찍이 정전법이 무너진 뒤 그때와 마찬가지로 토지를 균등하게 나누어 주고 原野를 획정하는 제도를 찾아볼 수 없더니 이제 평양성 밖의 方田이 발견되었다. 이것이 바로 父師가 남긴 유적이다. 평양의 기전유적은 천년 聖人이 정착한 곳이요 百王의 心法이 담겨 있는 곳이다. 평양의 기전에 있는 16구의 전지는 천하의 아무 곳에도 없고 우리나라에만 남아있다. 우리나라가 중국에 대하여 자랑할만한 것이 있다면 오직 이 箕田뿐이다."[38]

---

37) 박지원은 44세가 되던 1780년 금성도위 박명원이 진하사로 중국에 갈 때 그를 수행하였는데 이때 평양에 들러 기자정전을 관찰한 것으로 보인다.
38) 朴趾源, 『課農小抄』 田制.

박지원은 평양의 田자 기전은 주나라의 정전이 아니고 은나라의 전제
에 따른 기전이라는 한백겸의 주장에 대해 둘은 사실상 같은 것이라는
주장을 펼쳤다. 그는 은나라에서의 1농가 당 배당면적 70무와 주나라 정
전에서의 1농가 당 100무는 사실상 동일하다는 것을 증명하려고 하였다.

연암에 따르면 田자 구획 4개를 한데 합쳐서 보면 전자 사이의 경계
가 井자로 보인다는 것이다. 또 밭 전자 4개의 구획 안에 있는 밭은
모두 16구가 되는데 은나라 때에는 1가의 평균 인구를 4인으로 보았고
따라서 밭 전자 구획 4개를 경작하는 인구수와 주나라 때 1정전井田을
경작하는 8인 가족 8가구의 총 인구 수가 똑같은 64인이라는 점, 여기
에다가 주나라 때 8가구에 성인 남자가 한 명씩 있을 때 별도로 받는
별전과 농막부지 등을 합하면 양쪽 모두 경지면적이 1,120무로 차이가
없다는 점을 들어 은의 1가구 면적 70무와 주의 1가구 배당 면적 100
무는 사실상 같은 것이라고 주장하였다.39)

4) 시범 井田農場과 箕田農場의 설치

박지원은 옛날의 정전제도를 부활하여 몇 군데 시범적으로 실시할
것을 임금인 정조에게 건의하였다. 연암은 평양 성 밖의 기자전은 주나
라 때의 정전과 같은 제도이며 이것이 우리나라에 아직도 존재하고 있
으므로 옛 제도를 부활하여 동대문 밖 왕십리와 남대문 밖에 시범 정
전井田과 기전을 하나씩 건설하여 운영한 다음 이 제도를 전국에 보급
하자는 주장을 폈다.

연암은 『과농소초』를 통해 국가에서 시범 정전(법전法田)을 서울의
동·서 양 교외에 하나씩 설치하되 하나는 기전제도로 하고 다른 하나
는 정전제도로 하여 농사에 밝은 사람을 지도자로 삼아 운영하도록 할

---

39) 朴趾源, 『課農小抄』 田制.

것을 건의하였다.

그는 "농사를 잘 짓는 유력한 집의 자제 수백 명을 선발하여 경작하게 하되 보통 경작법만을 따르게 하지 말고 고대의 방식을 참고삼아 더욱 적합한 방법을 사용하도록 하십시오. 그리하여 새 농법의 효과를 보게 한 뒤 이들을 고향에 돌려보내 일향일읍—鄕—邑의 모범이 되도록 해야 합니다"[40]며 정전제도를 시험적으로 실시할 것을 정조에게 건의하였다.

박지원은 기전과 정전을 만들 장소를 구체적으로 지목하였다. "흥인문에서 왕십리까지 사방 10리(1리里)이므로 1정井의 전지를 만들기에 적합하고 숭례문으로부터 서강에 이르기까지 사방 10리가 됨으로 족히 기전 16구(1정井)를 만들만 합니다. 농사 잘 짓는 사람으로는 각도에 소속되어 있는 향군장정鄕軍壯丁 1인에게 3개월 분의 식량을 주어 농사를 짓게 하고 농법을 지도하는 관원들도 밖에서 물색하지 말고 군영의 장관將官을 보내야 합니다. 이 사람들은 대체로 전직 수령守令을 지내거나 장차 목민관이 될 사람들이므로 자기 군영의 군인들을 영도하고 농사의 과업을 훌륭히 해낼 것입니다."[41]

4. 丁若鏞의 茶山式 井田論

1) 丁若鏞의 학문과 그의 시대

(1) 다산의 생애

다산茶山 정약용丁若鏞(1762-1836)은 영조 38년에 경기도 광주군 초부면

---

40) 朴趾源, 『課農小抄』 田制.
41) 박지원, 같은 책, 전제.

마재(현 경기도 남양주시 조안면)에서 태어났다. 다산이 살았던 18세기 후반부터 19세기 초까지의 시대는 억압받던 상공업이 기지개를 펴고 일어나는 시기였지만 정치적으로는 혼란과 격변의 시대였다. 이 시기에는 국내적으로는 선비들 간에 권력다툼을 위한 당쟁이 다시 나타나고 관리들의 부정부패는 더욱 대담해지고 고질화되어 백성들의 고통이 참담한 상태에 있었다. 사상적 관점에서 보면 대외적으로는 양명학과 천주교를 위시한 청나라의 새로운 문물과 사조가 밀려들어와 조선왕조를 지탱해오던 이데올로기인 성리학 사상이 도전을 받던 시기였다.

벼슬길에서 밀려난 선비들과 가렴주구에서 헤어나올 수 없는 백성들의 불만이 누증된 상태에서 국가의 기강은 무너지고 조선을 통치해오던 각종 제도는 급변하는 시속과 맞지 않아 그 실효성을 거의 상실하게 될 상황에 놓여 있었다. 급기야는 순조 11년(1811) 홍경래洪景來의 난을 맞게 되었고 민란을 수습한 이후부터 조선왕조는 사양길에 들어서기 시작하였다.

정약용은 4세 때부터 글을 배우기 시작하였는데 10세 때에 경서와 사서를 읽었고 13세 때에는 두시杜詩를 본떠 시를 지을 만큼 총명하였다. 그는 16세 때에 형의 친구인 이가환과 자형 이승훈과도 교유하였는데 이때 이가환의 스승인 이익李瀷의 유고를 읽고 현실문제 해결을 중시하는 그의 경세적 학문에 큰 감명을 받고 그를 존경하게 되었다.

정약용은 여러 차례 과거시험에 급제하였는데 벼슬길에 오르지 못하다가 28세 때인 정조 13년에 실시된 식년 과거에 수석 합격하여 임금을 대면한 후부터 정조의 총애를 받았다. 다산은 규장각의 관원으로부터 내·외직을 두루 거치며 형조참의까지 이르렀다. 다산은 정조가 서거한 직후인 순조 1년(1801) 신유박해辛酉迫害 때 천주교도로 지목되어 장기로 유배되었다가 황사영黃嗣永의 백서사건 때문에 전라도 강진康津으로 이배되었다.

다산은 18년 간의 유배생활 동안 당시 유행하던 주자학의 이기론과 심성설 등 관념철학에 실망하고 그 대신 백성들에게 도움을 줄 수 있는 경세적 실학을 추구하기 위해 유학의 고전인 사서육경4書6經 등을 다시 읽고 그 속에 담겨있는 초기 유학의 본질과 왕도주의 철학에 대한 이해를 새롭게 하였다.

다산은 조선이 당면하고 있는 적폐의 원인을 전제와 세제, 병제의 혼란과 지방관과 아전들의 부패에 있다고 보고 그 해결책을 강구하기 위해 고심하였다. 그는 정치·경제·사회 제도에 대한 개혁의 모델을 주로『주례周禮』와『서경書經』에서 구했는데 조선과 중국의 역대 왕조의 경험을 참조하여 조선의 현실에 맞도록 조정하는 방법론을 채용하였다.

정약용은 순조 17년(1817) 56세 때 그의 대표작으로 볼 수 있는『방례초본邦禮草本』(후에『경세유표』로 개명)의 저술을 시작하였고 57세에는『목민심서牧民心書』를 탈고하였다. 다산은 순조 18년(1918) 말 귀양에서 풀려 고향인 광주로 돌아왔고 이듬해인 58세 때『흠흠신서欽欽新書』를 완성하였다. 다산은 헌종 2년(1836) 75세로 생을 마감하였는데 이때까지 『경세유표經世遺表』를 완성하지 못하였다. 그는 일생 동안 500여 권의 책을 쓰고 2,460편의 시를 남기는 등 엄청난 양의 저술활동을 하였다.

(2) 다산의 경제개혁 사상

정약용의 농업정책과 농지제도 개선에 관한 사상은 주로『경세유표』의 지관수제地官修制와『여유당전서與猶堂全書』에 있는『전론田論』에 나타나 있다.『전론』은 다산이 강진으로 유배를 가기 전인 38세 때(1779) 발표한 글인데 나중에『여유당전서』에 포함시켜 출판되었다.

정약용은『전론』을 통하여 사회주의적 협동농장제로 볼 수 있는 여전론閭田論을 주장하였다. 여전론은 정약용의 가장 독창적인 아이디어로 볼 수 있는 정책 구상이었으나 나이가 들어서는 실현성이 없다고 보고 이를 버리는 대신 고전적 정전제를 주장하였다. 정전제는 그가 56세 때 유배지에서 쓰기 시작하고 귀양이 풀려서 고향에 돌아와 거의 완성단계에 들어간 『경세유표』를 통해서 제기되었다.

다산은 1798년 곡산부사谷山府使 재임 시 정조의 구농서윤음求農書綸音에 응하여 『응지농정소應旨農政疏』를 제출하였다. 그는 이 글에서 후농厚農, 편농便農, 상농上農을 중심으로 농업문제 전반에 대해 언급하였는데 토지문제에 대해서는 말하지 않았다. 다산은 이듬해인 1799년 형조참의가 되어 중앙에 복귀하였는데, 조정에서는 그 해 봄부터 이미 전국 각지에서 올라온 『응지진농서應旨進農書』들을 놓고 이를 하나하나 검토하고 있었다.

다산은 그 자신도 농정소를 작성하여 정조에게 올린바 있기 때문에 다른 사람들이 제출한 농서를 각별한 관심을 가지고 이를 검토하였을 것으로 보인다. 이들 농서 제출자 가운데는 공주公州유학 임박유林博儒, 광주光州진사 이창우李昌祐, 신계新溪생원 정석유鄭錫猷 등은 토지 소유에 상한선을 두자는 한전론도 있었고 이대규李大圭처럼 정전제의 원리를 도입하여 호당 100무의 토지를 분급하는 균전제의 실시를 주장하는 사람도 있었다.

다산은 토지문제에 대한 개혁방안을 검토하면서, 자신이 구상했던 농업문제와 토지문제를 연결시켜 다시 한번 생각하는 계기를 가질 수 있었을 것이고 그 결과 여전제라는 독창적인 제도를 창안하여 『전론』을 저술하게 된 것으로 보인다.[42)]

다산은 정조가 죽은 뒤 강진의 유배지에서 경서와 사서를 다시 공부하면서 그 의미를 깊이 되새기는 기회를 가졌다. 그는 이 과정에서 정전제를 비롯한 토지문제에 관한 국내·외 선현들의 기록과 문헌을 철저하게 조사·연구하고 나서 『전론』에서 피력한 기존의 견해를 수정하게 된 것으

---

42) 朴贊勝, 「정약용의 정전제론 고찰 - 경세유표 전제를 중심으로 - 」 『歷史學報』 110, 1986.

로 보인다.[43]

다산은『경세유표』를 통해 고대 중국의 정전제도가 가장 이상적인 제
도임을 확인하였으나 사실상 전국의 모든 사유지를 몰수하여 국유지로
만들 수 없다는 문제점을 인정하지 않을 수 없었다. 그는 정전제로 가는
이행단계로 우선 정전을 조성한 다음 공전으로 지정할 사유지만 구입하
여 국유화하고 사전을 경작하는 8농가가 공동으로 공전을 경작하여 그
생산물을 세금으로 내도록 하자는 '다산식 정전제도'를 구상하여 이 책
에 포함시켰다.

2) 閭田論

다산은 젊은 시절 조선에서는 정전제를 실시할 수 없다고 보았다. 그
는 중국의 정전은 모두 밭이었고 평야지대에 있었는데 우리나라에는 논
과 밭이 섞여 있고 지세가 평탄하지 않은 곳이 많아 정전을 만들기가 어
렵다고 생각하였다.[44]

다산은 유형원, 이익 등이 제기한 균전제와 한전제도 비판하였다. 균
전제는 인구를 헤아려 모든 사람에게 토지를 균등하게 나누어 주는 것
(계구수전計口授田)인데 호구가 늘고 주는 것이 세월에 따라 다르고 전지
의 비옥도의 차이를 가려내기 어렵고 이것마저 가변적이기 때문에 공정
한 균등분배가 사실상 불가능하다고 보았다.

토지의 소유 상한을 정하여 그 이상의 농지를 갖지 못하게 하는 한전
제도 남의 이름을 빌려 토지를 더 사고 파는 것이 가능하므로 결국은 유
명무실하게 될 것이라며 이를 비판하였다. 다산은 균전제와 한전제는 양
반이나 공인과 상인처럼 농사를 짓지 않는 사람도 전지를 소유하는 것이
가능하며 이것을 막을 수 없는 제도라는 것이다.[45]

---

43) 박찬승, 같은 논문.
44) 丁若鏞,『與猶堂全書』田論.

　다산은 이와 같은 문제점을 제거하고 토지의 균점을 통해 그 혜택이 농사를 짓는 농민에게만 돌아갈 수 있는 대안으로 여전론을 내놓았다. 여전론은 전국의 토지를 국유화한 다음 농사하는 사람에게만 농지를 분배하고 농사를 짓지 않는 사람은 농지를 갖지 못하도록 하되 농지를 받은 농민은 토지를 사유화할 수는 없고 농사를 짓는 기간 동안만 농지를 점유하는 경자유전의 원칙을 적용하는 제도이다.

　여전제閭田制는 지주나 양반관료가 갖고 있는 토지를 비롯하여 전국의 모든 토지를 몰수하여 국유화한 다음 먼저 여閭를 기본단위로 하는 향촌제로 개편한다는 것이다. 여는 자연적 지형을 중심으로 편성한 일종의 공동경영 단위로 대략 30가구의 농가로 구성된다.

　여에 소속된 농민은 개인적으로 토지의 소유권이 없으나 국유인 토지를 공동으로 점유하여 가부장적 권위를 갖고 있는 여장의 지휘를 받아 공동경작을 하고 매일 노동한 시간을 기록하여 두었다가 추수를 마치고 세금과 여장에 대한 봉급을 제외하고 나머지 생산물을 기여한 노동의 양에 따라 분배 받는다는 개념이다.[46]

　농장에 대한 전세田稅는 토지의 비옥도와 흉·풍을 감안하여 수년 간 평균 생산량의 10분의 1을 세로 바친다. 여전제를 채택하면 농사를 짓지 않은 놀고먹는 사람은 분배의 대상이 되지 않기 때문에 결국은 모두 농사에 종사하게 될 것이며 세금은 평균생산량의 10분의 1로 고정되어 있기 때문에 관리들의 중간수탈을 배제할 수 있다는 것이다.

　다산은 생산단위인 여를 행정조직과 군사조직의 기본단위로 삼을 것도 제안하였다. 즉 여는 행정조직의 최하단위로 만든 다음 3여가 1리가 되고, 5리는 1방, 5방은 1읍을 이루도록 편제한 다음 읍은 현령縣令이 다스린다는 것이다.

---

45) 임원택, 『韓國實學과 經濟倫理』, 한국개발연구원, 1999.
46) 丁若鏞, 『與猶堂全書』 田論.

아울러 여는 비상시에 농장 구성원의 3분의 1이 병사로 징집되고 나머지 3분의 2는 현역병을 지원하는 보保가 되어 군포를 부담하는 병농일치兵農一致제의 기반으로 만들자는 것이다. 공동농장의 여장, 이장, 방장은 각각 군대 조직의 초관, 파총, 천총을 겸임하고 현령이 이들을 지휘하는 총관總管이 되도록 한다는 것이다.

다산은 여전론은 농민만이 땅을 점유하여 농사를 짓는 경자유전耕者有田의 원칙에 입각한 제도라고 주장하였다. 다산은 농사짓지 않는 사람은 전지를 얻을 수 없고 따라서 곡식을 얻지 못한다. 선비도 농사를 짓지 않으면 농지를 주지 않으므로 식량을 얻기 위해 농사꾼으로 변신하지 않을 수 없다면서 여전제를 통해 경자유전의 원칙을 지킬 수 있고 병농일치를 통해 현재의 호포제戶布制의 모순을 해결한다는 주장을 폈다.

3) 정전제의 복원 가능성

(1) 토지 사유제가 문제의 원인

정약용은 강진에서 유배생활을 하는 동안 하·은·주 삼대의 정전제도와 그 복원가능성에 대해 열정을 가지고 연구하였다. 다산은 정전제도에 관련된 내용이 수록된 고대의 문헌인 『서경書經』(상서尙書), 『주례周禮』, 『맹자孟子』, 『한서漢書』 등을 다시 정독하고 진·한·남북조시대와 수·당·송대에 이르기까지 여러 유학자들이 남긴 정전제와 균전제·한전제에 대한 기록과 해석을 검토하였다.

다산은 이 조사·연구를 통해 정전제는 그 내용과 구성이 정교하게 맞물려있는 이상적인 제도로서 오랜 세월이 흐른 오늘 날에도 마땅히 실시되어야 하는 성인聖人의 제도이며 조선에서도 정전제도를 복원하여 시행할 수 있고 또 그렇게 하는 것이 당연하다고 생각하였다.

정약용은 농민층이 몰락하고 국가재정이 파탄상태에 빠져있는 원인이 농지에 대한 사유재산제의 허용에 있으며 이로 인한 권력자와 부자들의 토지겸병으로 농민들이 생활의 기반인 토지를 잃게 되어 가난하게 되었다고 보았다.

즉 토지의 사유제가 허용되면서 정전제를 기반으로 하는 9분의 1세가 없어지고 복잡한 부세제도로 대체되자 이 제도의 허점을 노린 관리와 아전들이 중간수탈에 나서 나라와 백성들이 다같이 어렵게 되었다고 진단하였다.

따라서 국가가 사유지를 몰수하거나 또는 매입하여 국유화한 다음 정전을 구획하여 농가에게 토지를 나누어 주고 농민은 각종 부세 대신 공전을 경작하여 9분의 1세만 내도록 한다면 전정과 세정 및 군정의 문란과 모든 적폐가 해소되고 국가의 운영이 정상화 된다고 보았다.

정약용은 토지의 "경계를 바로잡지 않으면 호구戶口가 분명하지 못하고, 부역이 고르지 못하며, 교화가 일어나지 못하고, 병비兵備를 부칠 데가 없으며, 간사한 것이 그치지 않고, 사송詞訟이 날로 번거로워져 만 가지 병통과 천 가지 폐단이 끊이지 않아 시끄럽고 어지러워진다. 그러므로 왕정 가운데 경계를 바로잡는 일보다 중요한 것이 없다"[47]고 말하며 전답의 경계를 확실히 하는 정전법의 시행을 강조하였다.

다산은 전정과 부세제도가 원리를 이탈하자 아전들의 부패가 극심하게 되었다고 보면서 "백성은 토지를 밭으로 삼고, 아전들은 백성을 밭으로 삼는다. 아전들은 백성의 살을 깎고 뼈를 긁어내는 일을 밭갈이로 여기며 백성들의 머리수대로 마구 거두어들이는 것을 수확하는 일로 삼는다"[48]고 일선 군·현의 아전들의 부패가 극에 달해 있음을 지적하고 아전들을 단속하지 못하는 수령들은 비록 학문이 깊다고 할지라도 목민牧民을 할 자격이 없다고 경고하고 나섰다.

---

47) 丁若鏞, 『經世遺表』 지관수제, 전제 9.
48) 丁若鏞, 『牧民心書』 吏典六條, 束吏.

(2) 정전제의 복원 가능성

정약용은 한나라와 송나라 때의 정현鄭玄·순열荀悅과 소순蘇洵을 비롯한 국외 학자들과 기타 국내 학자들의 지배적 견해인 '정전복원불가론井田復元不可論'은 정전제도를 잘못 이해하고 있는 데서 비롯하였다고 비판하였다.

다산은 유학자들이 오늘날 정전법을 다시 시행하기 어렵다고 주장하는 이유는, 첫째 정전을 구획할만한 넓은 평야가 별로 없고 작은 규모의 논밭이 뒤섞여 있는데다가 지세가 험해 정전을 만들 수 없다는 점, 둘째 나누어 주어야 할 토지는 적은데 인구는 많아졌기 때문이라는 점을 거론하고 있는데 이것은 모두 정전제도를 잘못 이해한 데서 비롯된 생각이라는 것이다.

다산은 요순과 삼대의 시대에도 정전을 만들기 위해 모든 산을 깎고 골을 메워 정전을 만들지 않았고 다만 평지에 한하여 정전으로 구획한 것이고 그렇지 못한 곳에서는 그 면적을 계산하여 긴 것은 끊어서 짧은 곳에 보충하고, 넓은 것은 잘라내어 좁은 곳에 보태는 등 작고 큰 전지를 합치고 나누어 계산상으로 100무를 만들고, 다시 그 아홉을 묶어서 1정으로 했다면서 우리나라도 이런 식의 작정법作井法을 따르면 정방형의 정전제를 갖추지 않고도 정전의 실리를 취할 수 있다고 설명하였다.[49]

그는 또 삼대에도 인구를 헤아려서 모든 사람에게 토지를 주지 않았고 오직 농민에게만 토지를 분배하였는데 농사를 짓지 않는 사람은 상·공업 등 9가지의 다른 직업에 종사하게 하였다며 농사를 지을 수 있는 사람에게만 토지를 배분한다면 인구가 많아졌다는 점도 하등 문제될 것이 없다고 주장하였다.[50]

---

49) 丁若鏞, 『經世遺表』 지관수제, 전제 4.

(3) 耕者有田

정약용은 만일 우리나라에서도 정전제가 실시된다면 경자유전耕者有田(또는 경자득전耕者得田)의 원칙을 지켜 농업에 종사하는 농민에게만 토지를 분배하고 농사를 짓지 않는 사람들 예를 들면 상인·공인·양반과 사족土族에게는 농지를 분배하지 않아야 한다고 주장하였다.

다산이 농지를 주어야 한다고 생각한 농민은 군역에 복무할 수 있을 정도로 건장한 사람이며 이런 농부 5~6명이 있는 8식구 1농가에게 농지 100무(1부)를 우선 분배한다는 것이다. 그러나 다산은 이런 농가의 수는 많지 않고 보통의 경우는 부부 2인으로 구성된 5식구 미만의 농가가 많은데 이런 농가에게는 25무씩을 주되 4농가를 합해 1부의 분배 단위를 채운다는 것이다.

다산이 농지를 건장한 농민에게 우선적으로 분배하자는 것은 전제와 병제를 일치시켜 강한 군사조직을 만드는 한편 농업생산성을 올려 식량을 증산하기 위한 배려에서였다. 그는 전쟁이 일어나면 정전을 경작하는 건장한 농부들을 바로 군사조직으로 전환하는 병농일치제의 부활을 염두에 두고 있었다.

다산은 정전제의 실시 목적 가운데 하나가 '치전治田'에 있지 '제산制産'에 있지 않다고 생각하였다. 다산의 치전은 농업생산력의 증가를 뜻하며 제산은 토지를 고르게 분배하는 균산을 의미한다. 다산은 단순한 토지의 균분보다는 농사를 잘 지을 수 있는 사람에게 토지를 주어 그가 힘을 다해 농사를 지으면 생산량이 증가하고, 소출이 증가하면 농사를 짓지 않는 양반 관리, 수공업자·상인·노인·어린이 등 모든 사람의 식량소비가 늘어날 수 있다며 토지생산성의 증가가 농지의 고른 분배보다 중요한 것이라는 생각을 하였다.[51]

---

50) 丁若鏞, 『經世遺表』 지관수제, 전제 1.

다산은 정전제도를 실시하는 근본적인 뜻이 백성들에게 항산恒産을 마련해 준 다음 그들을 교화시켜 인의가 지켜지는 유교적 이상사회를 건설하는 데 있음을 분명히 하였다. 다산은 정전의 경계작업이 다 끝난 후에는 백성들을 교화하는 것이 왕자의 정도라고 말하고 이윤里尹(이장里長)이 매월 초 해당 리의 백성들을 모아놓고 효孝·제悌·충忠·신信을 가르치고 지켜야 할 법에 대해서 설명하고 착한 일을 한 사람에게는 상을 주고, 옳지 않은 일을 한 사람에게는 벌을 주는 등 향약을 장려해야 한다고 주장하였다. 그는 향약鄕約을 백성들을 교화하는 기본적 수단으로 보았다.

정약용은 집권자들이 전제를 확립한다고 하면서 정전법을 회복할 생각을 하지 않고 있으니 문제가 해결되지 않는다면서 위정자들의 정전제 실시를 위해 적극적인 태도를 주문하였다. 그는 정전제가 실시되면 나라가 편안해지고 정전법의 시행만이 조선이 당면하고 있는 각종 난제를 해결할 수 있는 유일한 길이며 오늘날 정전제도를 복원하는 것은 불가능한 일이 아니라고 보았다.52)

4) 茶山式 井田制

(1) 중간단계의 정전제

정약용은 그러나 정전제를 실시하기 위해서는 먼저 개인의 사유지를 몰수하여 국유화하지 않으면 안 된다는 것과 이것은 결코 쉽지 않은 일이라는 것을 잘 알고 있었다. 그는 모든 토지를 일시에 국유화 할 수 있는 길은 오직 큰 전쟁을 겪어 많은 백성들이 사망하고 대부분의 농지가 황폐화되어 방치되고 있는 경우라고 생각하였다. 다산은 "특출한 임금이 임진왜란과 같은 대란을 겪어 텅 빈 세상이 되었을 때 주인 없는 땅을

---

51) 丁若鏞, 『經世遺表』 지관수제, 전제 4.
52) 丁若鏞, 『經世遺表』 지관수제, 전제 1. 정전론 3.

국유화한 다음 정전을 구획하여 정전법을 시행할 수 있으나 평시에는 이와 같은 일을 하는 것은 불가능하다"[53]고 보았다.

다산은 정전제는 바람직한 제도이나 평상시에는 전국의 사유지를 몰수하여 정전을 만들기 어렵고 새로운 국가를 개창할 때나 또는 대란 후에 인구가 크게 줄었을 때나 가능할 것이라는 주자의 '정전난행설井田難行說'과 같은 견해를 가졌다고 보인다. 그러나 정약용은 주자와 달리 완전한 정전제는 아니지만 정전제로 이행하는 중간단계에 실시할 수 있는 대안을 제시하였다는 점이 특이하다.

정약용은 토지의 사유제가 인정된 지 수백 년이 지난 오늘날 개인의 토지를 일시에 몰수하는 것은 사실상 불가능하다고 판단하였다. 그는 토지의 국유화는 오랜 세월을 두고 한전제 또는 균전제 같은 방법을 실시하면서 차츰차츰 사유지를 회수하고 국유지를 넓혀 종국에는 모든 토지가 국유화 되는 점진적인 방법으로 추진할 수밖에 없다고 보았다.[54]

(2) 公田의 확보

다산은 전국의 모든 토지가 국유화되기 전이라도 실시할 수 있는 중간단계의 정전제를 제안하였는데 이것은 공전의 지정과 9분의 1세를 특징으로 하는 것이다. 이 제도는 먼저 경지를 정리하여 1정 9부(900무)의 정전을 조성한 다음 공전으로 지정할 100무의 토지만 정부에서 우선적으로 구입한다. 그리고 아직 사유로 있는 8부의 농지를 경작하는 8농가로 하여금 공전을 공동경작 하도록 시킨 다음 그 생산물을 세금으로 정부에 바치도록 하는 것이다.[55]

이 방법은 비록 완전한 정전제는 아닐지라도 정전제의 9분의 1세 조

---

53) 정약용, 같은 책, 지관수제, 전제 1.
54) 정약용, 같은 책, 지관수제, 전제 1.
55) 정약용은 정전법의 올바른 세제는 10분의 1세가 아니라 9분의 1세라고 생각하였다. 『경세유표』 지관수제, 전제 10.

법助法을 실시하는 것과 같은 효과를 내기 때문에 정전제의 기본적 특성을 살리는 것이라는 것이다. 다산식茶山式 정전제井田制로 부를 수 있는 이 방법은 다음과 같은 2단계를 거쳐 실시할 수 있다.

제1단계는 국왕의 명령으로 국내의 모든 사전을 대상으로 지주의 호·불호를 묻지 않고 정전으로 할만한 곳은 모두 井자로 구획한다. 이 방법의 요점은 정전을 구획하기 위해 사전을 모두 구입하거나 국유화하지 않은 채 소유권과 관계없이 국가의 의지대로 정전을 조성한다는 것이다.

제2단계는 조성한 모든 정전에 대해 그 면적의 9분의 1인 1부夫(100무)만 구입하여 국유지인 공전으로 지정하고 나머지 8부의 농지는 개인의 소유권을 인정하는 사전으로 그대로 둔 채 8부의 사전을 경작하는 기존의 농민들이 공동으로 공전을 먼저 경작하여 그곳에서 나오는 소출을 세금으로 정부에 바치고 다른 일체의 세금과 잡역을 없앤다.56)

5) 茶山式 井田制의 실시와 운영

중간단계의 정전제를 실시하기로 방침이 서면 먼저 임금이 각도에 지시하여 넓은 들판은 여섯 자를 1보로, 100보를 1무로, 100무를 1부로, 9부를 1정으로 옛날의 정전제와 똑같이 구획하되 농로와 수로는 정전의 면적에 포함시키지 않고 별도로 조성하도록 한다.

들판이 좁아 정방형의 1정을 만들 수 없는 곳, 산골짜기의 좁고 긴 조각 땅은 보태고 끊어서 100무의 땅으로 만들고 되도록 가운데 있는 1부의 농지를 공전으로 지정한다.

다산은 토지의 작정作井과정 중에서 부분적으로 토지의 소유관계를 조정할 필요가 있음을 인정하였다. 즉 8부의 잔지가 여러 사람의 소유로 되어있어 정전을 구획할 때 한 귀퉁이가 다른 정에 들어가면 팔아서 네

---

56) 丁若鏞, 『經世遺表』 지관수제, 전제 9.

모 반듯하게 만들고, 또는 한 귀퉁이에 모자람이 있는 경우는 땅을 사들여 네모 반듯하게 한다는 것이다.

사전 1부 가운데 절반은 갑의 소유이고 나머지 반이 을의 소유일 경우는 한 사람이 다른 사람의 땅을 구입하여 한 사람의 소유로 하는 것이 바람직하나 갑·을 두 사람이 모두 땅을 살 수 없을 경우는 종전대로 두 사람이 함께 1부를 경작하도록 하여야 한다.[57]

다산은 국가의 명령으로 조성된 모든 정전은 매 정전 당 8부의 토지는 사유지로 그냥 남겨두더라도 반드시 1부의 농지는 매입하여 공전으로 삼는 것은 필요하다고 보았다.[58] 즉 구획된 전지 가운데 공전으로 할 곳은 관에서 시가대로 구입하여 국유지로 하고 사전私田 8부의 농민들로 하여금 이 공전을 공동으로 경작하도록 한다는 것이다. 만약 사전 8부의 농지를 한 사람의 지주가 소유하고 있다면 그로 하여금 8농부를 엄선하여 한 구역씩 경작하도록 맡기고 공전은 이 여덟 농가가 함께 경작하면 된다는 것이다.

6) 公田 확보를 위한 財源

다산은 공전을 확보하기 위한 재원은 매입과 토지 기부 및 개발 수익으로 마련할 수 있다고 보았다. 공전을 매입하기 위한 자금은 먼저 각급 관청의 창고에 보관하고 있는 돈을 꺼내 사용하고, 정부의 예산을 줄이고, 벼슬아치들의 녹봉을 삭감하여 조달하자는 것이다.

예를 들면 문무백관은 녹봉을 비롯한 합법·비합법의 모든 수입을 보고하도록 하여 그 가운데 10분의 8을 정부에 바치도록 한다. 동시에 서울과 지방 각지에 있는 고관과 부자들로부터는 돈을, 지주들로부터 토지를 기부받아 자금을 마련한다는 것이다. 그리고 국가에서 개발을 금지하

---

57) 정약용, 같은 책, 전제 9, 정전의 1.
58) 정약용, 『경세유표』 전제 10, 정전의 2.

고 있는 금金·은銀·동銅·철鐵광을 개발하여 그 수익금을 사용하고 국유지
인 궁방전, 둔전 등은 공전으로 용도를 전용한다는 것이다.[59) 다산은 공
전의 구입대금만 관에서 지불하고 사전은 별도로 돈을 주지 않고 모두
예전대로 지주가 차지하니 정전을 만드는 비용은 생각보다 많이 들지 않
을 것이라고 보았다.

7) 井田의 조성과 관리기구

다산은 정전의 터를 잡고 경계를 획정하며 공전을 구입하고 정전의 조
성공사를 감독하고 관리하는 일은 정부가 맡아야 하고 이 업무를 전담시
키기 위해 경전사經田司라는 기구를 창설할 것을 제의하였다.

경전사의 조직은 영의정, 좌의정, 우의정 3공을 도제조都提調로 삼고
제조提調는 경卿 1인, 중대부中大夫 2인, 하대부下大夫 2인을 임명하고 그리
고 6~명의 실무 책임자를 둔다. 경전사의 실무 담당자는 정부의 문·무
관으로 있다가 퇴직하고 한가하게 지내는 사람이 있으면 천거하여 일을
맡기는 안을 제시하였다.[60)

일선 경전사에는 초시 자리를 많이 만들어 재간이 있는 사람을 뽑아
정전을 만들도록 일을 맡기고 글 공부한 사람은 동반의 벼슬을, 글 공부
를 하지 않은 자는 서반의 벼슬을 주되 현직은 주지 않는다. 정전 4개를
만든 사람은 전사田事에 임명하여 감농監農을 시키고 성과가 있는 자는 승
진시켜 벼슬에 임명한다.[61) 지방수령들이 농업경영을 잘한 농민을 추천
하면 매년 20명씩 선발하여 관리로 임명하고 임명하지 못한 자는 향직을
준다.

다산은 정전과 농로 및 수로 등을 만드는 작업은 해당 토지의 소작인

---

59) 丁若鏞, 같은 책, 전제 9.
60) 丁若鏞, 같은 책, 전제 9.
61) 丁若鏞, 『經世遺表』 지관수제, 전제 9.

을 포함한 작인들을 시키는 것을 원칙으로 하였다. 인부가 부족하면 이웃 전지의 작인도 동원한다. 전지를 만드는 모든 역사役事는 모두 상강霜降 이후에 실시하여 춘분까지 끝내야 하는 것을 목표로 해야 한다는 것이다.

마을의 정전을 만드는 일에는 향리에서 재간이 있고 재물이 있는 사람을 뽑아 공사를 지휘·감독 하도록 하되 일을 잘 하는 사람은 경전사의 감역 또는 참군의 자리를 주고 성과가 있는 자는 직위를 높여 주며 큰 공이 있는 자는 서울에 있는 벼슬자리를 준다는 것이다.

다산은 정전제를 실시하기 위해 전국의 토지 면적을 정확하게 측정하여 현재의 지적도와 같은 개념인 어린도魚鱗圖를 만드는 것이 필요하다고 보았다. 어린도를 만들기 위해서는 현행 방법인 결부제를 폐지하고 경무제를 도입하여 양전하고 어린도를 작성하여 토지의 면적과 위치, 소유자 등을 확실하게 표시해야 한다는 것을 분명히 하였다.[62] 그는 어린도를 작성하기 위해서는 나침반과 표목을 이용하여 자오선과 유묘선을 친 다음 수백 간의 경도와 위도를 표시하고 그 안에 토지의 형상을 그대로 그려야 한다고 설명하여 오늘 날의 측량법과 거의 같은 방법을 제시하였다.[63]

8) 9분의 1세

정약용은 정전제가 폐지되고 새로 생겨난 현재의 세제가 너무 복잡하고 잡세가 많아 중간에서 관리들이 농간을 부려 납세자들은 종전보다 훨씬 많은 세금을 부담하나 정작 국가의 수입은 부족하다고 보았다. 그는 예로부터 정전법의 규범인 조법 9분의 1세로 복귀하면 납세자와 국가가 함께 부유해진다고 보았다.[64] 그는 다산식 정번법에서도 사전을 경작하

---

62) 정약용, 『牧民心書』戶典六條, 전정.
63) 정약용, 『經世遺表』지관수제, 전제별고 2.
64) 정약용은 정전법과 관련된 고대의 전적을 자세히 검토한 결과 정전제의 세법은 10분의 1이 아니라 9분의 1세가 올바른 것이라고 생각하였다.

는 8농부들로 하여금 함께 공전을 경작해서 공전에서 생산되는 소출을 나라에 바치고 다른 조세와 잡된 부역을 없애면 이것이 바로 9분의 1세 조법이라고 해석하였다.[65)]

다산은 사전의 지주－소작관계를 인정한 상태에서의 공전 경작을 위한 노동력 동원 문제는 경작농지의 비율에 따르면 공평하게 해결될 수 있으므로 하등 문제될 것이 없다고 보았다. 만약 사전私田에 여러 명의 전부佃夫(소작인)이 있어 각기 다른 면적의 농지를 경작하고 있는 경우는 한 농부를 택하여 대표자(전수佃首)를 삼고 그로 하여금 작인들에게 경작하는 토지의 비율에 따라 공전에 가서 일하도록 지시한다. 즉 5무를 농사 짓는 작인은 공전에서의 필요 노동력의 5%만큼만 일하고, 10무를 소작하는 사람은 10%를 봉사하고, 50무를 짓는 사람은 50%의 노동력을 제공하면 된다는 것이다.[66)]

다산은 공전의 경작은 작인들이 마음대로 해서는 안 된다며 일정한 가이드라인을 따르도록 제안하였다. 즉 공전에는 보리를 심는 것을 금하고 벼를 심도록 하는 것인데 이는 지력을 쉬지 못하게 하고 제때에 모내기를 못할 수 있기 때문이다. 또 "공전에 먼저 거름을 주지 않고는 감히 사전에 거름을 할 수 없고 공전을 먼저 갈지 않고는 사전을 갈 수 없으며 공전에 물을 대지 않고는 감히 사전에 물을 댈 수 없으며 … 공전을 먼저 수확하지 않고는 감히 사전을 수확할 수 없게 한다"[67)]는 것이다.

추수 때가 되면 이윤里尹이 촌감村監과 8부의 농민들을 모아 함께 추수하여 10두斗를 1석石으로 두량하여 포장한 다음 총 수확량을 현감에게 보고한다. 공전에서의 수확량을 세금으로 바치는 것이 조법助法인데 조법이란 풍년이 들면 공사公私가 함께 풍성해지고 흉년이 오면 공사가 함께 가

---

65) 정약용, 같은 책, 전제 9.
66) 丁若鏞, 『經世遺表』 지관수제, 전제 9.
67) 정약용, 같은 책, 지관수제, 전제 10.

난해지는 것으로 이것은 정부가 백성과 함께 고락을 같이 한다는 의미가 있다.[68]

9) 兵農一致와 행정의 기본단위

다산은 정전을 향촌제도와 군사조직의 기본으로 삼을 것을 제안하였다. 정전은 군역 및 군대 편성의 기본단위가 되며 주거와 경작지를 일치시킴으로써 국가의 농지관리와 향촌의 상호부조 기능을 일치시켜야 한다고 생각하였다

다산은 지방의 최소 행정단위를 정전에 기반을 둘 것을 제안하였다. 그는 정전 4개를 묶어 1촌으로, 4촌을 1리로, 4리를 1방으로, 4방을 1부로 하여 각 촌에는 촌감村監을, 각 리에는 이윤里尹을, 각 방에는 방노坊老를, 각 부에는 부정部正을 두도록 하여 이들로 하여금 공전과 사전의 경작을 감독하도록 해야 한다고 생각하였다.[69] 다산은 이 가운데 촌감을 현재의 권농관勸農官과 같은 위치에 있도록 하고 청렴하고 농사를 잘 아는 사람으로 임명하고 그 봉사의 댓가로서 1년에 곡식 240두를 주어야 한다고 하였다.

다산은 그의 병농일치 사상에 의거하여 정전의 경계 획정작업이 끝난 후에는 농부를 동원하여 병사의 대오를 편성해야 한다고 주장하였다. 다산은 '군인은 힘'이라고 말하고 백성의 9직 가운데 가장 힘이 센 자는 농부이며 따라서 농부를 군인으로 삼아야 한다고 보았다.

그는 "병兵이란 죽는 곳이니 평시에 목숨을 기르는 이익을 주어서 죽음을 회피하려는 마음을 돌리려는 것이니 군사로 나갈만한 힘이 있는 자는 전지를 얻고, 군사로 나갈 힘이 없는 자는 전지를 얻지 못한다"[70]고

---

68) 丁若鏞, 『經世遺表』 지관수제, 전제 10.
69) 정약용, 같은 책, 지관수제, 전제 10.
70) 같은 책, 지관수제, 전제 4.

규정하였다. 이것은 농지를 분배할 때 건장하고 힘이 센 농부들에게 농지를 우선적으로 분배하여야 한다는 것하고 관계가 있는 것으로 병농일치를 염두에 둔 생각이다.

그의 정전에 기초한 군사의 대오 편성은 8부가 1정을 구성하고, 4정이 1촌이 되고, 4촌이 1리가 되므로 1리에는 128명의 장정이 있는 셈이 된다. 이를 10대隊로 편성하여 정졸正卒 100명, 화병火兵 10명, 대장隊長 10명, 기총旗摠 5명, 교련관敎鍊官 2명, 초관哨官 1명을 둔다는 것이다.[71]

다산의 병농일치 제도는 여전제에서 더욱 구체적으로 들어난다. 그는 여전제를 실시하면 말썽 많은 병역문제를 더욱 공평하게 해결할 수 있다고 보았다. 다산은 토지를 국유화하여 여전을 편성한 후 백성들에게 나누어준 다음 반대급부로 여민의 3분의 1을 정군으로 군대에 편입시키고 나머지 3분의 2는 호포를 내어 정군의 비용을 대도록 하자는 것이다.

다산은 토지를 받은 사람은 양반이거나 상인이거나 할 것 없이 모두 병역의 의무를 지우므로 신분에 따른 차별은 없어지고 필요한 군인의 수를 확보하며 군비도 확보할 수 있으므로 갖가지 군정에 관한 폐단도 사라질 것이라고 주장하였다.[72]

다산은 또 여전의 3여를 1리里로 하고 5리를 1방으로 5방을 1읍으로 행정구역을 편제하여 여장을 초관哨官, 이장을 파총把摠, 방장을 천총千摠이 되게 하고 읍에는 현령縣令을 두어 지휘하게 하면 전제가 비상시에 저절로 병제로 전환될 수 있으며 평소에 여장의 명령에 따라 농사를 지어온 사람들은 저절로 몸에 군률이 배게 된다고 그 장점을 강조하였다.

10) 구휼정책

정약용의 일반 농업정책과 비상시 구휼을 위한 정책은 『목민심서牧民

---

71) 정약용, 『경세유표』 전제 12.
72) 丁若鏞, 『與猶堂全書』 田論.

心書』에 정리되어 있다. 『목민심서』는 백성들을 직접 다스리는 지방관들이 가져야 할 치민의 도리를 제시하고 각종 대민업무를 처리하는 데 필요한 요령과 주의사항을 기술하고 있다. 이 책은 동시에 효율적인 국정운영을 위해 필요한 각종 개선책과 대안을 제시하고 있다.

그는 지방수령의 직책 가운데 농지정책이 가장 중요한 것인데 현실은 해마다 은결隱結과 여결餘結이 증가하고 세금을 내는 원결原結은 줄어들고 있다고 지적하였다. 정부는 정확한 양전을 실시하여 농지행정의 문란을 바로잡고 농지의 면적과 등급을 정확하게 바로잡아 세금부과를 공정하게 해야 한다는 것이다. 그는 환곡제도가 지방수령과 아전들의 부패의 온상이 되고 있다고 비판하였다. 모든 요역의 부과의 근본이 호적인데 호적대장을 부실하게 기록하여 요역이 불공평하게 부과되고 있다는 점도 성토하였다.

다산은 흉년대책은 미리미리 대비해 두는 것이 중요하다고 생각하였다. 수령은 해당 고을에 비축해 둔 양곡이 얼마나 있는지를 파악하고 있어야 하고 예비곡이 없을 때는 속히 상급기관에 구호곡의 이송과 조세감면을 요청해야 한다. 재해를 맞아 민간으로부터 구호곡을 모을 때는 강요해서는 안 되고 자진해서 내도록 유도해야 한다고 말하고 있다. 무료급식장을 설치할 때는 급식대상자의 수와 구호양곡의 양을 철저히 파악하여 급식계획을 세워야 하며 급식장에서의 무질서를 피하기 위해 세심한 준비를 해야 한다고 기록하고 있다.

그는 권농勸農편에서 농사지도의 요체는 조세를 줄여주고 부역을 적게 나가도록 함으로써 농민의 사기를 북돋아주는 것이라고 말하고 새 농지가 개간되며 권농은 가색稼穡뿐 아니라 식량작물, 채소, 과수, 축산, 육림, 직조 등 6과科를 수행하는 다각 경영을 권장하고 소의 도살을 금지하도록 해야 한다는 점도 강조하고 있다.

11) 商工業 振興政策

(1) 기술발전과 상·공업의 진흥

정약용은 이제까지의 유학자들이 상·공업의 육성에 대해 부정적인 관점을 가졌던 것과는 달리 그는 상·공업의 진흥과 기술발전이 부국강병의 지름길이라는 것을 분명히 이해하고 있었다. 정약용은 박제가朴齊家를 비롯한 북학파의 상·공업관을 수용하여 상·공업의 진흥을 위해 청국의 기술과 제도를 적극적으로 도입하여야 한다고 생각하였다.

다산은 선진국인 청의 과학기술을 도입하고 이의 진흥을 위해 이용감利用監을 설치할 것을 주장하였다. 이용감은 청국의 선진 기술도입과 보급을 관장하기 위한 관청이다. 정약용은 해마다 수리에 정통하고 중국어를 잘하는 4명의 관리를 엄선하여 북경에 유학시키고 그들로 하여금 기술서적과 기기器機 등을 구입하여 들여오게 하고 재주있는 공장工匠들을 선발하여 기술을 가르치고 시제품을 제작하도록 하자는 주장을 폈다.[73]

다산은『기예론技藝論』을 통해 기술이 정교해지면 노동력을 줄이면서도 생산량은 증가하고 그 품질은 좋아진다고 기술진보의 중요성을 강조하였다. 그는 "농업기술이 정교하여지면 좁은 땅에서 힘은 덜 들이고도 소출은 많아지며 곡식은 아름답고 알차게 된다. 직조기술이 정교해지면 적은 원료로서 더 많은 실을 얻고 더 빠르게 옷감을 만들며 그 옷감은 치밀하고 아름답다. 군사기술과 의료기술이 다 마찬가지이다. 백 가지의 기술이 발전하면 물건과 도구를 만드는 일부터 성곽, 조선, 수레 등에 이르기까지 견고하고 편리하게 되는 것이니 이와 같은 기술을 터득하고 행하면 나라는 부강하게 되고 군사는 강하게 되며 백성들은 더 여유있게

---

73) 丁若鏞,『經世遺表』冬官工曹, 利用監.

그리고 오래 살 수 있게 된다"[74] 고 말하였다.

정다산은 스스로 기중기를 제작하고 사용하여 기계 이용의 생산성을 입증하였다. 정다산은 수원 성을 축조할 때 정조가 내려준『기기도설奇器圖說』이라는 청국에서 발행한 책을 읽고 거중기擧重器로 알려진 도르래를 이용한 기계 장치를 고안하여 축성 인력을 줄이고 기간을 단축시켜 경비 4만 량을 절약한 바 있다.

다산은 상업의 발전에 대해서도 긍정적인 생각을 가졌다. 그는 이익을 많이 내는 상인에게는 세금을 많이 받으면 되지 상업을 억제하여 상업자체를 곤경에 빠뜨려서는 안 된다고 보았다. 그는 우리나라는 수레를 사용할 줄 모르기 때문에 수운水運을 통해 물자를 운송하는데 수운은 풍파에 조난당하기 쉽고 또 운송시간이 오래 소요되므로 비용이 많이 들어 상업이 활발하지 못하고 이익도 적다고 보았다. 그는 물자의 원활한 유통과 상업발전의 기반이 되는 각종 선박과 수레의 제작과 사용을 위해 전함사典艦司와 전궤사典軌司라는 관청을 신설하고 수레가 다닐 수 있도록 넓은 길을 닦아야 한다고 주장하였다.[75]

그는 더 나아가 전환서典圜署를 설치하여 여기서 금·은·동전의 주전과 통용을 담당하게 하고 양형사量衡司를 신설하여 이 기관으로 하여금 도량형의 통일과 제작을 전담시켜 상업거래를 원활하게 하도록 할 것을 제안하였다.[76]

(2) 광산개발의 금지

정약용은 그러나 광산의 민간인 소유와 개발에 대해서는 대단히 부정적인 생각을 가졌다. 그는 금·은·동·철광은 반드시 관에서 개발·채굴하여야 하고 백성들에게 사사로이 채굴하도록 허가하면 절대로 안 된

---

74) 丁若鏞,『與猶堂全書』技藝論.
75) 정약용,『經世遺表』冬官工曹, 전궤사 ; 전함사.
76) 정약용,『經世遺表』秋官刑曹, 전환서 ; 量衡司.

다며 민간의 광산개발을 반대하였다. 그는 민간인이 광산을 개발하면
간사한 도둑들이 모여들어 풍속을 어지럽히고 변란을 일으킨다면서 홍
경래洪景來가 평안도 가산嘉山의 금광을 근거지로 반란을 일으킨 것을 예
로 들었다.[77]

다산은 금·은·동·철 등은 일·월·성·신의 정기를 받아 응결된 것으로
계속 생산할 수 없는 자원이며 초목과 같이 해마다 생산할 수 있는 것이
아니므로 우리나라의 금·은을 캐다가 중국의 고급비단을 사오는 것은 크
게 잘못된 것이라는 생각을 가졌다.[78]

정양용의 상공업에 대한 생각은 과거의 유생들이 갖고 있던 억상·공
주의에서 많이 벗어나 상공업을 진흥시켜야 한다는 생각을 가졌으나 그
렇다고 유가적 사고의 틀에서 완전히 벗어난 것으로는 보이지 않는다. 다
산은 군자는 재물을 멀리해야 하고 소인은 이를 탐하며 상·공업이 발달
하면 농민들이 농사를 버린다고 말하는 경우도 있었다. 그는 과학 기술의
진흥에 대해서는 큰 관심을 갖고 있었으나 상업의 진흥에 관해서는 단편
적인 견해만 보일 뿐 집중적인 논의는 하지 않았다. 특히 광업의 민간개
방에 대해서는 과거의 유생들과 마찬가지로 매우 부정적인 생각을 견지
하고 있었다.

12) 還上제도의 개선과 빈민구제

환곡還穀 또는 환상還上제도는 조선 국초부터 운영하던 빈민구호제도의
일환으로 춘궁기에 곡식을 대여해 주고 가을 추수기에 회수하되 원곡의
감모減耗를 보충하기 위해 약간의 이자를 받는 제도였다. 환곡은 조선 전
기에는 군량미를 기반으로 운영하였는데 군량미는 장기 저장을 위해 해
마다 신곡으로 교체하지 않으면 안 되었다. 정부는 교체할 필요가 있는

---

77) 정약용, 『經世遺表』 地官修制, 賦貢制 5.
78) 정약용, 『經世遺表』 秋官刑曹, 典闤署.

군량미를 빈민들에게 종자와 농량으로 대부해주고 가을에 원본을 회수하는 진대賑貸제도로서 운영하였다.

환상제도는 조선 후기에 들어와 재정확보의 중요한 수단으로 변질하여 운영되었다. 정부는 만성적인 재정부족에 시달리자 흉년과 풍년을 가리지 않고 농가에게 강제로 양곡을 빌려준 다음 그 이자를 받아 국가기관을 운영하는 부세적 성격으로 탈바꿈하였다.

특히 18세기 후반부터는 환상곡제도가 부패한 지방관과 아전들에 의한 수탈적 운영이 강화된 시기였는데 다산은 환곡제도를 백성들의 뼈를 깎는 병폐에 비유하였다. 다산은 환곡운영에 있어서의 부정을 아전의 탓으로 돌리기 전에 재정확보를 빌미로 한 수령과 감사의 부정에 있다고 보았다.[79]

다산의 환상개혁론은 곡가 조절을 위한 상평창常平倉제도와 빈민구제를 위한 환상제도의 개선으로 문제를 해결하자고 주장하였다. 상평창은 곡가가 쌀 때 양곡을 구입하여 두었다가 곡가가 오를 때 판매하여 물가를 안정시키는 목적을 가진 제도인데 곡물의 매매를 통해 얼마간의 매매차익을 얻을 수 있는 운영상의 장점을 가지고 있다.

다산은 이 매매차익을 이용하여 환곡의 운영에서 발생하는 감모를 보충하는 재원으로 사용하자는 주장을 하였다. 다산은 당시의 환곡총량은 10두를 1석으로 환산하면 대략 1,500만 석이라고 보았다. 그는 이 가운데 300만 석을 상평창곡으로 배정하여 곡가 조절에 사용하자고 제안하였다.

그리고 상평창곡의 운영에서 생기는 매매차익은 재정수입에 넣지 말고 환곡운영에서 발생하는 감모를 보충하는 데 사용하자는 것이다. 다산은 나머지 1,200만 석을 환곡으로 남겨두어 재정확보의 수단으로 사용하자고 제안하였다.[80] 그는 환곡을 할당하는데 빈농에게 더 많이 부과하는

---

79) 정약용, 『牧民心書』 吏典六條, 곡부.
80) 정약용, 『경세유표』 지관수제, 창름지저 3.

것을 방지하기 위해 곡총總穀을 호총戶總방식으로 바꾸고 8도에 고르게 배분한 다음 농민부담을 정액화할 것을 제안하였다. 그는 대신 세수의 부족을 메우기 위해 이자 격인 취모율을 15%로 올리자고 주장하였다.[81]

다산이 과감하게 환상제도의 폐지를 주장하지 못한 것은 환상곡의 이자가 국가 재정의 중요한 확보책이라는 사실을 잘 알고 있었으며 환상제도를 폐지할 경우 이만한 세입을 확보할 수 있는 대안이 없다는 것을 분명히 인식하고 있었기 때문이라고 볼 수 있다.[82] 다산은 현실을 무시한 개혁사상가는 아니었다는 것을 보여주는 사례라고 볼 수 있다.

---

81) 정약용, 『經世遺表』 지관수제, 창름지저 3 ; 『牧民心書』 호전육조, 곡부.
82) 鄭允炯, 「茶山의 財政改革論」 『茶山學의 探究』, 민음사, 1990.

제10장

요약과 결론

1. 朝鮮 農本主義思想의 구조와 근원

조선 건국의 기초를 다진 정도전鄭道傳, 조준趙浚, 윤소종尹紹宗, 조인옥趙仁沃, 하륜河崙, 남은南誾 등 고려 말의 급진적 개혁파 유생들은 인의가 구현되는 유학적 이상사회를 건설하는 것을 개국의 목적으로 삼았다. 이들은 이성계를 조선의 태조로 옹립하면서 유학을 국정의 지도이념으로 삼고 인정仁政을 실시하여 맹자가 주장하는 왕도주의 정치를 실현시키는 것을 천명이라고 믿었다. 조선의 건국에 참여한 유생들은 왕도정치를 실시하기 위해서는 먼저 백성들을 잘 먹고 걱정없이 살 수 있도록 한 후 도덕과 예의를 가르쳐야 하는데 이를 위해서는 농본주의적 정책을 시행하는 것이 선결조건이라고 생각하였다.

농본주의農本主義란 경제정책의 근본을 농업에 두어야 한다는 사상체계로 자영농민과 농촌을 사회·경제 조직의 바탕으로 삼아 국가를 경영해야 한다는 사상을 말한다. 농본주의는 농업만이 부가가치를 생산한다는 생각뿐만 아니라 토지국유, 경자유전, 토지의 균등분배, 부세균등, 병농일치, 중농억상, 상부상조, 사회통합 등의 정치적 강령을 갖고 있는 일종의 이념체계이다.

농본주의 사상의 원류는 중국의 하·은·주 때 형성되었으나 춘추·전국시대 때 맹자에 의해 발전되고 한나라 때 유학자들에 의해 국가의 통치이념으로 확립된 사상이다. 농본주의 사상의 핵심 정책수단은 고대 중국의 토지제도인 정전법의 실시와 불가분의 관계가 있다. 이는 하·은·주 시대에 정전법을 실시하여 왕도주의를 실현하였다는 유학의 경전과 중국의 사서에 근거를 두고 있다.

농본주의 사상은 중농주의와 다르다. 중농주의가 산업으로서 농업의 위치를 강화하자는 의미라면 농본주의는 산업간의 상대적 중요성을 강조하는 차원을 떠나 농업이 모든 산업의 근본이며 한 나라의 정치, 경제, 군사, 사회 문제를 일관된 철학을 가지고 해결할 수 있는 강력한 정책수단이라는 생각을 나타내는 것이라고 말할 수 있다.

고려 말 이성계를 등에 업고 조선의 건국을 주도한 유학자들은 왕도주의 정치를 구현한다는 명분으로 정전법식 전제개혁을 추진하였으나 기득권세력의 완강한 저항에 부딪쳐 과전법개혁에 그치고 말았다. 과전법은 유학자들이 생각하는 이상국가를 실현시킬 수 있는 수단도 아니었고 현실적 경제상황을 반영하는 법도 아니었기 때문에 실시한 지 1세대도 안되어 범법자만 양산한 채 주요 규정을 폐지하거나 사문화되었다. 이후 조선의 토지제도는 실질적 사유권이 인정된 상태에서 농지를 자유롭게 임대차 하거나 매매할 수 있게 되었다.

조선은 건국 시 정전법적 토지제도를 마련하는 데는 실패하였지만 농본주의적 이상과 규범은 포기하지 않았다. 조선의 관리와 유생들은 농본주의 사상에 입각하여 농업의 진흥과 농촌사회의 발전을 원했고 긴급한 위기상황이 발생하였을 때는 향촌사회의 상부상조를 장려하고 향약을 통해 풍속의 순화를 기대하였다. 농본주의는 조선조 500년 동안 변함없이 추구해온 기본가치였고 산업관이었다.

조선시대 농본주의 정책의 다른 얼굴은 억상공주의抑商工主義였다. 상업과 수공업은 공동체 질서를 파괴하는 사욕과 사치를 조장하는 말업으로 취급하여 억제의 대상으로 삼았다. 유학은 원래 상업과 수공업 자체를 반대하는 것은 아니었으나 상·공업의 이익이 지나쳐 농민들이 본업을 팽개치고 말업에 종사하는 것을 대단히 우려스러운 상황으로 인식하였다.

유생들은 상인이 가지고 있는 이윤동기를 인의仁義에 부합되지 않는 행위라고 보았다. 상인은 기회만 있으면 품질과 가격을 속여 폭리를 취하려는 속성을 가지고 있는데 이는 자기만의 이익을 위해 공동체 질서를 파괴하는 행위라는 것이다. 유생들은 상공업의 비중이 커지는 본말전도本末轉倒의 현상을 경제질서가 깨어지는 것일 뿐만 아니라 군사력의 약화와 농촌사회의 미풍양속을 어지럽히는 결과를 가져오기 때문에 통치질서에 장해가 되는 것으로 생각하였다.

조선시대의 산업관을 지배했던 무본억말務本抑末사상은 상인들이 상품을 매점·매석하고 흉년을 이용, 곡가를 조작하여 폭리를 취하는 것은 윤리적으로 정당성이 없는 행위로 매도하였다. 이와 같은 도덕적 상업관은 상인들의 과도한 이윤추구를 부정적인 시각으로 보았고 특히 흉년에 타지의 상인들이 곡식을 매입해 가는 것을 비도덕적인 행위로 판단하였다.

조선 후기 지방수령들은 흉년을 맞으면 자기 관내의 백성들을 보호한다는 명분으로 타 지역 상인들에게 쌀을 팔지 못하게 하는 방곡령防穀令을 남발하였다. 이 때문에 식량의 유통이 중지되어 쌀값이 더욱 상승하고 기근피해가 확대 심화되는 일이 빈발하였다.

조선시대에는 민간인의 광산활동도 금지하였다. 농사 짓는 백성들과 떠돌이들이 금·은점에 모여들면 풍속을 해치고 농사 지을 사람이 모자라 농업생산에 지장이 있다는 이유때문이었다. 조선은 개국 초부터 일관되게 민간인의 해외무역을 금지하였다. 이는 명明·청淸이 대외교역을 금지하고 조공무역으로 한정시킨 데도 원인이 있지만 조선정부도 무본억말務本抑末의 유학적 경세관 아래 상·공업활동을 억제하고 국가적 통제 아래 두려고 하였기 때문이었다.

2. 농본주의 경제정책과 사회정책

조선의 통치자와 유학자들은 권농행정을 대단히 중요한 일로 생각하였다. 백성들에게 권농을 열심히 하면 풍년이 들어 의식이 풍족하게 되고, 가계에 여유가 생겨 흉년에 대비할 수 있으므로 풍속이 순화되어 덕과 예치의 기반이 마련된다고 생각하였기 때문이다.

조선의 국왕들은 매년 백성들에게 농사짓는 것을 권장하고 농업을 진흥시키기 위해 적전에서 몸소 밭을 가는 행사를 거행하는 것을 원칙으로 정했다. 왕비도 후원에서 뽕을 따고 누에를 키우는 시범을 보였다. 뿐만 아니라 국왕은 연초에 풍년이 들도록 나라를 상징하는 사직단社稷壇에서 기곡제를 지내고 가뭄이 계속될 때는 선농단先農壇이나 우사단雩祀壇에서 기우제를 거행하는 것을 중요한 행사로 삼았다.

국왕이 앞장서서 농사를 장려하는 것과 재해를 만났을 때 국왕이 그 책임을 자신에게 돌리고 정치에 잘못은 없는지 반성하며 이재민들의 구호에 나서는 것, 그리고 기우제 또는 기청제祈晴祭를 지내는 것은 독립적인 정치행위가 아니라 농본주의 정책패케지 가운데 포함되어 있는 하나의 프로그램이었다.

조선의 행정제도는 군·현의 수령들이 권농상勸農桑과 농민지도의 책임을 지도록 하였으며 이들의 직속 상관인 각 도의 관찰사가 수령들의 업무수행을 규찰하는 시스템을 확립하였다. 일선 수령들이 농민을 지도하고 권농상 하는 요령은 크게 네 가지로 요약할 수 있다.

첫째 농민들이 천시天時를 지켜 씨 뿌리고 수확하도록 하고 지리地利를 잘 이용하고 인력人力을 다 하도록 지도할 것, 둘째 농사철에는 농민들이 농사일에 전념할 수 있도록 부역을 시키지 말 것, 셋째 기근이나 자연재해로 백성들이 곤궁하게 되면 적극적으로 구호활동을 펼칠 것, 넷째 농지를 놀리지 않도록 하고 수리시설을 잘 유지·관리 하는 것이었다. 그리고 흉년을 맞아 백성을 구휼하는 것보다는 사전에 흉작을 예방하는 것이 상선이며 흉년을 예방하기 위해서는 수령들이 권농을 충실히 하는 것이 중요하다는 것을 강조하였다.

조선 전기 정부가 당면한 가장 중요한 농업정책 과제는 민생의 안정을 위해 식량을 증산하고 추위를 막기 위해 옷감을 더 많이 생산하는 것이었다. 정부는 이를 위해 벼농사의 확대 보급과 농지확대 및 휴한 농업의 연작화連作化 그리고 목화농사와 누에치기를 장려하는 데 역점을 두었다.

조선시대에 옷(의衣)은 백성들이 살아가는데 식량과 똑같은 비중을 갖는 필수적인 재화였다. 전통적인 농가의 삼베(마포麻布)짜기 작업은 상당한 노동력이 소요되기 때문에 옷감은 대단히 귀한 재화였고 따라서 백성들의 의생활은 남루하였다.

고려 말 문익점文益漸에 의해 도입된 목화木花는 선풍적인 인기를 끌었다. 목화는 단시간 내에 하삼도에 보급되었다. 목화 실로 짠 목면木綿은 가공하기 쉽고 질기고 보온성이 뛰어나 겨울에 추위를 막을 수 있는 획기적인 신상품이었다. 당시 백성들이 겨울철에 입을 수 있는 옷은 삼베를 겹으로 하여 만든 것으로 겨울 옷감으로는 적합하지 않아 매우 춥게 살았다.

조선 전기 정부는 목화의 재배지역을 함경도와 평안도 지방까지 확대시켜 추운 지방의 백성들도 따뜻한 옷을 입을 수 있도록 하는 것을 중요한 정책과제로 삼았다. 목화를 북방에 보급하려는 정부가 함경도 지방에서는 성공하지 못하였는데 이는 이 지역의 기온이 낮고 서리가 일찍 내리기 때문에 따뜻한 곳을 좋아하는 목화의 성질에 맞지 않았기 때문이다.

조선 초 정부는 잠업의 보급에도 특별한 관심을 보였다. 태종과 성종은 잠업을 진흥시키기 위해 일련의 국가주도 계획을 세워 추진하였다. 그러나 국내의 낮은 직조기술 때문에 수요자인 왕족과 고위 관리들은 중국산 고급 비단을 선호하여 국내 잠업은 위축되지 않을 수 없었다. 조선 중기 대동법大同法이 실시되면서 명주실과 명주를 바치던 농가는 공물貢物 대신 대동미를 납부하게 되자 양잠산업은 더욱 쇠퇴의 길로 들어섰다. 농민들은 수요가 한정된 명주실의 생산보다 노동생산성이 높은 면포의 생산에 주력하면서 조선의 양잠은 황폐일로를 걸어왔다.

조선 초기에 정부는 농업생산성을 제고하기 위한 노력의 일환으로 조선의 기후풍토에 맞는 조선 농서인『농사직설農事直說』을 발간하였고 새로운 품종과 농사기술을 농가에 보급시키기 위한 시책을 펼쳤다. 이런 노력은 태종과 세종 대에 집중적으로 있었고 당시에는 실험정신이 왕성하였다.

보리는 삼남지방에서 초여름부터 가을 철 추수기까지의 식량부족을 해결하는 데 필수적인 식량작물이었다. 보리는 수확기가 가장 빨라 벼, 면화, 두류 등과 함께 이모작이 가능할 뿐 아니라 수량이 많아 여름철 단경기에 식량으로 적당한 작물이었다. 그럼에도 불구하고 조선 초 보리는 남부지방 이외의 다른 지방에서는 재배되지 않았다. 이 때문에 정부는 함경도와 평안도 지방에 기근이 올 때마다 거의 구휼대책을 세울 수가 없었다. 함경도의 경우 구휼미를 멀리 강원도에서 수송하여 와야 하는데 시일이 오래 걸려 긴급을 요하는 구호에는 사실상 대책이 없었다.

태종과 세종은 보리와 밀은 민생에 대단히 중요한 작물임에도 평안도와 함경도에서는 전혀 심지 않는다고 지적하고 매번 흉년을 당하면 구제할 방안이 없으나 보리를 재배하라고 강력하게 지시하였다. 조선반도 북부에 보리와 밀을 이식하려는 정부의 노력은 실패로 돌아갔다. 이는 보리의 생육한계에 대한 지식이 없었던 당시 잘못된 지시로 판단된다. 한반도에서 가을보리의 재배한계는 북위 38도선이고 1월 평균 기온이 -10~ -11도 이하에서는 재배가 어렵기 때문이다.

벼농사를 북부지역에 확대하려는 노력은 상당한 성과를 거두었다. 세종 때에 함경도와 평안도 북부 지역에 삼남지방의 이주민들에 의해 벼농사가 성공적으로 이식되었다. 벼농사가 전국에 보급됨에 따라 수리시설의 필요성이 더욱 커졌다. 세종은 벼농사에 필요한 제언을 수축하는 데 비용이 많이 들어갈 뿐만 아니라 홍수에 취약하고 또 모경冒耕을 하기 위해 제방을 일부러 파괴하는 등의 문제가 계속되자 수차水車의 보급을 통해 문제를 해소하려 하였다.

　중국과 일본에서 널리 이용되던 수차는 제작비용이 제언이나 보에 비해 월등히 저렴하고 필요할 때만 간편하게 이용할 수 있다는 장점이 있었다. 세종 이후 수차를 보급하려는 정부의 노력과 관심은 조선 후기까지 계속되었지만 수차는 조선에서 이용되지 못하였다.

　수차의 보급이 실패한 이유는 아마도 수차가 물을 낮은 곳에서 높은 곳으로 퍼 올리는 기계인데 반해 물을 높은 곳에서 아래로 흐르도록 하여 순차적으로 관개하는 조선의 지형에 적합하지 않다는 점, 수차로 물을 퍼 올리는 데 드는 노력과 비용에 비해 양수량이 적어 경제성에 문제가 있지 않았겠는가 하는 점들이 문제의 원인으로 보인다.

　조선 전기의 여러 가지 농사시험 가운데 특이한 것은 물소(수우水牛)를 역우役牛로 사용하려고 노력했던 점이다. 조선시대에는 소 없이는 농사짓기가 대단히 어려웠다. 역대 왕들은 소의 숫자가 모자라기 때문에 소의 도살을 금지하였다. 물소는 세조 때 유구국琉球國에서 암수 한 쌍을 진상하여 처음 조선에 들어왔다.

　물소는 도입된 지 17년 만에 70여 두로 증식되었다. 성종과 연산군은 물소를 여러 고을에 나누어주고 농경용으로 조련시켜 그 결과를 보고하도록 지시하였다. 물소를 배정받은 지방관들은 물소가 추위를 싫어하고 성질이 조급하여 역우로 부적당하다고 보고하여 물소의 적응시험은 47년 만에 끝났다.

　그 후 물소는 원하는 사람들에게 나누어 주었는데 중종 때 김해부사 이손과 시독관 유순정이 하사 받은 물소를 이용하여 밭을 갈았는데 보통 소의 두 배 일을 한다는 보고가 있었으나 더 이상의 후속 조치가 없었다.

　중국의 남부에서는 물소를 역우로 사용하고 있을 뿐만 아니라 물소를 받은 일부 관원들이 물소를 사용하여 밭을 가는 데 성공하였다는 보고가 있었는데도 왜 물소의 역우화 사업을 중단했는지 알 수 없다. 더욱 이상한 것은 외국의 물소는 농경용으로 활용하고자 노력했으면서 중국에서

예로부터 농사용으로 사용하는 말은 왜 우리나라에서 농사용으로 시도
조차 해보지 않았는지 하는 점이다.

3. 조선후기 箕子井田 발견과 國家再造論

조선은 임진왜란과 병자호란을 겪고 난 후에도 오랫동안 전쟁의 후유
증에서 벗어나지 못하였다. 17세기 후반 조선은 정치적으로는 심각한 패
배의식과 무력감에 시달렸다. 이 시기는 경제적으로도 매우 힘든 기간이
었다.

정부는 부족한 재정을 확보하기 위해 빈민구호를 위한 목적으로 사용
하던 환상곡제도를 정부의 예산을 확보하기 위한 수단으로 사용하기 시
작하였고 관리들에게 주던 녹봉을 크게 삭감하는 한편 지방관청에 근무
하는 아전·예속·군교의 급여는 없애버렸다. 정부는 전란 등의 원인으로
황폐한 농지나 임야, 어장, 염전 등을 4궁가와 정부기관에 절수折受하도
록 하여 개간하도록 하거나 소작료를 받아 운영비로 쓰도록 하였다.

이 과정에서 궁가와 양반 및 부호들이 토지를 광범하게 겸병하는 현상
이 나타났고 소작농이 늘어나 소작조건이 악화하여 농민들은 단순 재생
산마저 어려운 상태에 처하게 되었다. 뿐만 아니라 양란 이후 신분제의
문란으로 농민들은 과중한 부세와 군포軍布, 불공평한 부역으로 절망적인
상황에 놓여 있었다.

병자호란 이후 유생들과 집권 양반층은 조선이 오랑캐에게 항복하고
청의 속국이 된 것을 씻을 수 없는 치욕으로 여겼고 무너진 자존심을 회
복하기 위해 소중화사상小中華思想에 더욱 관심을 가지기 시작하였다. 이
들은 난국에 빠진 조선을 재건하기 위해서는 과감하고도 근본적인 국정
의 개혁이 필요하다는 생각을 갖고 있었다. 유생들은 맹자가 강조한 정전

법井田法의 실시가 가장 좋은 개혁방법이라고 생각하였으나 고대 정전법의 재현은 불가능하다는 견해를 가지고 있었다.

조선에서도 정전제도를 시행하는 것이 가능할 것이라는 생각은 선조 때 한백겸韓百謙이 평양성 밖에서 기자정전을 발견함으로써 촉발되었다. 조선의 유학자들은 기자정전을 임진·병자의 양란 이후 무너져 내린 국가의 자존심과 난국에 빠진 경제·사회문제를 일시에 해결할 수 있는 개혁수단으로 보았다. 이와 같은 믿음은 조선에서도 기자箕子에 의해 정전법이 시행되고 왕도정치가 구현된 경험이 있었다는 사실에 바탕을 둔 것이었다.

한백겸의 평양기전 발견은 17세기 후반의 대표적 개혁사상가인 유형원柳馨遠에게 큰 영향을 주었다. 유형원의 개혁사상은 18세기에 들어와 이익李瀷을 통해 계승되었으며 이익은 유형원의 실학적 전통을 18세기 말 박지원朴趾源과 19세기 초 정약용丁若鏞 등에게 물려주는 가교 역할을 했다.

이들은 공통적으로 대형 저작을 통해 왕도주의 정신을 조선사회에서 어떻게 구현할 수 있겠는가 하는 문제를 놓고 그 실현 방안을 강구하였다. 유형원과 정약용은 정전법 식의 전제개혁을 통해, 그리고 이익과 박지원은 점진적인 개혁을 통해 토지를 농민들에게 맡기고, 자영하는 농민과 농촌을 기반으로 세제개혁, 병제개혁, 신분개혁과 과거제도 등의 개혁 등을 통해 국정을 재정비할 것을 주장하였다. 이와 같은 주장은 삼대의 정전제도를 바탕으로 한 농본주의 사상에서 파생된 것이었다.

4. 유형원·이익·정약용 등의 농본주의 개혁사상

조선 후기 대표적 개혁사상가인 유형원은 조선이 혼란과 위기에 빠진 것은 전제田制와 세제稅制 그리고 병제兵制가 잘못 운영되고 있는 데 원인이 있다고 보았다. 그는 이 세 가지 병폐의 뿌리는 토지에 연결되어 있고 토지문제의 시작은 토지의 사유화로부터 출발하였다고 진단하였다.

유형원은 17세기 말에 집필한 『반계수록』을 통해 토지제도에 민산, 부역, 호구, 형벌, 풍속, 군역 등 제반 문제가 결부되어 있으므로 토지문제를 해결하면 제반 국정이 바로 잡힌다고 설명하였다.

그는 정전법이 폐지되고 토지의 사유제도가 도입되면서 부자들이 토지를 겸병하고 이익을 독차지하며, 양민들이 생활기반을 잃고 빈부의 차가 심해지고, 인구가 줄어들고, 부역의 절제가 없어지고, 소송이 번다 해지고, 뇌물이 횡행하게 되고, 풍속이 각박해지고, 토지제도와 군사제도가 분리되면서 양반과 부자들은 온갖 계략으로 병역을 기피하고, 가난하고 약한 사람들만 병적에 등재되고 군포를 부담하게 되어 군의 사기가 저하되어 전쟁에 나가도 이길 수 없게 되었다며 토지제도의 확립이 국정을 추스리는데 가장 근본이 되는 일이라는 것을 역설하였다.

유형원은 하·은·주 삼대에 있었던 인정仁政을 회복하기 위해서는 정전제도로 돌아가는 것이 요체라고 생각하였다. 그는 조선도 정전제도를 실시하면 삼대와 같은 이상사회를 만들 수 있다고 보고 그 구체적인 구상을 『반계수록』을 통해 제시하였다.

유형원은 조선의 지세는 산과 계곡이 많고 좁은 농지가 많기 때문에 정전을 구획할 수 없다고 보았다. 반계는 조선에서 정전을 만들 때는 반드시 주周대의 井자형으로 구획할 필요는 없고 한백겸이 발견한 평양의 기전처럼 田자형으로 만들되 1구역당 100무로 구획하고 4농가로 하여금 1구역씩 담당하게 하여 기전 2개의 8농가가 짝을 이루어 경작하면 이것도 정전과 같은 의미를 가지는 것이라고 보았다.

유형원은 전국의 모든 토지를 무상으로 수용하여 평양 기자전의 형태와 같이 밭 田자로 구획한 다음 농가의 남자가 20세가 되면 1구역(100무)씩 나누어 주고 60세가 되면 회수하여 다른 농가에게 분급하고 사족土族

과 상인·공인 들에게도 일정 면적의 토지를 분급하는 균전제를 실시하자고 제안하였다.

반계는 세제도 정전법세제와 같이 10분의 1세로 통일하고 병제도 농지를 받은 사람이 군역을 담당하는 병농일치의 부병제로 돌아갈 것을 주장하였다. 그는 과거에 의한 인재선발제도가 문재文才만 보고 관리로서의 도덕성과 능력을 보지 않기 때문에 문제가 되어왔다고 비판하고 주대의 교육제도를 부활하여 각급 학교에서 경서와 정치의 도에 대해 이해가 깊은 사람을 천거하는 공거제를 실시할 것을 요구하였다.

유형원은 무본억말務本抑末의 유학적 산업관에 따라 상·공업이 흥하면 농민들이 본업에 힘쓰지 않는다고 보고 상공의 지나친 발전을 경계하였다. 그는 당시 전국 각지에 번성하는 장시場市를 철폐해야 한다고 주장하였으나 화폐를 유통시키고 도로와 교량을 제대로 만들고 수레를 이용하는 것에 대해서는 긍정적으로 생각하였다. 그는 세습적 노비제도를 조선에만 있는 악습으로 규정하고 노비제도의 철폐를 주장하였다.

18세기 성호 이익도 문제의 시작이 토지의 사유제에서 비롯되었다 보았다. 그는 정전법을 시행하던 삼대의 시대에는 토지분배가 공평하여 빈부의 차가 없었으나 토지가 사유화된 이후 권력자와 부자들이 토지를 겸병하여 부자는 더욱 부유해지고 가난한 사람은 더욱 가난해졌다고 토지소유의 집중을 비판하였다.

성호는 전제개혁의 가장 좋은 방법은 고대의 정전법을 다시 실시하는 것이나 지금의 현실에서 정전법을 실천하는 것은 불가능하다고 판단하였다. 그는 유형원이 주장하는 토지의 무상몰수와 무상분배를 바탕으로 하는 균전제는 너무 과격하여 현실성이 부족하다고 생각하였다. 성호는 그 대신 토지의 사유제를 인정하는 바탕 위에서 매매를 통해 점진적으로 균전상태로 유도하는 방법을 제시하였다.

이익의 생각은 한 농가가 생존하는 데 필요한 토지면적을 산출하여 이를 영업전永業田으로 지정하고 영업전은 상속할 수 있으나 매매할 수 없도록 하자는 것이다. 그 대신 영업전의 규모를 초과한 부분에 대해서는 자유매매를 허용한다는 것이다.

이익은 대체로 농지를 파는 사람은 빈농이므로 일정한 면적의 영업전을 지정하고 영업전은 팔지 못하도록 하면 원매자願賣者가 줄어들어 토지 겸병이 덜해질 것이라며 공급자 규제를 주장하였다. 그러나 농가의 소유규모가 영세하여 영업전의 규모보다 작아도 별도로 토지를 더 주자는 것은 아니고 반대로 한 농가의 소유규모가 영업전의 규모를 초과하여도 초과된 전지를 강제로 빼앗거나 팔도록 강요하지 않는다는 것이다.

이익은 한 농가가 필요한 영업전의 면적을 100무로 상정하였다. 이익의 균전론은 소농의 몰락을 방지하기 위한 토지소유 하한제下限制와 비슷한 개념의 한전론限田論에 가깝다. 이익의 생각은 시간이 걸리더라도 매매를 통해 모든 농민이 균등하게 토지를 소유하도록 유도하여 빈부의 차이를 없애자는 것이다.

이익은 전제를 제외한 다른 경제·사회 정책에 대해서는 대체로 유형원과 비슷한 견해를 가졌다. 이익은 농민들의 생활을 보장하고 국가의 필요경비를 충당하고 동시에 관리들의 생활을 보장하는데 10분의 1세면 충분하다고 보고 10분의 1세를 주장하였다.

그는 문란해진 병제를 개혁하기 위해 고용병제도와 수포제도收布制度를 철폐하고 정전법에서와 같은 병농일치제도를 도입해야 한다고 주장하였다. 그는 양반층도 병역을 부담해야 하며 양인들과 마찬가지로 평상시에는 농사를 짓고 전쟁 시에는 군역으로 동원하는 거주지 중심의 병농일치제를 채택하면 병제를 둘러싼 각종 모순이 해결된다고 보았다.

이익은 화폐의 사용은 백성들로 하여금 상업을 쫓고 농사에 힘쓰지 않게 만드는 폐해가 크다며 화폐의 기능을 부정적으로 평가하였다. 성호는 농업을 장려하기 위하여서는 상업과 공업 같은 말업을 억제시켜야 하는데 화폐가 유통되고 난 후부터 농업을 떠나 도시로 이농하는 인구가 많아지고 백성들이 사치품을 쉽게 구할 수 있게 되어 상업과 수공업의 발전을 촉진시킨다며 화폐의 사용을 반대하였다. 그는 화폐가 통용됨으로써 재물의 유통을 쉽게 하고 이는 사치를 낳고 사치는 탐욕을 가져오고 탐욕은 도둑질을 하게 만들어 끝내는 패가망신을 하게 된다고 생각하였다.

18세기 말 박지원도 토지제도의 개혁에 큰 관심을 보였다. 연암은 백성들이 궁핍한 원인은 부자들에 의한 토지겸병이고 이로 인한 전제의 문란이 결국 병제의 혼란과 국가재정의 불실로 이어지고 있으므로 정전제를 실시하는 것이 가장 좋은 해결 방안으로 보았다. 그러나 현실적으로 갑자기 부호들의 토지를 몰수하는 것이 불가능하므로 정전제의 정신을 살려 토지의 소유를 일정한 수준에서 제한하는 한전법限田法을 시행할 것을 주장하였다.

19세기 초 다산 정약용은 유형원·이익·박지원과 마찬가지로 농민층이 몰락하고 국가재정이 파탄상태에 빠져있는 원인이 농지에 대한 사유재산제의 허용으로부터 비롯되었다고 보았다.

그는 토지의 사유제가 인정되면서 빈부의 차가 발생하고 호구戶口가 분명하지 않게 되면서 부역이 고르지 않게 되고, 군역과 군비를 부과하는 기준이 애매해지고, 소송이 그치지 않게 되었다고 진단하였다. 뿐만 아니라 정전제를 기반으로 하는 9분의 1세 제도가 없어지고 복잡한 부세제도로 대체되자 이 제도의 허점을 노린 관리와 아전들이 중간수탈에 나서 나라와 백성들이 다 같이 어렵게 되었다고 진단하였다.

다산은 정전제도에 대한 철저한 문헌조사를 통해 정전제도는 그 내용과 구성이 정교하게 맞물려있는 이상적인 제도로서 오랜 세월이 흘러도 당위성을 잃지 않은 성인聖人의 제도이며 조선이 당면하고 있는 복잡한 문제를 해결하기 위해서는 정전제도를 복원, 시행하여야 한다고 주장하였다.

다산은 식자들이 오늘날 정전법을 다시 시행하기 어렵다고 주장하는 이유는 첫째, 정전을 구획할 만한 넓은 평야가 별로 없고 작은 규모의 논밭이 뒤섞여 있는 데다가 지세가 험해 정전을 만들 수 없다는 점, 둘째 나누어 주어야 할 토지는 적은데 인구는 많아졌기 때문이라는 점을 거론하고 있는데 이것은 모두 정전제도를 잘못 이해한 데서 비롯된 생각이라고 보았다.

다산은 삼대의 시대에도 모든 산을 깎고 골을 메워 정전을 만들지 않았고 다만 평지에 한하여 정전으로 구획한 것이고 그렇지 못한 곳에서는 그 면적을 계산하여 전지를 합치고 나누어 계산상으로 100무를 만들고, 다시 그 아홉을 묶어서 1정으로 했다면서 우리나라도 이런 식의 작정법作井法을 따르면 정방형의 정전을 구획하지 않고도 정전제의 실리를 취할 수 있다고 설명하였다

그는 또 삼대에도 인구를 헤아려서 모든 사람에게 토지를 주지 않았고 오직 농민에게만 토지를 분배하였는데 농사를 짓지 않는 사람은 상·공업 등 다른 직업에 종사하게 하였다며 농사를 지을 수 있는 사람에게만 토지를 배분한다면 인구가 많아졌다는 점도 하등 문제될 것이 없다고 주장하였다.

정약용은 만일 우리나라에서도 정전제가 실시된다면 경자유전耕者有田(또는 경자득전耕者得田)의 원칙을 세워 농민에게만 토지를 분배하고 농사를 짓지 않는 사람들 예를 들면 상인·공인·양반과 사족에게는 농지를 분배하지 않아야 한다고 주장하였다.

다산은 정전제의 실시 목적 가운데 하나가 '치전治田'에 있지 '제산制産'에 있지 않다고 생각하였다. 다산의 치전은 농업생산력의 증가를 뜻하며 제산은 토지를 고르게 분배하는 균산을 의미한다. 다산은 단순한 토지의 균분보다는 농사를 잘 지을 수 있는 사람에게 토지를 주어 그가 힘을 다해 농사를 지으면 생산량이 증가하고, 소출이 증가하면 농사를 짓지 않는 양반 관리, 수공업자·상인·노인·어린이 등 모든 사람의 식량소비가

늘어 날 수 있다며 토지생산성의 증가가 농지의 고른 분배보다 중요한 것이라는 생각을 하였다.

다산이 농지를 건장한 농민에게 우선적으로 분배하자는 것은 전제와 병제를 일치시켜 강한 군사조직을 만드는 한편 농업생산성을 올려 식량을 증산하기 위한 배려에서였다. 그는 전쟁이 일어나면 정전을 경작하는 농부들을 바로 군사조직으로 전환하는 병농일치제의 부활을 주장하였다. 다산은 세제도 정전법의 9분의 1세로 돌아가야 한다고 주장하였다.

다산은 이전의 유학자들과는 달리 상업과 공업의 발전을 억제해야 한다고 생각하지 않았다. 그는 청나라의 문물제도를 배워 유통제도와 공업의 발전을 도모하기 위해 이용감利用監과 같은 전담 부서를 정부기구로 설치할 것 등을 주장하였다.

다산은 정전제도를 실시하는 근본적인 뜻이 백성들에게 항산恒産을 마련해 준 다음 그들을 교화시켜 인의가 구현되는 유교적 이상사회를 건설하는 데 있음을 분명히 하였다. 다산은 정전의 경계작업이 다 끝난 후에는 백성들을 교화하는 것이 왕자의 정도라고 말하고 이장이 매월 초 관내의 백성들을 모아놓고 孝효·悌제·忠충·信신을 가르치고 향약을 장려해야 한다고 주장하였다.

다산은 정전제를 실시하기 위해 전국의 모든 토지를 일시에 국유화하는 것은 사실상 실현성이 없는 것이라고 보고 점진적인 국유화를 주장하였다. 그는 전국의 모든 토지가 국유화 되기 전이라도 실시할 수 있는 중간단계의 정전제를 제안하였는데 이것은 공전公田의 지정과 9분의 1세를 특징으로 하는 것이다.

이 제도는 국내의 모든 사전私田을 대상으로 지주의 호·불호를 묻지 않고 정전으로 할 만한 곳은 모두 정전으로 조성한 다음 공전으로 지정할 100무의 토지만 정부가 우선적으로 구입한다. 그리고 아직 사유私有로 있는 8부의 농지를 경작하는 기존의 농가로 하여금 공전을 공동경작 하도록 시킨 다음 그 생산물을 세금으로 정부에 바치도록 하고 다른 일체의 세금과 잡역을 없앤다는 것이다. 이 방법은 비록 완전한 정전제는 아닐지라도 정전제의 9분의 1세 조법을 실시하는 것과 같은 효과를 내기 때문에 정전제의 기본적 특성을 살리는 것이라는 것이다.

정약용은 따라서 국가가 사유지를 몰수하지 않고 정전을 구획한 다음 공전만 정부에서 구입하고 정전의 경작 농민은 각종 부세 대신 공전을 경작하여 9분의 1세만 내도록 하고 정전을 행정의 기초단위로 삼으면 전정과 세정 및 군정의 문란과 모든 적폐가 해소되고 국가의 운영이 정상화 된다고 보았다.

5. 평가와 결론

조선시대의 대표적 개혁 사상가인 정도전, 하륜, 조광조, 이율곡, 김육, 송시열, 유형원, 이익, 정약용 등은 모두 왕도주의와 삼대지치三代至治를 실현하는 것을 정치의 목적으로 보았다. 이들은 왕도정치를 하기 위해서는 백성들을 먼저 잘 먹이고 입힌 다음 교육을 실시해야 하는 선부후교先富後敎를 입장을 지지하였고 이의 실현을 위한 수단은 농본주의 사상에서 찾았다.

농본주의 사상은 조선조 500년 동안 변함없이 각종 경제·사회정책을 생산하는 모태로서의 역할을 하였다. 조선의 관리와 선비들은 국가경제가 위기에 봉착할 경우 언제나 유교적 경제사상의 원리를 통해 문제를 해결하려고 하였다. 유교적 경제정책의 핵심은 고대 중국의 농지제도인 정전법에서 비롯되었다.

조선의 농본주의 사상은 조선 전기와 조선 후기에 약간의 차이를 보인다. 조선 전기에는 농본주의에 대한 강조점이 식량과 옷감의 증산을 위한 농상의 권장과 이를 위한 각종 지원제도의 정립에 중점을 두고 전제와 세제 및 병제의 개혁에 관한 논의는 드물었다. 그러나 조선후기에는 농사기술의 보급보다는 국정개혁을 위한 수단으로서 정전법의 실시와 그에 따른 농본주의적 경제·사회 개혁을 훨씬 더 강조하는 경향이 강하게 나타났다.

이것은 조선 초기에는 과전법개혁을 근간으로 하여 신생 국가의 통치체제를 확립하여 가는 과정에 있었기 때문에 제도개혁의 필요성을 별로 느끼지 못하였기 때문이고 조선 후기는 임진·병자의 큰 병란을 거치면서 생긴 후유증과 급변한 시속時俗이 조선 전기에 마련한 제도와 맞지 않게 되어 개혁의 필요성이 증대하였기 때문이라고 볼 수 있다.

이에 따라 조선 후기에는 국가적 정체성을 다시 찾고 혼란과 무기력에 빠진 국정을 전면적으로 개혁하기 위한 논의가 집중적으로 일어났다. 이 가운데 조선 후기의 대표적 개혁사상가였던 유형원·이익·박지원·정약용의 주장과 생각은 <표10-1>과 같이 요약할 수 있다.

〈표 10-1〉 유형원 · 이익 · 박지원 · 정약용의 개혁사상 비교

	유형원	이익	박지원	정약용
문제의 원인	사유재산제	사유재산제	사유재산제	사유재산제
해결책	균전제	한전제	한전제	정전제
토지수용방법	무상몰수무상분배	토지매매·허가	토지매매	토지구입·수용
전지의 구획	田자 형	구획 안함	구획 안함	井자 형
세제 개혁	10분의 1세	10분의 1세	10분의 1세	9분의 1세
병제개혁	병농일치제	병농일치제	병농일치제	병농일치제
상 · 공정책	억상공정책	억상공정책	상공장려	억광업정책
관리임용제도	천거제	과거제+천거제		과거제+천거제
개혁사상의 근원	농본주의	농본주의	농본주의	농본주의
방법론 · 기타	상고주의	상고주의	상고주의	상고주의

　이들은 모두 토지의 사유제가 생기면서 빈부의 차이가 생겼고 토지에 근거를 두던 세제와 병제가 호구와 인구를 기준으로 바뀌면서 그 절도와 공정성을 잃었다고 판단하였다. 이들은 모두 왕도정치가 실현되던 당시처럼 토지소유의 국유화 내지는 공유화를 통해 옛날의 제도를 복원하면 조선이 직면하고 있는 모든 문제를 해결할 수 있다고 생각하였다.

　오늘의 문제는 옛날 성현들이 가졌던 올바른 생각과 제도에서 일탈하여 발생한 것이므로 옛날의 제도로 돌아가면 해결할 수 있다는 유학적 상고주의尙古主義 방법론을 채용하여 논리를 전개하였다. 이들이 채택한 모델은 주나라의 전장제도典章制度였다. 그러나 이들의 분석방법과 논리 전개는 합리성과 정치성精致性이 부족하다는 문제점을 공유하고 있다

　정전법이 시행되던 약 3,000년 전의 고대 중국사회는 씨족 또는 부락민들이 공동경작을 하던 시대로 토지의 사유권이라는 개념이 성립하기 전의 읍제국가邑制國家시대였다. 이 시대는 청동기시대로 나무로 만든 농기구를 사용하고 농사기술이 원시적 수준이었으므로 농업생산력은 보잘 것이 없었다.

　낮은 생산력을 기반으로 생겨난 통치집단 또는 정부의 행정조직은 비교적 간단하고 관리의 수도 적었을 것이다. 전쟁이 났을 때 동원되는 군사들의 수도 적었고 무기와 장비도 원시적인 수준이었을 것이 분명하다. 따라서 청동기시대에 국가의 권력을 유지하기 위한 행정 및 군사비용은 그리 많지 않아 농민들이 생산하는 농산물의 10분의 1만을 가지고도 충분하였을 것으로 보인다.

　청동기시대에 비해 인구도 크게 증가하고 생활방식과 수준이 확연하게 달라진 조선시대 특히 조선 후기는 인구도 늘어나고 전후 복구에 따른 정부의 기능과 조직도 확대되어 정부가 담당해야 할 서비스도 늘어났음이 분명하다. 그럼에도 불구하고 조선의 유학자들은 과거와 현재의 인구, 토지면적, 농업생산량, 관료와 군인의 수, 전쟁기술과 장비 및 행정서비스의

내용과 질 등에 대한 비교분석도 없이 예전과 똑같이 정전제도를 채용하거나 10분의 1세를 거두면 부족한 재정을 해결할 수 있거나 점증하는 예산수요를 감당할 수 있다고 생각하는 것은 합리적인 주장이 아니다.

네 명의 학자들은 모두 국정이 혼란에 빠지고 백성들이 빈곤에서 헤어나지 못하고 있는 원인을 토지의 사유제에서 찾았다. 이들은 모두 중국의 전국시대 진秦나라의 상앙商鞅이 정전제를 폐지하고 토지의 사유화를 허락한 것이 토지사유제의 시작으로 보고 있다. 토지의 사유화가 권력자와 부자들의 토지 겸병을 초래한 원인의 하나라는 것이 사실이라고 할지라도 진나라 때 상앙의 결정이 어떻게 조선의 토지제도에 영향을 주었는지 이해하기 어렵다.

이와 관련하여 당나라의 균전제를 모방하여 만들었다는 고려의 전시과 토지제도가 왜 무너졌으며 고려 말·조선 초에 결행한 과전법개혁 즉 토지의 국유화 선언과 분배한 토지의 매매 및 상속 금지, 차경 금지 등을 골자로 한 과전법 전제개혁이 왜 1세대도 지나지 않아 수포로 돌아갔는지에 대한 원인분석도 없이 상앙이 정전제도를 폐지하였기 때문에 조선에서의 전제가 문제가 된다는 식의 논리는 설득력이 없다.

환언하면 한반도에서도 고대에는 토지가 국유 내지는 공유제였음이 분명하지만 어느 시대 어떤 왕의 결정에 의해 토지국유제가 철폐되었는지 아니면 생산수단이 발전하고 인구가 증가하면서 경제적 시장요인에 의해 자연히 소멸되었는지 또는 정치권력의 부패로 인한 것인지 소명이 필요하다. 조선에서도 토지사유제가 백 가지 문제의 원인이라면 이와 같은 선행논리의 정당화 없이 조선에서 토지 사유제도가 생긴 원인을 2,300여 년 전 중국 진나라의 상앙이 정전제도를 폐지하고 토지 사유제를 도입한 탓으로 돌리는 것은 논리의 비약이다.

조선 후기 농민 궁핍화의 주 원인은 인구증가에 의한 1인당 경지면적의 감소와 환경파괴로 인해 빈발하는 흉년, 세금과 군포, 환곡의 이자를 내기 위해 고금리로 돈을 차입하나 추수기에는 농산물 가격의 하락으로 빚을 갚을 수 없는 구조적 메커니즘 때문이라고 볼 수 있다. 같은 시기 정부재정의 악화는 임진·병자의 양란 이후 급증한 전 후 처리비와 새로 창설한 5개 군영軍營의 운영비 및 축성 등 군비확대의 재정수요를 세수가 뒷받침하지 못한 데서 찾아야 할 것이다.

세수가 증가하지 않은 원인은 농민 1인당 농업생산성이 증가하지 않은 것과 관리들의 부정·부패로 정부에 들어가야 할 세수의 상당부분이 중간에서 횡령되는 것이 상례로 굳어졌다는 점, 그리고 오랜 기간 동안의 억상공정책으로 상·공업이 발달하지 않아 추가 세원의 발굴이 불가능하였다는 점을 들 수 있을 것이다.

관리들의 부패가 심해진 것은 정부가 임진왜란 이후 만성적인 재정부족을 겪자 각급 정부기관의 예산을 삭감하고 사대부의 녹봉을 대폭 줄인 것이 중요한 원인으로 작용한 것으로 보인다. 벼슬길에 오른 양반들은 녹봉이 삭감되어 집안을 꾸려가기 어렵게 되자 탐학의 풍조가 확대되고 지방의 아전·복예·군교들도 보수가 없어지자 백성들을 쥐어짜고 정부의 세곡을 훔쳐 살아가는 등 습속이 날로 타락하였기 때문이다. 조선 후기의 공무원 녹봉제도는 일상 속에서 부패와 착취가 계속해서 재생산되게 하는 구조를 가지고 있었다.

정전제 또는 균전제를 실시하기 위해서는 먼저 수백 년을 이어오던 농지의 사유재산 제도를 철폐하고 이를 무상으로 몰수하여 국유화 하는 문제가 가장 중요한 걸림돌 임에도 불구하고 유형원은 물론 정약용도 이 문제에 대해서는 충분한 검토와 구체적인 방안을 제시하지 못하였다. 이들은 토지 국유화와 정전제 시행의 필요성과 당위성만 강조하였을 뿐 정전제를 도입하기 위한 토지 국유화의 구체적 수순에 관한 논의는 하지 않았다.

이것은 정전제의 복원이 사실상 불가능하다는 것을 자인하는 것이라고 해석할 수밖에 없다. 토지 국유화의 방법에 관한 침묵은 "정전제는 꼭 필요한 제도이지만 새로운 왕조가 개창되어 기존의 권력과 기득권을 무력으로 탈취하거나 대란 후에 인구가 대폭 줄었을 때 정전의 실시가 가능하다"고 본 朱子의 견해를 수용하는 것이라고 보아야 한다.

하늘 아래 있는 모든 땅은 왕의 소유이므로 정전제를 실시하기 위한 사유지의 무상 수용은 천리天理에 따르는 것이고 이를 반대하는 것은 인욕人慾에 따르는 것이므로 별 문제가 될 것이 없다는 식의 주장은 송宋나라 때 정전제 개혁을 주장하던 유학자들이 문제를 피해가기 위해 마련한 수사적 대책을 그대로 따른 것으로 사안의 폭발성을 담요로 덮어놓고 아무런 위험도 없다고 하는 것과 마찬가지이다.

이들은 조선 후기 농민들의 가장 큰 원망의 대상이었던 환상還上제도의 철폐와 그 대안에 대해서는 구체적 언급이 없었는데 그 이유는 부족한 국가재정을 대체할 마땅한 대안을 찾을 수 없었기 때문으로 보인다. 환상제도의 철폐보다 더 어려운 사유지의 몰수가 과연 가능하겠는가 묻지 않을 수 없다.

조선의 전제개혁을 위해서 총경지면적과 농가호수, 농업생산량, 농업인구 등에 대한 충분한 검토 없이 옛날 중국의 경전經典에 나와 있는 2~3천 년 전의 이상적인 호당 경지면적인 100무 또는 1경씩 나누어줄 수 있다고 보고 정전제 또는 균전제의 실시를 주장하는 것은 합리적인 주장이 아니다. 또 농지가 적고 인구가 많은 남도지역의 지주－전호제(소작제도)를 정전제를 통해 어떻게 해소하겠다는 지에 대해서도 설명이 없다.

뿐만 아니라 세월이 흘러 인구가 늘어나면 어떻게 일정 면적의 토지를 모든 백성들에게 지속적으로 나누어 줄 수 있는지 검토하지 않았고 정전제 또는 균전제를 계속 시행할 수 있기 위해서는 급전과 퇴전에 대한 규정과 재분배 절차에 대한 자세한 설명이 있어야 하는데 이와 같은 고려가 불충분하거나 없었다는 점도 아쉬운 점이라고 하지 않을 수 없다.

농지의 수전기간과 재분배 원칙과 집행기관의 운영에 대한 규정이 없으면 한 시점에서 농지의 재분배에 성공하였다 할지라도 세월이 지나면 다시 분배 이전의 원점으로 되돌아갈 가능성이 높다. 시간이 흐르면 상속으로 인한 농지의 분할, 가계의 부채 또는 질병과 사고 등의 원인으로 농지의 경작권 또는 소유권을 매도해야 할 사정이 생긴다.

다른 한편으로는 근검과 저축 또는 불법적 수단으로 새로운 부자가 생기고 이들은 축재의 수단으로 농지를 원하는 것이 상례이므로 농지의 공급과 수요에 영향을 미치는 여러가지 요인의 변화에 의해 유동성은 생기게 마련이다.

조선 후기 병제의 문란으로 인한 백성들의 고통을 해결하고 강력한 국방체제를 유지하기 위해 삼대에 실시하던 병농일치제로 환원해야 한다는 주장은 전혀 시대에 맞지 않는 것이라고 비판할 수 있다. 국방제도란 침략의 가능성이 있는 외국을 대상으로 만들어야 하는 것이다.

당시의 국제정세와 군사제도 면에서 볼 때 조선이란 작은 나라에서 정전법으로 동원할 수 있는 군사의 수와 10분의 1세를 나누어 가지고 조달할 수 있는 당시의 무기와 장비의 종류 등을 고려하면 충분한 대비와는 거리가 먼 주장이다. 더구나 농사를 짓다가 유사시에 소집되는 정전법에 기반을 둔 병농일치는 17·18세기 외국의 강력한 군사제도와 무기체계에 비할 때 정말로 비현실적인 공론이라고 하지 않을 수 없다.

조선 후기 정전법, 균전법 등 전제의 개혁을 통해 국정을 개혁해야 한다는 의견은 대부분 국정을 책임지는 위치에 있지 않은 재야 학자나 현직을 떠난 관리들에 의해 주장되었다. 반면에 재야 학자들에 비해 현실문제를 훨씬 잘 파악하고 국정을 세세한 부분까지 알고 왕도주의의 실천을 위해 노력하였던 임금이며 스스로가 유학자였던 영조英祖와 정조正祖는 정전법개혁에 대한 태도는 부정적이었다.

정조 24년(1800) 규장각 신하인 김순근은 임금과 맹자의 정전법 문제를 토론하는 과정에서 우리나라에서도 정전법을 실시하자는 의견을 제시하였다. 이때의 질의응답 기록이 정조의 문집인『홍제전서弘齋全書』의 추서춘기鄒書春記, 진심盡心편에 실려 있다.

김순근은 "정전법을 시행하지 않기 때문에 부자들이 토지를 겸병하여도 막지 못하고 가난한 사람은 송곳 하나 꽂을 땅도 없는데도 돌보아주지 못하고 있으니 왕정의 가장 시급한 일이 정전법을 시행하는 것입니다. 우리나라에는 기자가 실행한 옛 정전제도의 유적도 남아있으므로 왕이 결단만 하면 실행 가능합니다" 라며 정전법의 시행을 건의하였다.

김순근은 만약 정전제의 실시가 어렵다면 한전제도限田制度를 실시하자고 대안도 제시하였다. 그는 "현재 관리에게 주는 녹봉은 쌀로 지급하기 때문에 항상 생산이 부족하여 관리들이 뇌물을 받는 등 부정부패에 연루되고 있습니다. 그 대신 관리에게 규전圭田(제사용 면세토지)을 지급하되 규전의 규모는 참하參下에게는 농지 100무를 주고 참상參上은 150무를 책정하되 차례 차례 등급을 올리고 사서인士庶人은 100무를 넘지 않게 주는 것이 어떻겠습니까" 하고 정조의 의견을 물었다.

정조는 정전법의 구조와 그 형상에 대해 자세하게 설명한 다음 "국토가 대부분 산인 우리나라에서 정전을 만들기 어렵다. 정전제를 하기 위해서는 시내와 산골짜기를 메우고 경지정리를 다시 해야 하는데 이것을 하기 위해서는 백성들을 농지에서 다 몰아내고 양식을 다 소비해가며 수백년 동안 공사를 해야 가능한 것이지 하루아침에 되는 것은 아니다"라고 대답하였다.

정조는 또 왕족과 관리에게 녹봉에 추가하여 규전을 지급하는 문제에 대해서 "현재 6도의 장부에 올라있는 실총實總의 면적은 3천 171만 1,760무畝로 결結로 계산하면 83만 4,500결이고 경외京外의 인구는 746만 5,459명이다. 그대가 말한 사람 수를 계산해서 농지를 지급한다는 설을 가정해서 말해보자. 삼반의 문관이 621인, 음관이 778인, 잡기가 240인, 무관이 1,659인 합해서 모두 3,298인이니 이들에게 100무씩 지급하면 모두 32만 9,800무요 결 수로는 8,678결이다. 나머지 결 수를 조관朝官 이외의 746만 2,161인에게 남은 결 수 82만 5,841결을 한 사람당 1결씩을 나누어 준다면 663만 6,320결의 토지가 부족하게 된다. 이것을 무로 계산한다면 2억 5,218만 160무가 모자라게 된다. 이러한 경륜은 애당초 하지 않는 것만 못하다. 몇 년 동안 (규장각)관리로 일하면서도 쓰고 있는 제도조차 모르면서 주나라의 정전제도를 회복할 수 있고 동한東漢의 한전을 모방할 수 있다 하고 심지어는 전총田總과 호구戶口도 모르면서 얼토당토 않게 인구를 계산해서 모든 사람에게 토지를 지급하자고 할 수 있는가." 라고 면박을 주고 있다.

정조는 "옛 제도가 본받을 만하더라도 오늘날의 상황이 옛날과 다르다면 성인聖人이 다시 돌아와도 시속에 따른 다스림을 펼칠 것이고 통달한 인재는 옛 제도에 집착하지 않는 법"이라고 말하였다. 그는 덧붙여 "온갖 업무를 뒤로 미루고 백성들을 뒤흔들어가며 행할 수 없는 옛 제도를 재현한다고 하는 것은 허황된 것"이라고 신하를 타일렀다.

『홍재전서弘齋全書』의 기록을 검토해 보면 정조는 1결을 38무로 계산하고 있다. 조선시대에는 토지면적을 재는 단위를 일정량의 생산량을 기준으로 하는 결부제結負制로 하였다 효종 이후 결부제의 복잡성을 다소 개선하였으나 도별로 토지의 비옥도에 대한 가중치를 주는 과정에 임의적 조치가 가미되었고 또 세금을 피하기 위한 은결隱結과 여결餘結도 많았기 때문에 조선의 총 농지면적이 얼마인지 정확히 알 수 없었다. 조선시대에는 제대로 된 호구와 인구통계도 없었고 더 더구나 농업생산량 통계는 없었다.

정조의 환산은 평균제를 따른 것으로 보이는데 그에 의하면 100무는 3.63결로 계산된다. 정조 때의 총인구를 746만 2,161명으로 보고 호당 평균인구를 6명으로 잡으면 호당 100무를 지급하기 위해서는 모두 327만 915결이 필요하다는 계산이 나온다. 그러나 정조의 계산대로 벼슬아치들에게 100무씩을 지급하고 남은 전결 수는 82만 5,841결 밖에 되지 않아 정전법식 토지분배는 처음부터 실현성이 없는 것이 분명하다.

17세기 유형원이 『반계수록』을 탈고하고 19세기 초 정약용이 『경세유표』를 완성할 때까지는 약 170년의 시차가 있었다. 18세기는 세계사에 있어서 격변의 시대였다. 서구에서는 산업혁명이 발생하고 시민혁명이 일어나 근대국가로 발전하는 시기였지만 유형원·이익·박지원·정약용은 등 네 명의 개혁 사상가들이 조선의 문제가 발생한 원인을 보는 시각과 이것을 해결하기 위해 제시한 대책에는 그리 큰 차이가 없었다.

이들은 모두 농촌 빈곤의 원인을 토지의 겸병에서 찾았고 토지 겸병의 원인은 토지소유의 사유제에서 비롯된다고 믿었다. 이들은 문제를 근본적으로 해결하기 위해서는 정전제나 균전제 등의 전제개혁을 통해 지주제를 혁파하고 자영농이 중심이 되는 농촌경제를 구축하여 민생을 안정시키고 세금을 줄인 다음 병역과 부역을 공평히 하는 농본주의적 정책을 시행하는 것이라고 보았다.

유형원과 정약용 등의 개혁사상은 3~4백 년 전 조선의 개국공신 정도전鄭道傳, 조준趙浚 등의 개혁사상과 본질적으로 다르지 않다. 정도전도 문제의 원인을 토지의 겸병과 차경제도에 있다고 보았다. 그의 해결방안도 정전제를 실시하고 10분의 1세로 백성의 부담을 줄이고 병농일치제의 병제를 채택하며 상·공업을 억제하는 것이었다.

정도전에서 정약용에 이르는 개혁사상가들은 모두가 똑 같은 경서經書와 시서史書를 가지고 공부한 유학자였고 이들이 추구한 정치적 목적은 농본주의를 바탕으로 한 왕도주의의 실현에 있었기 때문이다. 이들은 모두 같은 목적을 가지고 주나라의 제도를 전범으로 삼아 같은 방법론으로 논리를 전개하여 거의 같은 결론을 도출하였다. 연구목적과 방법론·모델이 같고 결론이 대동소이하다면 조선 전기와 후기 개혁사상가들의 사상과 견해가 다르다고 할 수 없다.

조선시대의 국가경영 이념은 시종일관 유학을 기반으로 하고 있었다. 유학 방법론은 복고주의적인 역사관인 상고주의尙古主義를 바탕으로 하고 있기 때문에 조선의 유학자들은 성왕聖王이 지배하던 시대의 문물제도를 복구하면 왕도주의 정치를 할 수 있고 이렇게 되면 대동사회의 실현은 어렵지 않은 것이라는 생각을 공유하고 있었다. 유학의 방법론은 현실은 언제나 그르고 옛날은 옳다는 명제 아래 삼대로의 회귀를 해결책으로 제시하는 공식을 따르고 있다.

유학의 상고주의 방법론은 현실문제를 객관적으로 파악하여 그 속에서 문제의 원인을 찾고 이것을 바탕으로 해결책을 찾는 지금의 사회과학적 방법론과는 정반대의 논리를 가졌다. 이 결과 성리학은 임진·병자의 양란 이후 빠르게 변하는 대내외의 여건 변화에 탄력적으로 대응하는 데 실패하고 근대적 국가발전을 위한 비전을 제시하지 못하였다.

일부의 학자들은 유형원과 정약용 등의 전제개혁론을 근대화를 지향하는 반봉건적 의미의 토지개혁론 또는 더 나아가서 근대적 자본주의를 지향하는 개혁사상의 효시로 평가하는 사람도 있다. 또 다른 학자들은 조선 후기의 개혁론을 당파적인 시각으로 보아 집권 서인·노론들은 지주들의 입장을 대변하여 전제개혁을 반대하고 권력에서 밀려난 남인들만 정전법식 전제개혁을 통해 근본적인 문제해결을 시도하였다는 해석을 하기도 한다.

그러나 이들은 모두 정도전의 정치·경제사상을 유산으로 물려 받았으며 이율곡의 경세사상에 감탄하고 당색이 분명하지 않은 유형원으로부터 직접적인 영향을 받았다. 조선 후기에 전제개혁에 관한 의견을 낸 유생들은 개인 의견이었을 뿐 당색별로 전제에 관한 통일된 의견을 가지고 있지 않았다. 분명한 것은 이들의 개혁사상의 뿌리와 줄거리는 맹자의 왕도주의와 그 시대에 주어졌던 정주학적 세계관에서 벗어날 수는 없었다는 점이다.

근대적 의미의 토지 개혁론은 현재의 토지 소유주로부터 토지를 어떻게 회수하여 어떤 방법으로 나누어 줄 것인가. 즉 무상몰수 무상분배 또는 유상몰수 유상분배냐의 원칙이 분명해야 하고 농지개혁 이후에 분배받은 토지의 소유가 사유냐 아니면 국유냐의 문제를 명확하게 해야 한다. 더욱 중요한 것은 차후에 발생하는 임대차 또는 소작문제를 어떻게 할 것이냐에 관한 원칙이 수립되어 있어야 한다. 정전법의 기본 등식은 농지의 농민 소유를 원칙으로 하지 않고 토지의 사유화를 인정하지 않는 것이므로 근대적 의미의 토지개혁이라고 볼 수 없다.

조선시대의 빈곤이 토지부족과 과잉인구에서 비롯되었고 인구가 조밀한 곳의 인구/토지비율을 변화시킬 수 없는 것이라면 토지생산성을 증가시키는 농업기술의 발전을 도모하여야 하는 것이 정답이다. 조선시대 선비들은 농업생산량은 농업인구와 토지면적에 의하여 결정된다는 시대에 뒤떨어진 관념을 가지고 있었다. 주자성리학만이 인정되는 사회풍토 아래서 당시 청나라와 일본에 수입되던 과학지식을 받아들일 수 있는 준비가 없었다.

18세기 말에는 소수의 북학파 유생들이 새로운 기술의 도입과 상·공업의 진흥의 필요성을 주장하였으나 집권 양반층의 생각을 바꾸지는 못하였다. 정약용은 유생들이 갖고 있던 억상공주의에서 많이 벗어나 상공업을 진흥시켜야 한다는 생각을 가졌으나 그렇다고 유가적 사고의 틀에서 완전히 벗어난 것으로는 보이지 않는다. 그는 과학 기술의 진흥에 대해서는 큰 관심을 갖고 상업의 진흥에 관해서는 호의적이었으나 집중적인 논의는 하지 않았다. 특히 광업의 민간개방에 대해서는 과거의 유생들과 마찬가지로 매우 부정적인 생각을 견지하고 있었다.

조선은 농본주의 정책을 중심축으로 농업의 진흥을 국가경영의 최우

선 과제로 설정하였지만 정작 농업행정과 기술보급을 전담하는 행정체제
를 갖고 있지 않았다. 농사행정은 주로 호조에서 전세를 부과하고 이를
서울로 수송하는 세정稅政 중심으로 이루어졌고 소수의 농업기술직은 말
단 잡직으로 편제하여 중인 이하의 사회적 신분을 가진 사람으로 임명하
고 그나마 승진할 수 없도록 제도적으로 양반직과 분리시켜 두었다.

조선의 역대 왕은 권농을 지방행정의 최우선 과제로 삼고 수령을 통해
권농활동을 열심히 하였다. 권농활동의 내용을 보면 조선왕조 500년 동
안 천편일률적으로 변한 것이 없다. 수령들에게 지시한 권농의 내용은 한
결같이 "농민들로 하여금 농사의 때(천시天時)를 놓치지 않도록 하고, 지
리地利를 잘 이용하고, 게으름피지 말고 힘을 다해(진인력盡人力) 농사를
짓도록 지도하고 농민을 농사철에 부역에 동원하지 말도록 하라는 것"이
었다. 이것은 2천 수백 년 전 중국의 『예기』『여씨춘추』『맹자』 등에서
천지인天地人 삼재三才사상을 이용하여 통치자들에게 농사의 정치적 의미
를 설명하기 위해 만든 말로 실제로 조선시대의 농사에 아무런 도움을
주지 못하는 지침이다.

조선 농본주의에 따른 억상공정책은 결과적으로 조선 후기 경제성장
을 통한 농촌 과잉인구의 배출 및 상·공업의 발전과 고용기회의 창출을
억제하였다. 해외무역에 대한 국가의 통제는 불법적인 사무역私貿易만
조장하는 결과를 가져와 이웃 국가들과 교역을 통한 기술의 도입과 정
보의 흐름을 막아 조선의 근대화를 저해하는 결과를 초래하였다. 농본
주의는 지금도 우리의 의식세계에 살아있지만 조선 농업의 성장은 물론
일반 경제의 발전과 근대화에도 별 기여를 하지 못하였다고 평가할 수
있다.

부　록

부 록

世宗의 勸農敎文

나라는 백성을 근본으로 삼고 백성은 식량으로 하늘을 삼으니 농사는 의식의 근원이고 농정은 왕정의 우선 과업이다. 생각하건대 농정은 민생에 대한 天命이니 농무를 통해 천하 백성의 지극한 노고에 보답하고자 한다. 윗사람이 먼저 성심으로 권농하지 않는다면 어찌 백성으로 하여금 농사에 힘써서 생을 이어가는 즐거움을 알게 할 수 있을 것인가.

태고에 신농씨가 쟁기와 보습을 만들어 천하를 이롭게 하고 小昊씨가 九扈에게 명하여 농사를 관장케 함은 聖君이 하늘의 뜻을 이어 인륜의 근본이 되는 대중의 도를 세움으로써 억조창생을 온전하게 하기 위함이었다. 堯임금은 羲씨와 和씨에게 명하여 백성들에게 농사짓는 때를 알려주었으며 舜임금은 12牧에 의식은 농사의 때를 지키는 데 있다고 지시하였다. 夏后씨 때에는 관개수로의 축조에 진력하였고 商나라의 조상은 백성들이 무엇에 의지하여 사는가를 알았다. 주나라는 농사로써 개국하고 빈풍豳風의 詩와 無逸之書가 모두 어려운 농사에 충실하지 않음이 없다는 내용이니 이로써 오랫동안 편안히 나라를 다스리고 왕업이 융성할 수 있었다.

漢 文帝는 자주 조서를 내리어 해마다 농사를 권하고 세금을 감면하여 농가에 은혜를 베푸니 국가에 부가 축적되었다. 唐 高祖는 牧宰에게 詔勅을 내려 행정을 간소화하고 민폐를 줄임으로써 농민이 농사철을 잃지 않도록 명령하였다.

唐 태종은 항상 여러 신하들에게 식량과 옷감의 생산에 있어서 농사철을 잃지 않도록 하는 것을 근본으로 삼으라 지시하였으니 얼마 안가서 쌀 한말에 3錢 하는 실적을 이루었다.

宋나라는 勸農司 제도를 두어 연말에 실적에 따라 상벌을 내렸고 고을의 수령에게 영을 내려 해마다 술을 가지고 교외에 나가 마을의 노인을 만나보도록 하였으니 농사에 힘쓰도록 농민들을 지도하려는 의도를 여기에서도 볼 수 있다.

거룩하신 우리 太祖께서 天運에 따라 나라의 기틀을 만드심에 맨 먼저 田制를 바로잡아 백성을 도탄에서 구하시고 밭 갈아 농사짓고 우물을 파물을 마시는 이로움을 누리도록 하셨으니 그 勸課하는 道가 법령에 자세하게 갖추어져 있다. 太宗께서는 파종하고 수확하는 일에 더욱 부지런하기를 계속 당부하시고 우매한 백성들이 작물을 재배하는 방법에 어두움을 걱정하시어 儒臣에게 명하여 農書를 이두로 번역하여 널리 배포하고 후세에 전하도록 하시었다.

과인(世宗)이 왕위에 오르고 아침부터 밤늦도록 근심하는 것은 과인이 先代의 마음 쓰심에 미치지 못하여 우러러 뵙지 못할까 하는 점이다. 과인은 때때로 祖宗의 바른 법도를 생각하면서 農務는 백성과 가까운 관리에게 책임을 맡겨야 하는 것이므로 지방 守令의 임용을 신중히 하고 임지에 부임하는 그들에게 권농을 당부하는 것을 게을리하지 않았다.

지방관들에게 영을 내려 부임한 고장에서 농사 경험을 토대로 『農事直說』을 편찬하고 이를 보급하여 농사짓는 백성들이 농사짓는 법을 쉽사리 알 수 있도록 힘쓴바 있다. 백성들이 농사에 이로운 방법을 성심을 다하여 궁리하고 실천하면 땅에서 이익을 거두지 못하는 자가 없을 것이다. 그러나 만약 농사를 게을리하여 곡식이 여물지 못하면 굶주리는 백성들이 있을 것이니 이는 나의 가르침을 힘써 실행하지 않은 것이요 이는 나의 덕이 부족한 탓으로 내가 심히 걱정하는 바이다.

일찍이 옛날의 어진 수령들의 행적을 보건대 이들이 이로움을 일으켜도 백성들이 노력하지 않으면 혜택을 받을 수 없었다. 龔遂가 渤海太守가 되어 백성들로 하여금 그들이 가지고 있는 도검을 팔아 소와 송아지를 구입하고 밭갈이를 하도록 힘써 농상을 권하니 백성들이 모두 부유하게 되었다. 召信臣은 남양태수가 되자 백성들을 위하여 여러 가지 이로움을 일으켰다. 그는 편하게 지내지 않고 몸소 밭둑 길을 돌아다니며 농사를 지도하였다. 그는 물을 댈 수 있는 곳을 보면 수로를 내어 관개면적을 확대하도록 하였는데 백성들이 水利의 이로움을 얻자 농사에 힘쓰지 않는 사람이 없었다.

任延이 九眞태수가 되었을 때 그 지역의 풍속이 농사를 짓지 않고 사냥으로 업을 삼아 매우 곤궁하였다. 임연은 농구를 만들고 개간하는 법을 가르쳐 매년 농토를 넓히니 백성들의 생활이 충족하여졌다. 辛纂이 河南태수가 되자 농상을 장려하고 독려하였다. 그는 친히 현장을 검사하고 시찰하여 부지런한 사람은 비단으로 상을 주고 게으른 자는 죄를 주었다.

宋의 주문공(朱子)이 南康太守가 되었을 때 백성들에게 농사 일을 榜文으로 써서 벽에 붙여 가르쳤다. 쟁기질하여 거름흙을 뒤집고 계절에 따라 풀을 베고 씨 뿌리며 삼과 콩을 심고 저수지를 보수하는 일에까지 모두 되풀이하여 가르치되 빠짐이 없었다. 그리고 자주 지방 순시를 나가 가르쳐 준대로 하지 않았으면 벌을 주니 백성들이 모두 따르게 되었다.

대체로 범인의 성정은 통솔하면 따라오나 제멋대로 놓아두면 게을러진다. 한 선비가 진실로 愛物에 마음이 있으면 반드시 사람을 구제할 수 있다고 옛 철인이 말씀하셨다. 하물며 감사나 수령의 직에 있는 자는 모든 것을 할 수 있는 권력을 가지고 있어 한 지방의 기쁨과 걱정이 일신에 매어 있으니 만약 성심으로 백성을 도와준다면 어찌 옛 사람들에게 미치지 못하겠는가.

대저 농가에서 하는 일은 절기를 따라 행하면 소득을 얻을 수 있고

노력을 많이 들이면 거두는 것 또한 많아짐으로 농정에서 소중한 것은
오직 그 시기를 어기지 않고 人力을 빼앗지 않음에 있다. 백 가지 곡식을
씨 뿌리고 심는 것에는 각기 그 때가 있는 것이니 만약 그 때를 한번 어
기면 해가 다 하여도 따라잡지 못한다. 백성은 몸이 하나라서 그 인력을
나누어 빼앗을 수 없으니 官에서 어찌 밭갈이에 힘쓰는 자를 책할 수 있
으랴. 진실로 人事를 다 하고 나면 비록 天運이 고르지 않아도 흉작을
막을 수 있다. 伊尹의 區田제도와 趙過의 代田이 바로 이와 같은 것이다.

최근의 경험도 이것을 말하여 주고 있다. 정사년에 시험 삼아 後苑에
밭을 만들어 인력을 다 하였더니 가뭄을 만났어도 재앙이 되지 않고 벼
가 자못 잘 여물었다. 이는 예상 밖의 일이었다. 천재도 능히 인력으로
구할 수 있음을 알 수 있다. 傳에 이르기를 민생은 근면함에 있으니 근면
하면 곤핍하지 않는다 하였고 『書經』에서 말하기를 게으른 농민이 스스
로 어리석다 생각하지 않고 농사철에 농사짓는 수고를 하지 않았다가 마
침내 밭이랑에서 곡식을 얻을 수 없게 되었다고 하였다. 지나칠 정도로
근면한 것이 게으른 것보다 낫다고 할 수 있다.

다만 백성들이 근면하고자 하더라도 관원들의 勸農이 충실하지 못하
면 그 노력에 대한 성과가 없게 된다. 農書에 이르기를 芒種에는 인력이
넉넉하지 못하니 모두 일찍이 일을 마칠 수 는 없지만 제 때에 마칠 수만
있다면 가을에 수확의 희망이 있다. 그러므로 절후를 한정하여 제때에 일
을 마침이 좋지만 기일을 놓쳤다고 반드시 다음 파종기까지 기다리라는
것은 아니다.

농서에 또한 이르되 대체로 일찍이 파종하여야 한다고 하나 요즈음 수
령들은 옛 관습에 얽매어 아직 망종이 멀었으니 파종하지 못하게 하는
일이 있다. 또 농지와 관련된 소송을 즉시 처결하지 않고 식량과 종자의
대여를 서둘지 않고 지체하는 일이 많다. 수령이 감사에게 보고하고 감사
가 호조에 이첩하여 정부에 보고하고 정부가 具申하여 임금에게 보고할

때도 서로 기일을 지체하고 서류가 왕복하는 동안 망종이 지나가고 만다.

어떤 수령은 영농방법을 잘 알지도 못하면서 권농을 하는 헛된 경우도 있다. 권농과 감독을 너무 이르게 하면 묘가 나오지 않고 도리어 농사를 망치는 경우도 있다. 절기의 早晩을 잘 모르면서 그릇된 판단으로 농사를 망치게 하는 자도 있다. 이러니 백성을 사랑하려는 나의 마음에 어찌 걱정을 덜 수 있겠는가.

무릇 나와 더불어 백성을 함께 다스리고자 하는 감사와 수령들은 내가 위임한 뜻을 본받아 祖宗이 세운 후생의 지침을 준수하고 前賢이 권농하던 규범을 보고 농서에 적혀있는 것을 참고하고 풍토에 맞는가를 널리 물어 시기에 앞서서 조치하라. 너무 이르게 하지 말고 너무 늦게 하지 말라. 더욱이 급하지 않은 공사를 벌여 백성을 동원함으로써 농사철을 빼앗는 것은 옳지 않다.

각자 진심으로 유의하여 백성을 인도하되 농사에 힘써 밭일을 열심히 하게 하고 위로는 부모를 섬기고 아래로 처자를 보살피게 하라. 나의 백성을 長壽하게 하여 나라의 기틀을 굳게 하고 집집마다 살림이 유족하고 인력이 넉넉하며 예의와 겸양의 기풍이 크게 떨쳐 세월이 태평하고 풍년이 들어 태평성대의 즐거움을 함께 누리게 하라. (『世宗實錄』 세종 26년 윤 7월 25일 壬寅.)

참고문헌

1. 고전, 법전, 고문서, 고지도 및 기타.

『高麗史』.『經國大典』.『祈雨祭謄錄』.『新增東國輿地勝覽』.『萬機要覽』.『備邊司謄錄』.『承政院日記』.『日省錄』.『朝鮮王朝實錄』.『增補文獻備考』.『管子』.『論語』.『農家直說』.『大典通編』.『孟子』.『史記』.『商君書』.『詩經』.『呂氏春秋』.『禮記』.『鹽鐵論』.『周禮』.『齊民要術』.『親耕儀軌』.『親蠶儀軌』.『通鑑節要』.『漢書』.『孝經』.『淮南子』.『續大典』.

김순협, 『燕行錄』.
南九萬, 『藥泉集』.
朴來謙, 『西繡錄』.
박사호, 『燕계紀程』.
朴世采, 『範學全編』.
朴趾源, 『課農小抄』「限民名田議」.
徐命膺, 『箕子外記』.
申洬, 『農家集成』.
安鼎福, 『東史綱目』.
吳澐, 『東史纂要』.
柳彭老, 『農家說』.
柳馨遠, 『磻溪隨錄』.
李肯翊, 『燃藜室記述』.
李種徽, 『修山集』「東史」.
李源坤, 『箕範衍義』.
이요, 『燕途紀行』.
李栗谷, 『栗谷全書』「箕子實記」.
李瀷, 『星湖全書』「星湖僿說」「藿憂錄」.
鄭道傳, 『三峯全集』「朝鮮經國典」「經濟文鑑」「佛氏雜辨」「心氣理篇」「心問天答」.

正祖, 『弘齋全書』.

丁若鏞, 『經世遺表』; 『與猶堂全書』.

鄭璘基, 『箕子志』.

許穆, 『箕子世家』.

洪汝河, 『東國通鑑提綱』.

『平壤誌』.

『薊山紀程』.

『往還日記』.

箕城圖.

箕城圖屏.

箕城全圖.

東輿備攷.

西京全圖

朝鮮八道 古今總覽圖

平壤官府圖.

海東地圖.

2. 저서, 연구논문 및 기타

고려대박물관, 『조선시대 기록화의 세계』, 2001.

국사편찬위원회, 『한국사』 33, 1997.

權延雄, 「朝鮮前期 經筵의 災異論」 『歷史敎育論集』 13·14, 1990.

金慶浩, 「史記·漢書에 서술된 경제관과 그 사상적배경」 『中國史研究』 32, 2004.

金錫佑, 「前漢時期 荒政論의 展開」 『歷史와 經濟』 52, 2004.

김선경, 「반계 유형원의 이상국가 기획론」 『한국사학보』 9, 2000.

金成潤, 「조선시대 大同社會論의 수용과 전개」 『朝鮮時代史學報』 30, 2004.

金玉根, 『朝鮮王朝財政史研究』 I, 일조각, 1984.

金榮鎭, 『農林水産 古文獻備要』 「韓國農村經濟研究院」, 1982.

金榮鎭·李殷雄, 『조선시대 농업과학기술사』, 서울대학교출판부, 2000.

김용걸, 『이익사상의 구조와 사회개혁론』, 서울대출판부, 2004.

金容燮, 「朝鮮後期의 農業問題와 實學」 『東方學志』 17, 1976.

_____, 「朝鮮後期 社會變動과 實學」 『연세실학강좌 I』, 혜안, 2003.

_____, 「朝鮮後期 土地改革論의 推移」『東方學志』62, 1989.

_____, 「朱子의 土地論과 朝鮮後期 儒者」『延世論叢』21, 1985.

金泰永, 「朝鮮前期의 均田·限田論」『國史館論叢』5, 1980.

金炯秀, 「14세기말 私田革罷論者의 田制觀－정도전과 조준을 중심으로－」『경북사학』25, 2002.

농촌진흥청·서울대 농업생명과학대, 『한국농업연구 200년 전통과 계승방안』, 농진청, 1999.

도현철, 「정도전의 정치체제 구상과 재상정치론」『한국사학보』9, 2000.

林元澤, 『韓國實學과 經濟倫理』, 한국개발연구원, 1999.

문중양, 「조선후기수차보급논의와수차관」『한국농업연구 200년』, 농촌진흥청·서울대농생대, 1999.

민덕식, 「高句麗 平壤城의 都市形態와 設計」『高句麗研究』15, 2003.

朴光用, 「箕子朝鮮에 대한 인식의 변천」『韓國史論』6, 1980.

박경안, 「麗末 儒者들의 田制改革論에 대하여」『東方學志』65, 1994.

박경룡, 「조선전기의 잠업연구」『국사관논총』12, 1990.

박기수·이경룡·하원수·김경호, 『사료로 읽는 고대사회경제사: 史記 平準書 貨殖列傳, 漢書 食貨志』, 청람미디어, 2005.

박극채, 「조선봉건사회의 정체적 본질－전결제연구」『李朝社會經濟史』, 노농사, 1946.

朴星來, 『세종시대의 과학기술 그 현대적 의미』, 한국과학재단, 1997.

_____, 『한국과학사상사』, 유스북, 2005.

朴時亨, 「箕田論始末」『李朝社會經濟史』, 노농사, 1946.

朴贊勝, 「丁若鏞의 井田制論 考察-經世遺表 田制를 중심으로－」『歷史學報』110, 1986.

박평식, 「조선초기의 상업인식과 억말책」『東方學志』, 104, 1999.

신항수, 「李瀷의 孟子井田기사 해석과 田論」『朝鮮時代史學報』22, 2002.

신채식, 『宋代 政治經濟史研究』, 한국학술정보, 2008.

연세대국학연구원 편, 『연세실학강좌 Ⅰ』, 혜안, 2003.

오영교, 『실학파의 정치·사회개혁론』, 혜안, 2008.

_____, 「조선전기 국가체제의 수립과 농업정책의 방향」『조선건국과 경국대전체제의 형성』, 혜안, 2004.

吳浩成, 『朝鮮時代의 米穀流通시스템』, 국학자료원, 2007.

_____, 「貯水池의 經營과 水資源의 適正配分」『明知大論文集』9, 1976.

334 참고문헌

李光麟, 『李朝水利史研究』, 韓國硏究圖書館, 1961.

위은숙, 『고려후기 농업경제연구』, 혜안, 1988.

이기백, 「서문」『국역 구암유고·동국지리지』, 일조각, 1977.

_____, 『한국사신론』, 일조각, 1999.

李景植, 『韓國中世土地制度史』, 서울대학교출판부, 2006.

_____, 「朝鮮前期의 力農論」『歷史敎育』56, 1995.

_____, 「16세기 장시의 성립과 그 기반」『韓國史硏究』57, 1987.

李相協, 『朝鮮前期 北方徙民硏究』, 경인문화사, 2001.

李煜, 「儒敎祈禳儀禮에 관한 硏究 -朝鮮時代 國家祀典을 중심으로-」박사학위논
        문, 서울대학교 대학원, 2000.

李圭根, 「조선후기 질병사연구」『國史館論叢』96:8-20.

李碩圭, 「조선초기의 천인합일론과 재이론」『진단학보』81, 1996.

李在龒, 「조선초기 전세제도연구」『朝鮮初期 社會構造硏究』1984

李宗祜, 『朝鮮時代의 經濟思想』, 民俗苑, 1993.

이찬, 『韓國의 古地圖』, 범우사, 1997.

李春寧, 『한국農學史』, 民音社, 1989.

李憲昶, 「磻溪 柳馨遠의 經濟思想에 관한 연구」『朝鮮時代史學報』10, 1999.

장숙필, 「경장: 유교적 이상과 개혁」『조선유학의 개념들』, 예문서원, 2002.

鄭求福, 「磻溪 柳馨遠의 社會改革思想」『歷史學報』4·5, 1970.

_____, 「韓百謙의 史學과 그 影響」『久菴遺稿·東國地理誌』, 一潮閣, 1987.

정종구, 구암 한백겸, 『이호을 정년기념실학논총』, 1975.

鄭允炯, 「茶山의 財政改革論」『茶山學의 探究』, 민음사, 1990.

지두환, 「조선초기 井田論논의」『東洋學』28, 1998.

_____, 『한국사상사』, 역사문화사, 1999.

千寬宇, 「반계 유형원연구」『역사학보』3, 1952.

_____, 「韓國土地制度史 下」『韓國文化史大系』II(政治·經濟史下), 高大民族文化硏究
        所, 1965.

최종성, 『기우제등록과 기후의례』, 서울대출판부, 2007.

최윤오, 「조선후기 소유론과 토지론」『韓國實學思想硏究』, 혜안, 2006.

한국사연구회 편, 『韓國實學의 새로운 摸索』, 경인문화사, 2001.

한국사상연구회, 『조선유학의 개념들』, 예문서원, 2002.

韓百謙, 『久菴遺稿·東國地理誌』, 一潮閣, 1987.

韓永愚, 『다시 찾는 우리역사』(개정판), 경세원, 2004.

_____, 『우리 옛지도와 그 아름다움』, 효형출판, 2006.

_____, 『鄭道傳思想의 研究』(개정판), 서울대학교출판부, 1999.

韓㳓劤, 『星湖 李瀷研究』, 서울대학교출판부, 1980.

學園社, 『農業大辭典』, 1962.

高橋 亨, 『朝鮮儒學史』(이형성 역), 예문서원, 2001.

句偉民, 『宋代 社會史論稿』, 山西古籍出版社, 太原, 2005.

張雲飛, 『中國農家』, 宗敎文化出版社, 北京, 1996.

曾我部靜雄, 『均田法とその稅法制度』, 講談社, 1953.

西嶋定生, 『中國古代の社會と經濟』(변인석 역), 한울, 1994.

西嶋定生, 『秦漢帝國史』(최덕경·임대희 역), 혜안, 2004)

賀榮一, 『孟子之王道主義』, 北京大(박삼수 역), 울산대출판부, 1997.

關野 貞, 「高句麗の平壤城及長安城に就て」 『朝鮮』 1925.

韓百謙, 『箕田攷』(李家煥·李義駿 輯), 北京, 中華書局, 1985.

澤村東平, 『近代朝鮮の綿作·綿業』, 未來社, 1985.

찾아보기

ㄱ

ㅊ

오 호 성

서울대학교 농대 농업경제학과 졸업, 미국 University of Hawaii 대학원 경제학박
사, 조선일보 기자, 명지대학교 경상학부 교수, 한국농촌경제연구원 수석연구원, 성
균관대학교 경제학부 교수(현재 명예교수), 한국농업경제학회 회장, 한국환경경제학
회 회장

대표논저

『경제발전과 농지제도』(한국농촌경제연구원, 1981)

『자원·환경경제학』(법문사, 1989)

『환경과 경제의 조화』(조선일보사출판국, 1995)

『환경경제학』(법문사, 2002)

『조선시대의 미곡유통시스템』(국학자료원, 2007)

조선시대 農本主義思想과 經濟改革論   값 25,000원

2009년 10월 1일 초판 인쇄
2009년 10월 10일 초판 발행

저　　자 : 金 成 煥
발 행 인 : 한 정 희
발 행 처 : 경인문화사
편　　집 : 안 상 준, 정 연 규
　　　　　서울특별시 마포구 마포동 324-3
　　　　　전화 : 718-4831~2, 팩스 : 703-9711
　　　　　이메일 : kyunginp@chol.com
　　　　　홈페이지 : 한국학서적.kr / http://www.kyunginp.co.kr
등록번호 : 제10-18호(1973. 11. 8)

ISBN : 978-89-499-0664-5 94910
ⓒ 2009, Kyung-in Publishing Co, Printed in Korea
※ 파본 및 훼손된 책은 교환해 드립니다.